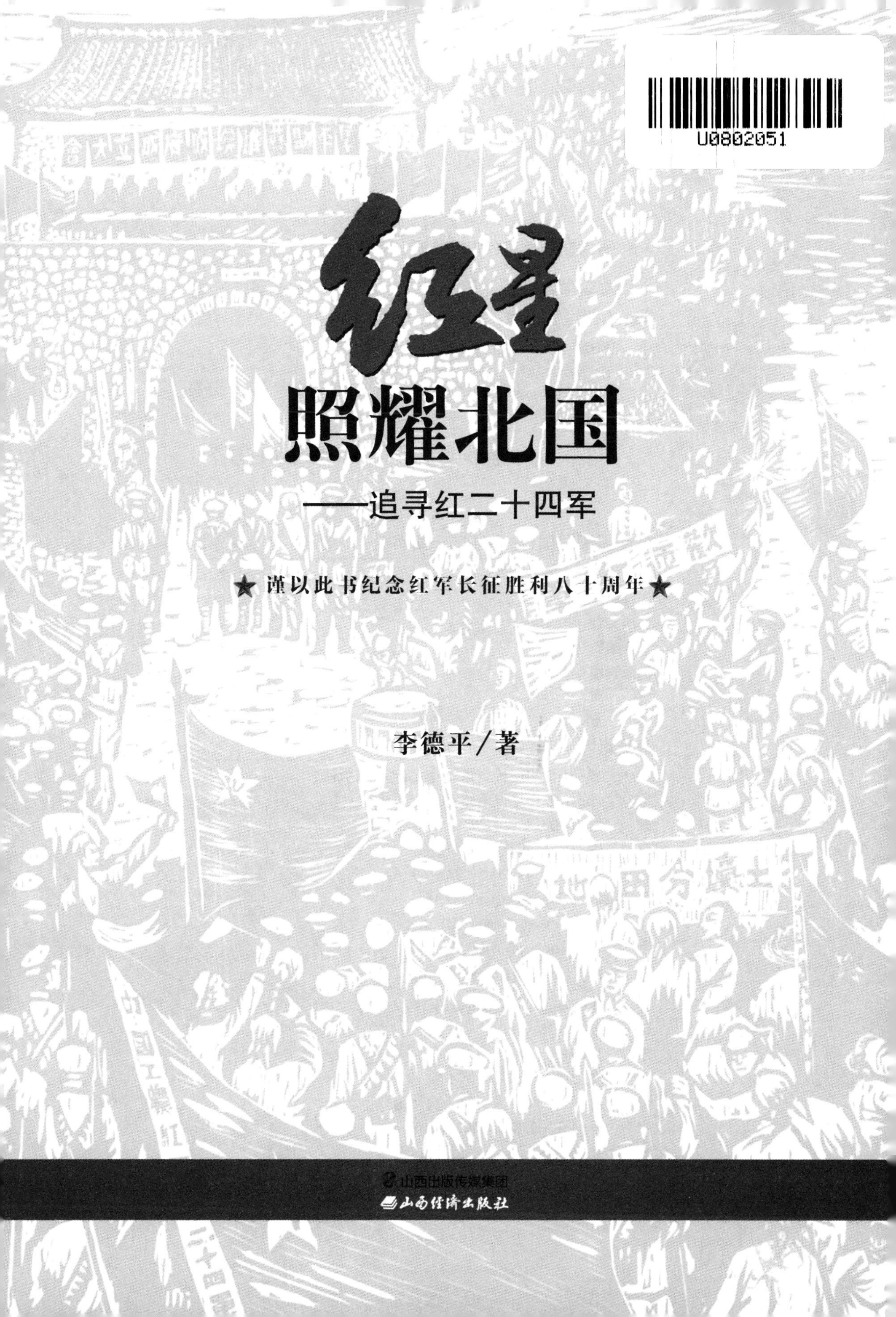

红星照耀北国

——追寻红二十四军

★谨以此书纪念红军长征胜利八十周年★

李德平/著

山西出版传媒集团
山西经济出版社

图书在版编目(CIP)数据

红星照耀北国：追寻红二十四军 / 李德平著. — 太原：山西经济出版社，2016.5（2019.9重印）

ISBN 978-7-5577-0010-2

Ⅰ. ①红… Ⅱ. ①李… Ⅲ. ①中国工农红国 – 史料 Ⅳ. ①E297.2

中国版本图书馆 CIP 数据核字(2016)第 053045 号

红星照耀北国：追寻红二十四军

著　　者：李德平
出 版 人：孙志勇
出版策划：张宝东
责任编辑：任　冰
助理责编：熊汉宗
复　　审：李春梅
终　　审：张宝东
装帧设计：阎宏睿

出 版 者：山西出版传媒集团·山西经济出版社
地　　址：太原市建设南路 21 号
邮　　编：030012
电　　话：0351-4922133(市场部)
0351-4922085(总编室)
E – mail：scb@sxjjcb.com(市场部)
zbs@sxjjcb.com(总编室)
网　　址：www.sxjjcb.com
承 印 者：临沂圣贤印刷有限公司

开　　本：787mm × 1092mm　1/16
印　　张：16.75
字　　数：321 千字
版　　次：2016 年 5 月　第 1 版
印　　次：2019 年 9 月　第 2 次印刷
书　　号：ISBN 978-7-5577-0010- 2
定　　价：41.80 元

自序 / 总有一束光把路照亮

“不要因为走得太远，而忘记当初为什么出发。”媒体人陈虻的这句话，常常让我想起九十多年前为理想信念而奋斗的老一辈共产党人。“自从有了中国共产党，中国的面貌就焕然一新了。”历史曾经如此光荣而悲壮地走过。

在全民奋进、实现“中国梦”的路上，我们有必要回顾一下自己曾经筚路蓝缕，在血雨腥风中走过的艰难道路，以期走得更远。于是，我想起了自己曾经还做过这样一个选题——追寻红二十四军足迹。八十多年前的往事，在“寻路中国”的道路上，再一次浮现心头。

1931 年 7 月 4 日，中国共产党在位于山西平定县的国民党正太护路军第一师高桂滋部发动起义，次日行至盂县清城村创建了北方第一支中国工农红军正规军——红二十四军，然后在河北阜平成立了华北第一个县级苏维埃政府，被当时报纸称为“北方之朱（朱德）毛（毛泽东）”，震动全国。在国民党军队多方围剿下，红二十四军转战晋北、内蒙古、陕北一带，不断宣传扩大，星火燎原，最后由于势单力孤兵败陕北。

红二十四军的历史是一段悲壮的历史，虽然存在时间短暂，但它的创建及武装革命，对陕北红军的成立和发展起到积极的推动作用，红二十四军也因此被红军研究专家亲切地誉为“陕北红军之根”。

为了搞清楚红二十四军的来龙去脉，2011 年 5 月，我与几位同事踏上了历时三个月的“追寻红二十四军足迹”旅程，在山西、河北、陕西、内蒙古、北京、宁夏、甘肃七省（市、自治区）实地走访调研，行程一万四千多公里，追寻到多位红二十四军后人，掌握了书信、回忆录等第一手资料，从实地调查到资料搜集，前后历时四年。

三个月的外出采访，打乱了全年的工作计划。当我从那些偏僻的穷山深沟、大漠青山中走出来，重新面对都市的男男女女的时候，有一种恍若隔世的感觉。在最初的半个月里，做什么也提不起劲，做梦都是沉重的。红二十四军那些曾经火热的年轻人，像影子一样纠缠着睡梦中的自己。我被那些如火奔突的灵魂纠缠着，找不到解脱的出路。

面对八十多年前的旧时光和扑朔迷离的历史，面对那些为信念和理想而一个个消失的年轻躯体，以及奉献革命、戎马一生而在后来的历史风暴中躲闪不及的“误会”，还有那些无限风光背后，身份从军长到农民的巨大落差……你实在难以走出八十年前那沉重的人世沧桑。

所有的计划都被打乱了，当我从陕北苍茫的黄土高原回到城市，觉得与火热的当下生活相互疏离，被世界完全抛弃。世界不需要我，朝九晚五的快节奏的都市生活远离了我。它们像厚厚的城墙一样，把我阻挡在寂寞的城外。

走进今天年轻人的内心世界十分困难，走进八十多年前的生活场景和红军战士的内心世界更非易事。在追寻红二十四军的道路上，我一直被自己最初的想法折磨着："这是一群什么样的年轻人？他们的事业与我们的当下生活存在一种什么样的关系？"

理解历史，首先需要知道真实的历史。而更多的时候，我们是在别人提供的所谓"正确历史"的基础上，进行着离谱、可笑的猜测与论断。

红二十四军是一支什么样的队伍？它不像很多人想象的那样惨败，更不像很多人想象的那样"非人类"。保持着凡人的烟火气息，也有着骨肉亲情与世俗的情感。

钱穆在《国史大纲》中说："所谓对其本国以往历史略有所知者，尤必附随有一种对其本国以往历史之温情与敬意。"但事实上呢？一些人研究历史，如同林语堂写《苏东坡传》，帮助苏东坡骂王安石，把历史资料往自己要的观点上生搬硬套，把历史像小姑娘一样随自己的意图涂脂抹粉、古怪打扮，这实在是要不得的，也不是严谨治学治史的态度。对历史需要充满温情与敬意，但如果没有深入了解，没有自己的判断，没有多元的声音，我们所谓的敬意又从何而来？

关于"追寻红二十四军足迹"的采访，一些人想当然地理解为"采风"。因为在当下，所谓的"采风"，实在是一件见怪不怪、优哉游哉的美差。然而对于我们，事实并非如此。《红星照耀北国》一书的写作，采用了实证考察与史料佐证相结合的方式，一件对于新闻工作者来说出力未必讨好的工作。累，自然不在话下。

好在，终于结束了。没有半途而废。完成了就是最好的。因为挑战无处不在。

采访完回到熟悉的城市，没有了当初离开时的激情，有的只是流水一样的日子与波澜不惊的平淡。它或许从此改变了我对世界、人生的一些看法，或许改变了我的生存、生活方式。这些都有可能。关于红二十四军，有很多话要说，但又不知道具体从何讲起，有的只是大雪无痕般的混沌与茫然。

值得一提的是，我们这次追寻活动取得了一些突破，就是在原有"平定起义——盂县成立——阜平建政"（我把它概括为"三段论"）的基础上，把红二十四军的历史延伸到晋北、陕北，丰富了历史，同时拓宽了打量历史的视角，在全国范围内第一次全方位、系统性地梳理、回顾、还原红二十四军从平定起义、盂县创建、阜平建政、晋北扩红到陕北苦战直至失败的全过程，为山西红色文化书写了新的一页。

在写作中,如果说刚开始还是为了探寻历史真相的话,那么后来我更看重的是个人在历史和时代中的情怀与命运。牛清明后人取名的红色情结,蒲子华家人与高桂滋剪不断理还乱的关系,万延祯寻父的坎坷遭遇,窦时寻、窦继寻的子承父业……这些看似矛盾而凌乱的细节背后,是一代革命人义无反顾追寻幸福理想的赤子情怀!

所有的历史都是当代史。一张纸撕碎以后,每一片碎屑都有了属于自己的故事和意义。“船完全被撞破之后 / 也就不会沉没了。它的 / 每块零散的木板 / 将永远漂浮在海上。”(根子《白洋淀》)。经过八十多年时光的零敲碎打,很多往事早已沉没在岁月深处。《红星照耀北国》一书的创作,就是希望通过我们的走访打捞、倾情书写,捕捉历史的细节,告诉公众历史的本来面目,竭力把红二十四军重新还原,复活八十多年前红二十四军那段悲壮激烈的北国往事以及红二十四军战士的不屈风骨和时代精神。

历史并不如烟,也从未走远,我坚信,总有一束光会把路照亮。在红军长征胜利 80 周年即将到来之际,《红星照耀北国》一书的推出可谓正逢其时。愿大家能够通过阅读这本书,理解 20 世纪 30 年代初的那个时代以及那个时代人的信念追求。若当如此,我心足矣!

目 录

自序:总有一束光把路照亮 /1

第一章:平定兵变 /1

蒋、冯、阎“中原大战”后,“倒蒋”失败的高桂滋部正太护路军第一师驻扎在山西平定县。跟随高部的中共地下党员如雨后春笋蓬勃生长,在中共山西特委领导下,爆发了震惊华北的“平定起义”。从此,中国北方工农武装革命掀起新的序幕。

兵戈之兆 /2
红二十四军之谜 /5
高桂滋部坐在火山口上 /10
山雨欲来风满楼 /22
郗富根评说平定兵变 /27
“那天我为红军引路” /36
一则逸闻 /42
工人暴动悬疑种种 /44

第二章:盂县寻踪 /47

1931 年 7 月 5 日,北方第一支中国工农红军正规军——红二十四军在盂县清城村成立。八十多年后,这段鲜活的往事依然扎根在当地老百姓的记忆当中。在这些貌似荒诞不经的话语和支离破碎的民间记忆中,一支纪律严明、行军有序的红军队伍神奇“复活”。

流散民间的战争记忆 /48
“说起崔达道,地球人都知道” /51
清城记忆 /54
军旗传奇 /58

一点推测　/60
兵变歌　/64
经白土坡到东会里、交口　/69
徐峪沟之行了无收获　/71
赵黑：我亲眼看见了“逃兵”　/73
东麻河驿的惊喜　/75
椿树底百岁老人忆当年　/78

第三章：阜平建政　/81

柏兰一战，红二十四军大获全胜。面对山西五台重兵防守的实际情况，红二十四军调整策略，向河北阜平进发，并在此成立了苏维埃政府，打土豪、分田地，分粮扩红。红二十四军的行为，引起了敌人的极大恐慌，一场“假投降”的奸计正在向年轻的红二十四军布局展开。被敌杀害的军长赫光因为化名问题，在数十年的光阴里成为故乡亲人的谜团。

柏兰之战　/82
穿越黑山关　/85
“会说五台话，能把洋刀挎”　/87
灵寿县上演“一幕笑剧”　/90
红军进驻阜平城　/92
苏维埃政府诞生　/95
一段小插曲　/100
库区无声忆雄一　/103
赫光殉难法华村　/110
赫光前传　/114
万延祯寻父记　/120
烈士身后事　/133

深山里面出马列 /136
王德奇:当年我们找到了牛曦 /139

第四章:塞北苦战 /141

撤离阜平后,红二十四军转战晋北,在敌人的围追堵截中战斗不止、生生不息,一路宣传扩红,在三晋大地播撒下红色革命的火种。八十多年后,当年的阜平县苏维埃政府主席的儿子牛曦向我们提供珍贵史料,于是一个个细节在扑朔迷离的历史中如“剥洋葱”般渐次呈现。

龙泉关迷思 /142
平型关下的沉思 /144
红军过处播火种 /146
寻找牛曦 /150
娃娃县长 /152
《破晓风云》是本什么书? /156
红二十四军与共产国际有关吗? /160
杨继雄是谁? /163
红二十四军在右玉 /169

第五章:红动陕北 /171

面对围堵绞杀,红二十四军强渡黄河,转战陕北,在草原荒漠地带与傅作义、井岳秀部展开激战。由于孤军奋战、脱离群众,最后兵败陕北。红二十四军虽然失败,但它所从事的事业却把对手征服了,为此它被陕北红军研究专家亲切地称为“陕北红军之根”。

八百将士过黄河 /172
兵不血刃进木瓜 /177
重兵夹击,兵分三路 /179

突围途中，军纪亦严明　/181
扑朔迷离的两岔河　/184
再图府谷，为时已晚　/187
两岔河现身　/189
激烈枪声传至石板太　/192
塞上血影　/195
兴隆山上父子重逢　/200
从副军长到农民　/207
他是不是杨继雄？　/219
寻找齐渭川　/221
缴械收编　/225
“东山惨案”　/229
惨败之后　/232
不屈的柠条　/235
返回太原　/242
陕北红军之根　/246

后记 / 念念不忘，必有回响　/255

附录 / 主要参考资料　/257

第一章

平定兵变 红星照耀北国

/ 追 寻 红 二 十 四 军 /

兵戈之兆

1931年的北方小城平定，夏天天气与现在没有什么两样。上午还是艳阳高照，晃得人睁不开眼睛，行人一个个像烈日下的瓜蔓，蔫蔫的，无精打采地穿过阳春楼下的城门洞。几只背上有着黄斑的笨狗，躲在树荫下吐着舌头。

天气说变就变，晌午时分，一阵雷声过后，就下起了瓢泼大雨，间或夹杂着狂风，刚才还无精打采的人们迅疾打起精神，赶快跑了起来，狼狈中有着一种莫名的兴奋。

谁知道，这雨来得快，停得也快。不到半个小时，风停雨住，绿叶已洗，大地一片干干净净，到处散发着泥土的清香，滴滴答答的屋檐水滴零碎地敲击着本地名门望族黄府高宅大院的石质地面，也滴落在贫民陋檐的泥地上。

平定史称“文献名邦”，历史悠久，文化底蕴深厚，有着耕读立业的传统。从隋唐科举取士以来，这里共出过进士108名，名列三晋第七，可谓人才辈出。【《山西历代进士题名录》，王欣欣编著，山西教育出版社，2005年7月出版。】祖辈因袭，离县城不远的“冠山书院”成为农夫墨客香火朝拜的地方，每年农历四月初八庙会期间，这里更是人流如织。

17岁的光侗在平定中学上学，这时正值放了暑假，在家里帮助家人种地务农，看着地里结下的倭瓜，他的心里满是欣喜。久旱逢甘霖，金榜题名时，这都是人生快事。对于还是中学生的光侗来说，升学功名还是以后的事情，喜的是这一后晌的雷雨。因为家里播种下的赶茬谷没有出齐苗，需要雨后补栽。雨过天晴，趁着凉快，他随着叔叔去地里补栽了一段时间的谷苗。【《平定历史资料第一辑·平定武装起义（革命兵变）专辑》第36页，平定县志办公室，1980年8月编印。】

盛夏时节，骄阳似火，暑气炎炎，令人煎熬难受。但一场不期而遇的阵雨，洗去了人们的喧嚣和烦躁。掌灯时分，县城内依然有黄发小儿断断续续吟诵诗书；穿城而过的河流两岸，不时有青蛙在草丛中呱呱鸣唱，显得这个夏夜如此宁静。

宁静的夏夜被一阵踏步声打破，伴随着的是狐假虎威、吆五喝六的士兵声音。在长枪的警告和士兵的粗口声中，街头的狗把哽在喉咙中的声音蜷缩了回去。从圣庙到县城街上的黄府距离并不远，又赶上是星期六放假休息，师长高桂滋到北京为父亲祝寿，所以一些官兵在黄府老爷黄守渊的邀约下如期而至。

作为山西争矿运动的最早发起人、平定争矿运动主要领导者之一的黄守渊，在当地有着很高的名望。1931年7月5日是他的七十大寿。根据当地风俗，生日的头一天晚上，有威望的人家都要放炮"接寿"。【黄守渊(1861—1937)，字铸卿，平定城关学门街人。光绪二十年(1894年)中举，曾任山西沁源县知县，1895年春，在原山西巡抚胡聘之支持下，独树一帜，高瞻远瞩，捍阖护矿，与族兄黄世芬及平定士绅张士林、李蓉田、李毓蕙、张诚、池庄、刘焕斗、赵熙廷、廉士升最初共同发起平定保矿斗争，策划组织成立保艾会、固本会，后来又创建平定矿产分会，亲拟章程，出资万余元以助会。并联络在京供职的晋籍官员与留日的同乡好友冯司直(字振邦，号天昉)、陆近礼(字恭斋)等共同参与，继而转升为争矿运动，经过三年的不懈斗争，直至取得胜利。1908年出任保晋公司石家庄公司经理，1911年5月被选为山西咨议局议员，1918年当选山西省议会议员。】听着黄府隐约的炮仗炸裂声，19岁的"谦亨吉钱庄"店员张钰躺在床上，莫名想起白天的事情。

1930年8月间，高桂滋的国民党正太护路军第一师驻扎平定城，不知不觉至今已近一年，这是当地家喻户晓的事情，不足为奇。部队官兵与钱庄的借贷往还本是再正常不过的事情，但上午发生在钱庄的一幕还是令张钰颇感蹊跷。

上午(1931年7月4日)，高桂滋部的一个文职官员，突然将在钱庄长期存放、一直未动的三十元银洋一下子全部取走。位于西门里的"谦亨吉钱庄"，是县城里一家规模不小的钱庄，存款、取款完全自由。当时张钰和其他店员也并不介意，但事后想来，张钰认为与当天晚上发生的事情也许并非无关，因为那个存钱的文职官员后来再也没有见面。【《平定历史资料第一辑·平定武装起义(革命兵变)专辑》第37页，平定县志办公室1980年8月编印。】

与此同时，十字街头卖"漂抿曲"(当地一种面食小吃)的一位摊主也碰到了一件令自己百思不得其解的事情。1931年的古州平定，拜晋商余脉所赐，商业已是十分繁荣，每当酷热夏夜，十字街头总有许多市民设摊卖饭，其中卖"漂抿曲"的撤摊最晚，要到十一二点才能打烊收摊。7月4日晚上，还没到收摊的时候，便有一个当兵的人走过来对他说："今晚有事，你们快收拾回去吧！"摊主虽然丈二和尚——摸不着头脑，但考虑到高桂滋官兵在本地的一贯作风，不敢再问，决计迅疾收摊回家。谁知收拾好厨具设备刚回到家，不多一会儿就听到了城隍庙里的枪声。【《平定历史资料第一辑·平定武装起义(革命兵变)专辑》第38页，平定县志办公室，1980年8月编印。】

20岁的毛头小伙子赵晋亨也听东关三官庙开店的寡妇说起一件奇怪的事情。寡妇有个十几岁的小孩，下午小孩出门玩耍，见店后菜地里支起了枪，还有兵叫他回家后不要出门，说是要打仗了。士兵的话让寡妇的儿子一头雾水，不知究竟要发生什么事情。【《平定历

史资料第一辑·平定武装起义(革命兵变)专辑》第 39 页，平定县志办公室，1980 年 8 月编印。】

22 岁的袁广茂在县城内的“天顺兴”门市店做裁缝，店内断不了有一些军官来做衣服，士兵也断不了进来看看。这些官兵之间的闲谈，虽然自己作为裁缝不便插嘴，但还是有一些话落在耳朵里。

七八天前，据说高桂滋部第一团的医官翟焕章给他们的王守义团长相了一次面，意思是叫王团长出去躲避躲避，否则七日内外要有“意外之灾”。王团长半信半疑地藏在水瓮里，天天由老婆送饭，躲在里面不愿出来。

两三天前，有两个士兵到“天顺兴”柜上闲谈。一个问：“手续都准备好了吗？”一个答：“也差不多了。”袁广茂后来才知道他们指的“手续”是在“万元书店”印传单的事情，是在打暗语。

7 月 4 日上午，一团万锡绂连长到柜上来取一条裤子，说是没有带钱。袁广茂叫他先拿走裤子，钱靠后再说。万锡绂说：“明早一准捎来！”稍停又补上一句，“不行！最迟今天下午一定还！”说罢就走了。谁知，这一走，袁广茂再也没有见到万连长的下落。【《平定历史资料第一辑·平定武装起义(革命兵变)专辑》第 34–35 页，平定县志办公室，1980 年 8 月编印。】

13 岁的裴润田，正在高小读书，7 月 4 日放学回家后，听到王姓邻居说过一件“天上掉馅饼”的美事。这天上午，这位街上做买卖的王姓邻居所开的店铺，以及他周围同行的店铺内，所有干电池、手电筒销售一空，白毛巾也都卖光了。很长时间卖不出去的“奢侈品”被抢购一空，王姓邻居的欢喜溢于言表，逢人便说。

因为午后下过一场雨，溽热的夏天变得宁谧惬意。在家里做完作业的裴润田，睡在炕上还在想算术题，就听见城隍庙里枪响了。当时，裴润田的父亲刚从街上回来，对他说：“不好，今晚要出事！”还说看见城隍庙里升起了两颗信号弹。【《平定历史资料第一辑·平定武装起义(革命兵变)专辑》第 42–43 页，平定县志办公室，1980 年 8 月编印。】

对于裴润田一家来说，并不知道这两颗信号弹意味着什么。然而，中国工农红军发展史上轰轰烈烈的一幕已经拉开了！

红二十四军之谜

1931年7月4日夜，两颗信号弹射向北方小城平定雨后的天幕，从而在阳泉这片后来成为“百团大战”主战场、中国共产党亲手创建的第一座城市的热土上，诞生了北方的第一支工农红军正规军——红二十四军，其后在河北阜平成立了中华苏维埃阜平县政府。

作为中共山西特委在土地革命时期直接领导组织创建的红军队伍，红二十四军在太行山燃起革命武装斗争的星星之火，成为党在北方地区创建革命根据地，走农村包围城市、武装夺取政权道路的重要实践和尝试，在党和人民军队的历史上谱写了壮丽的篇章。

红二十四军的成立，使国民党当局惊惶万状。天津《益世报》面对红二十四军的浩荡声势，祭出了自己的言论利器，在随后的持续跟进报道和社论中，将红二十四军喻为“北方之朱毛”，“候其羽翼养成”，“较之江西，有过之无不及也”。【天津《益世报》1931年7月8日第2版，7月21日第4版。】

然而，这支中国北方第一支工农红军正规军，却在时间的长河里湮没无闻，或者以浮

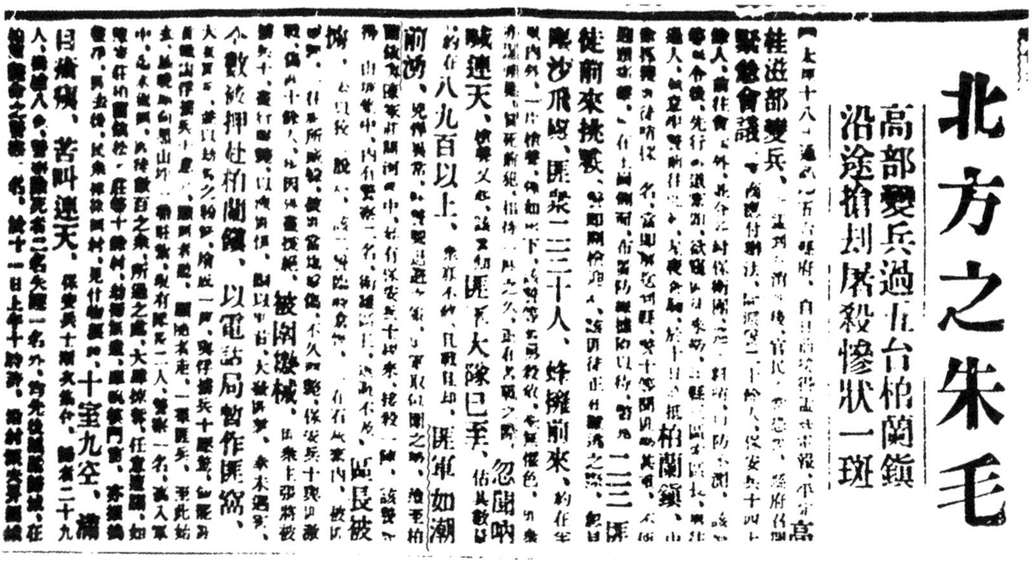
北方之朱毛
高部變兵過五台柏蘭鎮
沿途搶劫屠殺慘狀一斑

天津《益世报》对红二十四军的报道

光掠影、支离破碎的形态出现在地方党史文献中。中国工农红军第二十四军这支在《红军发展史》中仅仅记载了 600 余字的部队，长期以来像谜一样诱惑着人们。

这是一支怎样的队伍？在 20 世纪 30 年代北中国的土地上，红二十四军与青天白日旗下的其他军队有何不同？从平定起义到盂县清城，五六个小时能够到达吗？他们究竟有着什么样的行军速度？为什么红二十四军选择在河北阜平成立苏维埃政府，而不是山西的盂县、五台或者河北平山？短暂的行军过程中它给沿途老百姓留下了什么印象？它是如何开展宣传、组织、学习、教育、扩军的，在军事战略和政治策略上有何特征？它与后来闻名遐迩的经过二万五千里长征洗礼最终到达陕北的红军有何联系？对于中国工农武装革命产生了什么影响？作为中国共产党在北方领导的一次成功的武装起义，它因何诞生而又最终消失？红二十四军之谜似乎一个接着一个……

2011 年 5 月初的一天，阳泉日报社杨鸿龙总编把我叫到办公室，说是计划安排我与其他几个同事去追寻红二十四军足迹，解开红二十四军之谜，想听听我的意见。说真心话，当时我并不情愿。因为自己一直跑经济新闻报道，关于红二十四军的情况一无所知、茫无头绪；而且我从事经济报道刚进入正轨，正是得心应手、顺风顺水的时候。杨总编开导我说，年轻人应该多锻炼锻炼，才更有利于以后的成长……

为了打消我们的顾虑，5 月 6 日，报社邀请了本地文史专家、纪录片《一支红军阳泉来》的导演王伟，在单位会议室里为我们几个人“开动脑筋”。王伟导演曾经在纪录片中呈现了红二十四军从山西平定县起义到河北阜平县成立苏维埃政权、最后领导人中了国民党沈克部假投降的奸计而撤退的过程。王伟导演花了一下午时间，大致讲述了红二十四军创建的背景、意义和征战历程。由于是第一次听说“北方第一支红军正规军”的故事，大家难免听得一知半解、云里雾里。

看来，杨鸿龙总编的设想无可更改。面对“军令如山”，我抱着试一试的态度，从 2011 年 5 月 11 日开始，与报社其他几位同事一起踏上了“追寻红二十四军足迹”的里程，沿着红二十四军当年走过的路线，穿越苍莽的高山大川以及那些支离破碎的民间记忆，试图复原、完成大众对这支中国北方第一支红军正规军的想象。一走就是三个月！

红二十四军是一支存在短暂的队伍，它如同一颗璀璨夺目的流星划过北中国的茫茫夜空，然后沉入宽厚无垠的天幕。由于存在短暂，我们不完全掌握他们具体的行军路线，更不知道它曾经生动鲜活的前世今生。或许那些躲在无言关隘里古老的自然村落，曾经洒下 20 世纪 30 年代“红星”照耀的微光……

1954 年夏天，中华人民共和国的缔造者毛泽东曾以革命家的浪漫豪情写下《浪淘沙·北戴河》：“大雨落幽燕，白浪滔天，秦皇岛外打鱼船。一片汪洋都不见，知向谁边？往事越千年，魏武挥鞭，东临碣石有遗篇。萧瑟秋风今又是，换了人间。”在 20 世纪兵荒马乱的漫长岁月里，“知向谁边”与“换了人间”的诗句，总是令人心生无限感慨与想象。星星之火，可以燎原。红二十四军虽然存在时间不长，但它的象征意义不可小觑。

作为红二十四军起义的策源地，山西平定县是必须经过的一关。出发当日，我们来到了这个因“文献名邦”而自豪的北方小城，开启了追寻红二十四军的寂寞旅程，试图掀开这段尘封已久的记忆。

类似这样的采访追寻，联系当地宣传、史志部门必不可少，我们把这种做法戏称为“拜码头”。

之前，我们就与平定县史志办主任刘春生电话联系过，听说他刚从宁夏回来，好像还见过红二十四军军长赫光的儿子。在刘春生的带领下，我们试图穿越走进 1931 年的北方小城，解密当年的红色故事。但在当日交谈的过程中，关于赫光后人和红二十四军的事情，刘春生所言甚少。

由于自己第一次接触红二十四军，相关资料和背景知识掌握甚少，更不用说吃透，所以在与刘春生的交谈中，也提不出什么更有价值的问题，这导致后来走了很多弯路。

平定属于红二十四军的起义之地，然而这么重要的位置，在我们的寻访行程中仅用了一天时间，出现了所谓的“眼底黑”现象，这是我后来才领悟过来的。在平定县寻访过程中，没有看到当地关于平定起义的任何历史记载，那么，这些细节是如何出来的？具体来龙去脉如何？我们一概不得而知。类似这样的“旧闻报道”必须在听人介绍的基础上并佐以史料记载，才能更加科学、理性、准确地还原出来。“平定兵变”成为我们这次寻访过程中的一根软肋，也是我长期以来的一个心结。

好在天无绝人之路，2013 年的一天，一本珍贵资料意外地出现在我的眼前，距离 2011 年“追寻红二十四军足迹”过去了两年多。

说来话长，之前在太原某家出版社工作期间，我就养成一个习惯，就是在距离单位不远的南宫旧书市场淘书，购买收集一些自己喜欢的版本和书籍。南宫虽然说是个旧书市场，但说起它的影响力，或许会让文史界刮目相看。在这里，曾经出过在全国来说都算名头很响的人文学者，或者说，山西有不少学者就经常在这里淘宝修炼。

在这里，曾经出现过写出《寻找林徽因》《徐志摩传》《李健吾传》以及《张颔传》的从事现当代作家作品研究的“文坛刀客”韩石山，也曾经出现过被称为当代大学奇迹、专科生教研究生的厦门大学教授、学者谢泳。这两位也一直是我个人读书、作文的楷模。他们在太原工作期间，时常光顾这里，甚至一麻袋一麻袋地不惜重金购买“旧货”，从中发现新的研究资料，打开新的研究视角。

留心这两位的人，肯定对谢泳的“杂书过眼录”系列不会陌生，他对西南联大的研究和储安平及《观察》周刊的研究，在人文领域开创了新的天地，“一个人，一所大学，一本周刊”

的研究思路成为贴在谢泳身上的璀璨标签。韩石山《寻找林徽因》一书内的系列文章，因为翔实的考证功夫和沉稳老练的文笔，在中国文坛上引起较大反响，书中甚至考证出了徐志摩与陆小曼第一次同居的时间。这些文章曾经在国内第一文学大刊《人民文学》上开设专栏刊登。对于很多人一辈子都“登陆”不了的王牌“阵地”，韩石山轻而易举就把它拿下，其能量不可小觑。

还是回到旧书上来。因为有淘旧书的习惯，所以从太原跳槽到阳泉工作后，对本地天桥附近的旧书摊十分留意。因为答应别人写一篇关于本地文化名人、被称为民国“四大才女”之一的石评梅的论文，所以对本地与之相关的研究资料十分重视。“舍不得孩子套不住狼”，文史研究需要舍得下血本，在韩石山位于太原南华门东四条的家里，我就看过全套的《胡适文集》以及民国文人的很多影印书籍。只要看到有关石评梅的书籍，我是见一本买一本，虽然也未必在写文章中能派上用场。

这本给我带来意外惊喜的书，就是2010年我在天桥旧书摊上淘到的《平定文史资料》第六辑。这本资料由平定县政协编辑，没有具体的出版日期，从正文前面的领导题词后的落款时间“1990年11月”“12月3日”来推断，这本内部资料应该在1991年初编辑出版。在这本期刊的《往事回忆》栏目里面，有一篇李庆祥写的《石评梅的生平与文学创作》。后来由于时间关系，关于石评梅的论文并没有写成，于是把这本资料束之高阁，随手放在一个不常翻阅的角落里。

2013年年底的一天，家里开展大扫除，准备把一些没用的资料卖给楼门口收废旧报纸的老头。妻子忽然在客厅里发现了天大秘密似的朝我说：“你不是一直关注张宏志老师吗？这里面有一篇张老师写的《百团大战中的平定》，你看要不要，不要我可是卖了啊！”

我过去一看，果然是张宏志老先生的文章，收编在《抗日烽火》栏目里，开头第一篇就是。在追寻红二十四军之前，由于所学专业、个人视野以及职业爱好等原因，我对“百团大战”或者说军史专家张宏志并不关注，类似内容屏蔽在我的视域之外，即便金子在眼前，也认为是石头土块不足为奇。然而，因为有追寻红二十四军的经历，我从此对与之相关的资料和专家十分留意。

所以，妻子的这番话，对我说来十分敏感。但翻阅完张宏志老师的《百团大战中的平定》，不免有些失望。整整15个页码的文章，没有一句是关于红二十四军的，哪怕是一点背景式的文字也没有。但因为有张宏志老师的文章，并在追寻红二十四军过程中与张老先生在西安有过一次愉快而难忘的交往，所以放弃了把它交给楼门口收废品的老头的打算，随手放置在茶几上。

中午，随手打开这本资料翻阅，在《往事回忆》板块里，看到了“红军二十四军”六个字，一下子把我惊呆了！干了一上午的活儿累得慵懒的身子，瞬时在沙发里弹了起来，聚精会神地从头翻阅起这篇文章。这篇文章标题叫作《对往事的回忆》，一个极为普通的标题，在“标题党”多如牛毛的今天，甚至会让人放弃联想和阅读的欲望，怪不得以前没留意过。在这篇由白宝昌整理、光侗口述的回忆文章中，说到了红二十四军起义之夜，光侗为起义部队引路的情形。

一石激起千重浪，一语点醒梦中人！红二十四军起义之夜，平定本地是否还有目击者？本地文史部门是否曾经做过类似于口述历史性质的整理？还有哪些我们当初遗忘的细节在本地人手里没被发现？……问题像过电影般的一个个闪现出来。于是，根据这个思路，我按图索骥，再次与往事重逢，开始了孤独而执着的探寻旅程。

或许，这些迟到的资料冥冥之中一直在等我，在我即将准备放弃它们的时候，却奇迹般不请自到，找上门来。另一本由平定县志办公室编印的《平定历史资料第一辑·平定武装起义(革命兵变)专辑》也浮出水面，跃入眼帘。红二十四军在平定起义当夜的情形和映像，逐渐在模糊的历史尘埃中神奇复活，一帧帧清晰呈现。

高桂滋部坐在火山口上

1931 年 7 月 3 日的下午 4 点多钟时，高桂滋部电话排译电员陈子毅接到了一个严肃的命令，这让他的心头一颤，预感即将有大事发生。

管支部工作的兵站站长【又一说为“部队党支部书记”。】靳澍生来到电话排住处——平定南营的蔡家祠堂，通知陈子毅：“党委里有指示，今天晚上 8 点钟，要你到南城墙外的小坟地参加党的会议，不得有误。”对于靳澍生，陈子毅并不陌生，虽说自己是译电员，靳是兵站站长，但他们之间，还隐藏着一个心照不宣的惊天秘密。

译电员工作，上传下达，来不得半点马虎，需要谨慎对待，因为每一个电波都传递着重要的军事信息，甚至牵扯着每一名官兵的生死。从 1925 年到现在，陈子毅在译电员的岗位上已经待了有近六个年头，他早已习惯了自己的工作，也由于职业的习惯，对信息传递有着独特的敏感。

晚饭吃得并不是太好，从 1930 年翻越十八盘来到平定城到现在，这支“姥姥不疼、舅舅不爱”的非嫡系部队，就遭到晋军的排挤。每当吃饭的时候，就有士兵对着不那么惹人爱的吃食发出骂声，但一切似乎无济于事，只是过过嘴瘾罢了。对于这些来自安徽、陕北的士兵来说，对“阎老西”以及山西这块粗粝的土地似乎并没有什么好感。

今天的晚饭，似乎与往常没有什么不同，但陈子毅却吃出了别样的滋味。

昨天（7 月 2 日），师部曾经发生这么一件事。因为高桂滋为人向来吝啬，加诸正太护路军第一师杂牌军的身份，从 1930 年入驻平定以来，官兵久困于饷，常常青黄不接，艰辛情形，自属不堪。直到现在，5 月份的饷才有希望发放下来。但这次饷银究竟能否顺利到手，所有士兵都不敢打包票。

司令部派来山西点放军饷的委员张树膺、申锡九两人，于 7 月 2 日由阳泉抵达平定，点放该师军饷。然而这两位点委到了平定城后，忽然因为身体不适，次日不能点验，临时决定 7 月 5 日再行发饷。这让满怀希望的官兵不免失望。一些官兵认为，张树膺、申锡九两个点委来到平定，驻于师部，全师所有薪饷一定全部在此，于是决定在 4 日夜间起事，抢夺军饷，以救穷困。【天津《益世报》1931 年 7 月 11 日第 4 版。关于平定兵变，认为此次哗变有两说，其中一说为抢饷。】高桂滋的正太护路军第一师，似乎正坐在火山口上。

夏天的夜晚，感觉来得总是迟一些。吃罢晚饭，为时尚早，陈子毅又在兵站等了一会儿，直到夜幕降临，街上行人稀少了，他才悄悄地离开蔡家祠堂，按照靳澍生的通知，从南城墙上过去（那时城墙上的小路可以上下），到指定的地方，找位置坐下听会。

会议上，中共山西特委负责人谷雄一（化名肖谷）讲了阎锡山、冯玉祥倒蒋介石失败的事。【陈子毅《我参加平定革命兵变的经过》，见《平定历史资料第一辑》。1980 年 3 月 7 日，陈子毅在山西省委组织部派人陪同下，重访平定革命兵变旧地，逗留三天，应邀讲述了他当年参加兵变的经过。】

对于 1930 年发生的“中原大战”，陈子毅并不陌生，因为自己也曾参与其中。

1928 年 6 月，北京张作霖安国军政府垮台后，蒋介石与西北军冯玉祥、晋绥军阎锡山、桂系李宗仁的临时团结转化为激烈的内部斗争。

1929 年的中国，国民党新军阀混战的炮声不断，神州大地，战云蔽日，硝烟弥漫。其中打着“护党救国军”旗号的就有李宗仁、张发奎、俞作柏、唐生智、石友三等部，先后发动了反对蒋介石独裁统治的战争。然而这些人却都被蒋介石一个一个地击败，只有善于投机的阎锡山的晋绥军没有遭到打击，但是阎锡山知道，总有一天，蒋介石也会向自己开战。

1930 年的元旦，蒋介石在《中央日报》上发表《以气节廉耻为立国之本》的文章，大骂反对者“以投机取巧为智，以叛乱反复为勇，气节堕地，廉耻道丧”，杀气腾腾地教训反蒋派，使督师河南的阎锡山心有余悸。

1 月 13 日，前往郑州参加军事会议并准备履行国民党军副总司令就职仪式的阎锡山，在得知蒋介石命令河南省政府主席韩复榘逮捕自己的密令后，连夜逃回山西太原，并决定倒蒋。

2 月 10 日，阎锡山发出反蒋通电，集历年来反蒋言论之大成，条条列举蒋介石专制独裁的证据和实行无理政策发起内战的罪恶，质问蒋介石：“……用人不当，腐化堕落，无怪乎干戈不止，天下大乱。不但不闭门思过，反而冒天下之大不韪，一味戡乱，卒使国无宁日，民不聊生。戡乱不知止乱，不止乱而一味戡乱，国内纷乱，将无已时……为民国和平统一计，礼让为国，请蒋下野。”

蒋介石看后气得暴跳如雷，找来民国元老吴稚晖，要他连夜写出一篇攻击阎锡山的文章，第二天就发表在《中央日报》上，文中针锋相对地指责阎锡山“不学无术，靠投机钻营捞取资本，奸诈成性，善变无信。如今为了独霸中国，又造谣中伤，蛊惑人心。企图兴兵作乱，祸国殃民，以图其野心得逞”。

冯玉祥见阎锡山挨了骂，便立即出面助阵，套用《三国演义》中诸葛亮骂死王朗的话痛骂吴稚晖：“假如有人骂先生，苍髯老贼，皓首匹夫，不惜以党国元老为独夫作奴才，死后有何面目见先总理于地下！先生将何以自解？”

吴稚晖听了此话，虽没像王朗那样被骂死，但也气馁起来，不再赤膊上阵了。蒋介石大怒，又让立法、行政、司法三院院长胡汉民、谭延闿、王宠惠联合通报骂阎。

正当双方骂得激烈时，阎锡山突然笔锋一改，分别向蒋介石、国民政府、国民党中央党部发电称：“以衰病之躯，久思退休，重以主张未蒙维纳，自应辞去本兼各职，以遂初衷。酷爱和平为锡山之素志，年来苦衷，有不忍与国人言者。此次主张国事，原为止乱，既不能荷蒙鉴察，何忍因止乱而起乱？锡山即行出洋，以明初志。”

收到这份电报的蒋介石不禁愕然，还在发愣的时候，阎锡山又提出为了停止内战，贯彻国民党“和平统一”的政策，他愿意和蒋介石同时下野。被阎锡山打得措手不及的蒋介石仓促应战，情急之下在电文中冒出了杀气腾腾的话：“国有纲纪，党有纪律，个人进退，绝无自由。我本人在党国命令之下，须用武力以戡乱，下野无异为反动者解除武装，阻止本党革命……”

接到电文的阎锡山心中暗喜，拿着这纸电文大肆宣传：请国人看看蒋介石武力独裁的真面目。

随后，阎锡山领衔与冯玉祥、李宗仁等 45 名军界要人共同发出通电，要求由全体党员总投票以决定“党统”问题。政界以汪精卫为首的一批政客立即响应，提出解决党务纠纷。与此同时，阎锡山把他进驻河南的晋绥军主力一部开入了鲁西地区。

为此，胡汉民、谭延铠、王宠惠等人连忙去电：“望速撤入侵山东西部之军队，停止一切不详之举动。”

怒不可遏的蒋介石也通电阎锡山：“结束无益之辩论，停止不详之举动，悬崖勒马，维持和平。”

阎锡山见蒋介石既然已发出结束辩论的通电，便发出宣言：“本人以为引退心安，以后不再言国是，既不见谅，尚何多言……”继则联络反蒋失败的冯玉祥、桂系李宗仁等组织反蒋同盟。阎锡山的反蒋号召，得到了以汪精卫、陈公博为首的国民党改组派，以及邹鲁、谢持为首的西山会议派和冯玉祥、李宗仁等反蒋政治派别与军事集团的响应和支持。

3 月 14 日、15 日，鹿钟麟等 57 人通电拥戴阎锡山为中华民国陆海空军总司令，冯玉祥、李宗仁、张学良为副总司令。

4 月 1 日，阎、冯、李宣誓就职。阎锡山在石家庄设立总司令部，自兼第三方面军总司令，由河北向山东进兵；以李宗仁为第一方面军总司令，由广西向湖南进兵；鹿钟麟为第二方面军总司令，由陕西向河南进兵；石友三为第四方面军总司令，由鲁西南会攻济南；并内定张学良、刘文辉、何键、樊钟秀为五、六、七、八方面军总司令。

4 月 5 日，蒋介石撤免阎锡山身兼各职。4 月 12 日，任命韩复榘为第一军团总指挥，在鲁西阻阎军南下；刘峙为第二军团总指挥，由徐州沿陇海铁路西进；何成浚为第三集团军总指挥，在河南许昌以南地区牵制冯军；陈调元为总预备兵团总指挥。5月1日在南京誓师，11日下达总攻击令，“中原大战”正式爆发。

战争伊始，蒋军虽攻占河南归德（今商丘）等地，但总的形势不利。归德旋为冯军收复，长沙、济南先后被桂军和阎军占领，蒋军撤守鲁西南和豫南漯河地区。

8月，反蒋各派在北平（今北京）召开“中国国民党中央党部扩大会议”（简称“扩大会议”），宣布成立以阎锡山为主席，阎锡山、汪精卫、冯玉祥、李宗仁等7人为委员的国民政府，另立“中央”，与南京国民政府对抗，但由于其内部各派军阀各怀鬼胎，尤其是阎锡山的一些做法引起了反蒋军的主力——冯玉祥的西北军很多将领的不满，在蒋军的反攻下，战局每况愈下。7月4日，桂军退守广西，8月14日，阎军放弃济南。冯玉祥的“八月攻势”也遭到失败。蒋军在两湖、津浦、陇海、平汉各战场取得全面胜利。

鹬蚌相争，渔翁得利。面对“中原大战”各方的粉墨登场、厮杀混战，驻守关外的张学良翘首以待、虎视眈眈。正当“中原大战”打得骑虎难下、不可开交时，张学良的出现，打了蒋、冯、阎一个措手不及。

1928年6月4日，“皇姑屯事件”发生。12月29日，张学良不愿意变成日本的傀儡，宣布东三省及热河省易帜，拥护南京中央政府。【张学良口述、唐德刚撰写，《张学良口述历史》第101页，山西人民出版社，2013年2月第1次印刷。】“中原大战”爆发后，东北边防军司令张学良成为交战双方竞相争取的对象。这个因为吸食鸦片而身体虚弱、脸色苍白的年轻人，【端纳口述、泽勒撰文，《我在孙中山、张学良、蒋介石身边的日子》第141页，团结出版社，2011年5月第1版。1926年夏，少帅张学良指挥其父的部队与冯玉祥作战时，便抽上了鸦片。当时，张学良患了感冒，因为军务缠身，无法就医，有位吸食鸦片的将军对张学良说，鸦片可以治愈感冒，不妨试一试，结果吸食上瘾。将军杨宇霆诡计多端，野心勃勃，老帅张作霖担心他有朝一日要夺取东北的控制权。杨宇霆建议张学良用吗啡治疗毒瘾，更是雪上加霜。】在骨子里是个倔强的人，不喜欢任人操纵摆布，【张学良口述、唐德刚撰写，《张学良口述历史》第102-103页，山西人民出版社，2013年2月第1次印刷。】在战场上一改倦容，叱咤风云，绝不含糊。

北平反蒋派任命张学良为陆海空军总司令、国府委员，蒋则任命张学良为陆海空军副总司令，并让出青岛地盘由张部接防，还任命张学良部于学忠为平津卫戍司令，王树常为河北省主席，王家桢为外交部次长，又以3000万元巨款收买。应蒋请求，英、法驻华公使也出面对张施加压力。

年轻气盛的张学良根本不把阎锡山、冯玉祥甚至蒋介石看在眼里，认为“阎锡山干不过我”，而且自己从内心来讲，是希望中国停战，反对内战，不要打仗。1930年9月18日，持观望态度的张学良发表“巧电”，通电拥蒋，宣布停止内战，旋即派12万名东北军入关武装调停，从而决定了“中原大战”的胜负。

张学良打的这个“巧电”大有深意，用张学良自己的话来说，这个“调停”里面包含了两个意思：反蒋盟军不停，我就打你；中央要不停，我就帮着你打中央。【张学良口述、唐德刚撰，《张学良口述历史》第106页，山西人民出版社2013年2月第1次印刷。】

随后，张学良带30万东北军入主华北，势力大增。10月，中央军攻下潼关、陕西等地，重兵包围山西残军败将，张学良趁势大举接收冀东、冀北地区，并呼吁停战。反蒋联军迅速瓦解，扩大会议迁至太原举行，不久即风流云散。

1930年10月8日，冯玉祥到石家庄与阎锡山会面。鉴于大局急转直下，无法挽回，而蒋介石又坚持他们两人必须下野，遂商定阎将军政交与徐永昌，冯将西北军交与鹿钟麟，他们两人出国暂避。阎回到太原，便将军政作了安排，并声言去日本游历。

冯玉祥到了晋城，并没有表示出国远游的意思，仍然希望掌握这部分残余的军队赴西北谋出路，并且有意扶植他的宠将孙良诚（这时孙本人已无一兵一卒），把退回来的军队都交孙节制。鹿钟麟自从与马福祥、张之江接洽失败后，很是失望。

在南京接洽的代表李火斤、冉廷宾、李光汉等发来电报说：蒋的态度益趋冷淡，坚持冯玉祥、鹿钟麟均须下野。而停留在焦作的孙连仲也在自谋出路，派田镇南、李汉辉到济南，通过韩复榘的关系，接受了蒋介石的第二十六路军的任命。冯的卫队旅季振同部也愿随孙连仲共同行动，不愿退往山西。

鹿钟麟看到越来越没有希望，于是一面打电报给冯玉祥说即日骑马前往晋城，一面又对外宣称派参谋长秦德纯代表前往沈阳，实际上他却秘密搭了秦的专车前去天津，同时发出漾电（10月23日）声明下野。

这时，刘郁芬已离开陕西，冯玉祥对重返西北的打算才完全绝望，不得不离开军队前往晋祠退隐，以后又辗转移居于汾阳之玉带河。开入山西境内的张自忠、刘汝明、赵登禹等残部，由张学良改编为第二十九军，以宋哲元为军长。至此，冯玉祥惨淡经营历时二十余年的西北军遂完全瓦解崩溃。

11月4日，阎锡山、冯玉祥通电下野，取消太原陆海空军总司令部。阎出走天津，西北军则被张学良收编接管。至此，大战告一段落。

蒋、阎、冯大战历时7个月，双方投入兵力逾百万，战线绵延数千里，是中国近现代历史上一次规模最大的军阀战争。战事蔓延河南、河北、山东、湖南、湖北，各方投入兵力超过130万人，造成官兵伤亡在30万人以上。因为这次军阀混战主要在地处中原的河南省及其邻近地区进行，所以又称“中原大战”。最终尘埃落定，蒋介石取得了战争的胜利，暂时统一了国民党各军事集团。此后，反蒋势力仍然存在，但已失去了问鼎中原、与蒋介石一决胜负的形势与实力。从1930年年底开始，蒋介石便以重兵向中国共产党领导的红军和根据地发动进攻。

“中原大战”给中国人民带来了深重的灾难。蒋介石及国民政府的胜利暂时维持了民国的统一和政权的完整,为后来抗日战争奠定了一定的基础。“中原大战”的结果虽然以代表中央的蒋介石胜出,但是他被东北军强制止战后,并没有彻底消灭地方军阀势力。由于东北军入关,更造成东北关外防务空虚,旋又因石友三之变,留守在关外的看家部队亦大部调入关内,遂致日军认为有机可乘,亦间接成为日后东北四省在“九一八”事变后沦陷于日本的原因之一。【于学忠,《东北军第四次入关经过》,见《中原大战内幕》第477页,山西人民出版社,1994年第1版第1次印刷。】

关于这次军阀混战,1929年秋,毛泽东在马背上写成《清平乐·蒋桂战争》:“风云突变,军阀重开战。洒向人间都是怨,一枕黄粱再现。红旗跃过汀江,直下龙岩上杭。收拾金瓯一片,分田分地真忙。”这首词在描写军阀混战给人民群众带来灾难的同时,也反映了军阀混战客观上为工农红军的发展壮大奠定了基础。

这首词的背后,是以朱德、毛泽东为代表的工农红军的异军突起。

1928年春,邓子恢在家乡龙岩暴动。1929年5月,邓子恢写信告知毛泽东,因蒋桂战争,闽西的国民党军队进入广东攻打桂系,当地空虚。毛泽东应其邀请,于5月下旬率军进入闽西。

1929年3月至5月,蒋介石与桂系军阀李宗仁、白崇禧之间爆发了战争。朱德、毛泽东率领红四军利用这种有利时机,在赣南开展武装斗争和发动群众,进行土地革命,先后占领兴国、宁都、瑞金、于都、广昌等县,接着又挺进闽西,占领长汀城。5月至6月,朱毛红军再度入闽西,曾三下龙岩城。至此,以龙岩、上杭、永定、连城、长汀五县为中心的闽西革命根据地初步形成。

眼见红军不断壮大,蒋介石急忙调集闽、粤、赣三省兵力,对闽西苏区和红军发动第一次“会剿”。得到蒋军进攻的情报,红四军主力先是向闽中前进,后又折返闽西苏区,连克溪南、漳平,使龙岩守敌望风而逃。与此同时,中共闽西特委组织游击战争,迫使赣敌、粤敌退守长汀、连城、永定。9月21日,红四军攻占上杭,继而攻占武平,永定守敌弃城而逃。敌人对闽西的“会剿”以失败告终。10月,蒋桂战争再次爆发。在这种形势下,朱毛红军第三次入闽,攻占上杭。至此,闽西革命根据地已拥有长汀、上杭、连城、永定、龙岩、武平、宁洋、漳平等地,数百里区域近百万人民获得解放,开展了土地革命,革命力量得以发展。毛泽东为这次胜利所振奋,也为革命前景所鼓舞,于是《清平乐·蒋桂战争》这首词作应运而生。

“中原大战”百万大军中,有一些小人物因为这架战车推动,被挟裹进历史的洪流当中,陈子毅就是其中的一个。

1925年,胡景翼任河南省督军兼省长。他的独立骑兵第一旅旅长郑庠到处招兵买马,扩充实力。这时,中国共产党号召打入敌人内部搞隐蔽活动,积蓄力量,以待时机,并派一部分同志秘密打入郑庠的部队。

1925 年 6 月,陈子毅在家乡经徐一荣介绍加入中国共产党。9 月,陈子毅响应党的号召,到郑部的军官学校训练班,并在汲县打入郑庠部队。刚开始,陈子毅当了一段时期的杂工,在山东枣强时帮办后勤供给。那时组织上接受张竟书的领导,以后陈子毅就接了译电员的工作。作为郑庠内弟,高桂滋【高桂滋(1891—1959 年),字培五,陕西定边人。】的军事领导才能在一次次沙场拼杀中逐步显现,军职节节攀升。这时陈子毅虽属郑部,实际在高桂滋的管辖范围内。

1925 年 12 月,郑庠的队伍由河南汲县开赴河北邢台、南宫,投靠山东军阀张宗昌和河北军阀褚玉璞,改变为直鲁联军,驻河北省河间府。1927 年,队伍扩充到十多个团,因与驻山东德州的弓富魁部发生冲突,收缴弓富魁的武器,触怒了张宗昌、褚玉璞,张、褚两面夹击郑庠部于邢台。在混战中郑庠内弟高桂滋率兵突围,突围南渡黄河中有部分共产党员相随,陈子毅就是这时被挟裹出来的。高部先在河南淮阳休整,后又移到安徽太和,高桂滋派马如龙和武汉政府联系,暂属武汉。"四一二"大屠杀后,宁汉分裂,蒋介石在南京成立政府。

1928 年,高桂滋再次投靠新军阀蒋介石,被任命为国民革命军第四十七军军长。下有三个师,即 117 师,师长王守义;118 师,师长邢肇棠;119 师,师长刘杰三。高桂滋派其心腹康心之(后名高建白)驻南京,为蒋效劳。

1928 年 3 月,高桂滋奉蒋介石的命令参加北伐战争,归方振武指挥,攻打奉军。方振武因共产党嫌疑被蒋介石杀害后,高桂滋部改归柏文蔚指挥。队伍由安徽阜阳经亳县到河南归德、朱集(今商丘市),后到山东金乡县时,军心因不知为谁当兵打仗而动荡不安。

这时,中国共产党乘机在金乡、羊山集组织发动革命起义。可惜天有不测风云,这次起义被高桂滋发觉,逮捕了我党领导人老张(代号),老张在高喊"中国共产党万岁"声中慷慨就义。革命士兵深表同情,为之泪下。这次起义虽告失败,但党的工作仍继续进行。

后来,陈子毅随高桂滋部攻打济南,过德州到达河北遵化县,住了一个冬天。蒋介石改编高部为独立第十旅,并调到山东临沂,高桂滋住在临沂,防线在诸城一带。

高桂滋由军降到旅,自然怀恨在心,反目成仇。于是在 1929 年和阎锡山、冯玉祥呼应反蒋,原打算分三路打济南,即刘珍年从青岛打,马鸿逵在徐州打,高桂滋在临沂打。阎、冯任高为第十路军总指挥。蒋介石发觉后,派军长范熙绩、师长陈耀汉,还有其他部队把高部封锁在两个城市,一个是诸城,离胶济铁路很近,一个在莒县。陈子毅从济南奔莒县时战斗已经打响,城门紧闭,于是士兵用大筐将其吊进城去。

封锁了九个月,城里断绝粮草,军心浮动,都盼望着突围,但城内的队伍又不多,不少队伍如王守义、刘杰三等部,都驻扎在沂蒙山上。

1930年8月,面对突围困境,高部商议决定里应外合,点火为号,进行突围。

这一天,城里部队看见点火信号,于是里应外合,一齐突围。围城的不知道高部到底有多少兵,所以队伍顺利突围出来。

8月15日,高桂滋率领自己的杂牌军到河北衡水,经正定退入山西,从盂县十八盘辗转来到平定城进驻,起初归商震指挥。当时阎锡山新吃败仗,高部来投,均想互相利用,但又互不信任。这时,从山东突围出来的高桂滋部减员至4000余人,由原来的三个师缩编为一个师,并改为"正太护路军第一师",以客军身份进入山西。山西当局不仅把高部转属正太线护路军司令孙楚节制,而且调李生达部分军队驻扎阳泉、昔阳实行监视。

关于"正太护路军第一师",其实还有一种说法叫"正太护路军第十一师",各种文献记载彼此同时存在。高桂滋部第三团团长刘杰三的外孙秦友友在《外爷刘杰三》一文中写道:"张学良任陆海空军副司令后,负责整编驻山西部队。先将高桂滋部临时编为第十一师,接着又改编为正太护路军第一师。"

从相关资料来看,"中原大战"后,张学良接受蒋介石命令,对驻晋军队进行整编。国民党将领欲接受张学良改编的,必须具备三个条件:第一,须拥有多数部队;第二,须得冯玉祥同意;第三,须经张学良核准。高桂滋、庞炳勋、孙殿英、鲍刚、阮玄武、张人杰诸部,当时虽然也都退入山西晋南一带,但因非冯玉祥嫡系,故而由蒋中央政府任意改编。【张文穆《驻晋国民军改编经过》,见《中原大战内幕》第518页,山西人民出版社,1994年第1版第1次印刷。】

"任意改编"的后果是,在一些资料记载中,改编后的由孙楚节制的正太护路军中,甚至没有高桂滋部的记载。比如在《阎锡山大传》中这样记载:"编后的正太护路军,孙楚为司令,下辖三个旅,第一旅旅长孟宪吉,第二旅旅长陶振武,第三旅旅长马延守。"【注释:李茂盛《阎锡山大传》(上册)第473页,山西人民出版社,2010年2月第1版,2013年9月第3次印刷。】甚至在后来参与平定兵变的红二十四军当事人回忆当中,无一例外地将其笼统称为"高桂滋部"。

据追随张学良入关的于学忠回忆:"张学良根据南京的意旨,只许晋军整编为四个军,以商震、徐永昌、傅作义、杨爱源四人为军长;至于客籍军的调离晋境问题,允为稍缓办理。当时晋军的将领因为粥少僧多,不足分配,意见颇为分歧,孙楚已拟发出不接受整编的通电。张学良乃于返沈之后,电约晋军将领孙楚、赵承绶、周玳、冯鹏翥等人到沈协商,又增编孙楚为护路军司令,辖三个旅。"【于学忠《东北军第四次入关经过》,见《中原大战内幕》第476页,山西人民出版社,1994年第1版第1次印刷。】

通过分析来看,秦友友"先将高桂滋部临时编为第十一师,接着又改编为正太护路军第一师"的观点比较合理可信。因为高桂滋部驻扎平定时间不长,前后不到一年时间,又是临时改编，随后又马上正式改编，中间相距较近，所以当事人及后人难免记忆混淆。同时，如果是第十一师，那么之前“第一到第十师”究竟归谁统帅就成了问题，从目前资料来看，并不存在“第一到第十师”的说法。而且从当时《益世报》的报道来看，虽然报道中兼有“正太护路军第一师”和“第十一师”的说法，但“第一师”的出现频率明显更多。

高部在平定城内外的情况大体为：司令部设在上城县政府内，并分别在师部周边的城隍庙、文庙等派驻士兵，马号场停放汽车，并有保卫排把守，西关陆家苑安着公馆，住着高桂滋的小老婆王玉英。圣庙驻第一团，团长王守义，团副刘明德。附近如华岩庵、城隍庙驻扎着一营（营长何尚杰）、三营（营长茅士林），南营天宁寺驻扎着宪兵营，东关校场驻扎一个团，其余如南关真武庙等处均有驻兵。【《平定历史资料第一辑·平定武装起义（革命兵变）专辑》第45页，平定县志办公室1980年8月编印。】由于高部既非蒋介石的嫡系部队，又非阎锡山的正统晋军，“杂牌军”身份导致士兵连续七个月领不到军饷，抢劫、逃跑、哗变之事时有发生。

平定文庙（高桂滋部驻兵处）

在这次圪场会议上，陈子毅与参会人员静静地听着谷雄一的讲话。

谷雄一分析了“中原大战”对我党形势的影响，并传达了中共山西特委关于政治形势的报告。

为什么要进行这次兵变？中共山西特委认为，在蒋介石发动第三次“围剿”红军失败后，革命与反革命阶级斗争愈加尖锐，反动军阀彼此冲突日益高涨，山西各派军阀的斗争、经济危机的加重以及农村的破产，在客观上需要共产党的领导。在这样的条件下，举行有组织、有计划的一师人的革命兵变，将是直接给予国民党“讨赤”运动一个有力的回击，同时，对于红军及苏维埃是一个实际的援助及拥护，政治军事意义非比寻常。

从正太护路军第一师内部的冲突及环境来说，该部军官大部分是陕西人，主要有两大派别，即关中派、陕北派，其余北平派多系北平军校毕业。甘肃军官无形中形成一单独派别，互相冲突与排挤得非常厉害，故对于官长尤其痛恨至极。至于该部在山西的处境久已恐慌，全靠以外交手腕多方拉拢来维持地位。但是在兵变多如毛的山西，阎、冯系各部队非常复杂，相互排挤，对于杂牌军当然更排斥得厉害。在此情况下，高桂滋部的周围完全被山西军包围着，随时有被吞掉的可能。

在官长压迫与群众斗争情形方面，官长对于士兵的压迫特别厉害，并且军饷一点把握也没有，即使有也不够，士兵有开小差的抓回来就往死里打，这些情形士兵看得清清楚楚。

同时因为高部士兵已经走过许多地方，打过许多仗，所见所闻较多，一般文化亦高，对于官长的认识颇为清楚。这样他们的斗争就必不可免，军队中时有闹饷事件爆发，最大的要算 1930 年 11 月闹饷的斗争。斗争结果是官长说把所欠四个月的饷如数发出，但发饷时扣来扣去，结果士兵还要倒找 5 角，因此士兵群起反对，推举士兵代表整团人排着队去向师长要饷，结果每人发了两块大洋。这次斗争的胜利，再次提高了士兵群众斗争的积极性，同时又认识到团结的力量。

因整个革命高潮的到来，高桂滋部士兵对共产党及红军的好感一天天逐渐加深。共产党的传单和刊物，群众公开承认完全是对的。尤其是经过岳维竣部被红军解决后，群众受红军影响更大，许多人天天盼着红军到来。这些人从整体概念上了解到共产党的红军是好的，蒋介石是压迫人的，国民会议是欺骗人的。

士兵们每天看报，通过看报打探关于红军的消息。有些不识字的人，也会不时拿着报，问这是不是红军的消息，对红军胜利表示欢喜。平定兵变前夕，潜伏在高桂滋部的一些共产党员发现群众正在筹备自己兵变的组织，因为他们听人说，共产党要号召兵变，并且组织一个兵变委员会，已经派人到平定组织。所以他们暂时不发动兵变，到处打听，找兵变委员会谈话，经过我党地下工作人员的谈话启发，备受鼓舞、备感振奋。

与此同时，一份由中共山西特委主办的《士兵之友》小报在士兵之间悄悄传阅，受到基层士兵的欢迎。这些士兵知道是共产党的宣传物，都好好保存。等到出去时，拉着我党人员谈话，公开问共产党的情形。

这样口口相传，很多群众在心里肯定、认可了共产党。基层士兵受到共产党影响，向往革命，下级官长由害怕而转向同情，上级军官则愁将来共产党起事后会不要他们加盟，一场闷热的“地火”在 7 月的风暴中不断酝酿，随时有可能被一把明火“砰”地点燃。

当“小道消息”在国民党士兵中风一样流传的时候，中共山西特委一直没有放弃对党的工作和群众工作方面的思考。他们认为，虽然共产党的成立历史比较长，但以前完全陷于官长路线，无大发展。自 1930 年年底，中共山西特委坚决打击官长路线及“右倾”表现，提拔士兵群众，经过一次彻底改组后，才转变过来。经过几次群众斗争，士兵群众有了普遍发展，在士兵中发展的党员是以前的五六倍，然而官长的革新却并无大变化。因为一般来说，士兵在认识上比较落后，所以无形中就是官长领导整个工作，官长的动摇影响到士兵工作，甚至有些士兵也反对官长。

官长革新，正在高桂滋部进行得如火如荼。经过一番残酷的斗争，高桂滋部的部分中共党员逐一揭破官长的动摇“右倾”及领导观念的错误。由于一些士兵及少数军官对于革命兵变瞻前顾后、怀疑动摇，高桂滋部的中共领导人按照山西特委的安排，对症下药，逐一纠正。据调查，这里群众工作过去有互济会、读书班等组织，有许多同志参加；团的数量尤多，但并无详细的统计；党的组织最普遍的是一团，最落后的是三团，经过不断努力，有了很大的发展，一些新的组织也在破土萌芽。

面对群众情绪的高涨，客观条件的成熟，敌人对共产党的摧残以及一些同志被开除或被捕的局面，丝毫不允许兵变迟延。谷雄一来到平定后，马上召集人员召开士兵干部会议和各连代表会议，做进一步的计划，具体安排各种任务。当时我党在高部已成立有军事委员会、军需委员会、政治部、宣传队、特务队，在这次行动中有把握可以动员的人数达三分之二（全师共约4000多人），共计编四个纵队，在宣传方面已准备好布告、发布农民书、告驻军书、工农贫民宣言和给团委的信，其他口号和旗帜番号——中国红军二十四军，也都已准备好了。【1931年7月4日《山西特委关于平定兵变工作给省委的报告》，按中央档案馆复写稿摘印。】

坟场会议上，谷雄一说，这次军阀混战中，各路军阀互相用职位、金钱收买对手部下，拉拢一派打击另一派，更加恶化了各派别军阀间的团结，中华民国为了应付战事经费而到了接近破产的边缘。另外，由于军阀战争，本来准备“剿共”的国军亦多数被调出，给南方的红色革命根据地急剧扩展提供了可乘之机，武装革命正以星火燎原之势在全国蔓延。尤其是关于中国工农红军冲破敌人“围剿”的讲话，更是令陈子毅及与会同志备感振奋。

谷雄一激动地告诉大家，江西工农红军冲破敌人第三次“围剿”，其他苏区红军也有很大的胜利！江西工农红军主力在一个月时间里英勇战斗，击败了国民党十一个师以上的兵力，消灭了敌人五个师以上的部队。国民党左、中、右三路都溃退了，帝国主义和国民党的第三次“围剿”计划失败了。蒋介石也不得不从前线回到南京，宣告“围剿”军事已告一段落。鄂、豫、皖苏区除了巩固原有阵地以外，还占领了英山等县，击溃了敌人进攻部队。湖南、西北苏区除了巩固原有的阵地以外，也占领了许多县。中国苏维埃运动在工农红军的步步胜利中，展现出更广阔的发展前途。【陈子毅《我参加平定革命兵变的经过》，见《平定历史资料第一辑》。1980年3月7日，陈子毅在山西省委组织部派人陪同下，重访平定革命兵变旧地，逗留三天，应邀讲述了他当年参加兵变的经过。此稿是根据录音整理，略有删改。】高桂滋内部兵士不满情绪的酝酿，也为我党举行起义提供了机遇。

其实早在1926年高桂滋部驻防安徽阜阳时，就有万锡绂、苗广义等人受党组织派遣，进入该部从事兵运工作。

阜阳起义失败后，在军部任少校参谋的万锡绂认识到，要想兵变成功必须掌握兵权，便主动要求离开军部，到下面的一个营里当了营长。经过四年艰苦卓绝的工作，我党在第一、三团成立了党支部，发展了五六十名党员，分别担任了营、连、排、班等干部，在士兵中间有些基础，有的连、营长都是共产党员。所以有的整排整连的实际上控制在我党手中，如归属王守义一团的万锡绂连队，可以说是我党的骨干。与此同时，其他连队中也有共产党员秘密潜伏。“中原大战”后，由于部队缩编，万锡绂降职成了连长。虽然如此，军中还有人依照习惯叫他“万营长”，地方上也有人这样称呼他。

在这次会议上，陈子毅得知，高桂滋部潜伏的共产党员早就有了组织暴动的打算，最初中共山西省委没有批准，大约到了 1931 年 5 月获得同意后，就着手组织革命兵变，建立中国工农红军第二十四军。

次日（即 7 月 4 日），根据安排，陈子毅再次来到南城墙外的小坟地继续开会。这次活动与昨天“话说天下大势”的形势分析会有所不同，充满了剑拔弩张的“火药味”。

会上，陈子毅注意到，除上次讲话的谷雄一以外，平日熟悉的万锡绂、刘明德、艾捷三、王天宝等人，成为会场的主角。

这次会议具体布置中共山西特委请示、中共中央批准在高桂滋部举行起义的具体行动计划。

根据指示，这次兵变要在当天夜里 12 点打响。为了完成这一任务，到会同志做了具体分工。战斗的具体组织领导由万锡绂、谷雄一、刘明德、艾捷三、王天宝等人负责。

要起义就必然会有冲突和战斗，如何消除阻力、顺利拉出队伍是大家共同关注的话题。兵来将挡，水来土掩，总之是针尖麦芒，一一应对。

自从陕北高陵出来，经过多年发展壮大，高桂滋培育起不少铁杆兄弟和亲信。一旦发生哗变，这些人必定会出来为其卖命，殊死顽抗。为此，会议认为，部队起义后，首先要派得力人员及时击毙高桂滋的亲信——他的表弟袁营长，因为战斗打响以后，他到时一定会拼命抵抗反扑。为了防止战斗中遭到敌人包围，好有退路，早在两天前，万锡绂等人就已安排人员在城墙的东南城脚下挖通了通向城外的突围地道。会议对到会人员做了具体安排，谁去打响这个，谁去串联谁，谁在哪个地方站岗，具体组织力量，都做了部署，并要求大家完成任务后到东关庙前集合，统一行动。

陈子毅的公开身份是高部秘书处机要室译电员，组织给他的分工是在战斗打响以后，及时率通信队把敌人的电话网破坏了，阻挠敌人电话联络。

山雨欲来风满楼

关于在高桂滋部发动兵变的情况，中共中央军事委员会和中共山西省委经过长时间的深思熟虑，绝对算得上“系统工程”。

1927年8月1日，中国共产党在江西南昌领导了武装起义，打响了武装反抗国民党的第一枪。8月7日，中国共产党中央委员会在汉口召开了著名的“八七会议”，通过了土地革命和武装反抗国民党反动派屠杀政策的总方针，毛泽东在这次会议上提出了“枪杆子里面出政权”的重要论断。之后，中国共产党又在湖南成功领导了秋收起义，并随后在井冈山建立了第一个工农革命武装根据地。

其后，中国共产党又先后在河北唐山、陕西清涧、安徽阜阳等地组织领导了多次武装暴动。由于种种原因，起义都以失败告终。

1930年4月15日，在党中央领导下，中共中央军事委员会起草的《中央军事工作计划大纲》正式发布，成为全国军事工作的指导性文件。《中央军事工作计划大纲》开宗明义，指出了大纲制定的三大原则。

首先，从国际革命形势来看，帝国主义一致进攻苏联，西方无产阶级与殖民地的劳苦群众革命突飞猛进地开展。从国内革命形势来看，一方面是统治阶级政治经济的总危机加深，军阀混战的扩大，另一方面是工农红军各种革命力量的成熟复兴，尤其是一省或数省的武装革命的胜利，显露了明显的特征，因此党的主要任务加重了准备暴动夺取政权的实际行动意义，特别是加重了军事政治、军事组织、军事技术的意义。

其次，武装暴动的中心领导力量主要依靠广大工人武装，所以准备暴动的军事工作最主要的任务是加紧武装广大工人阶级，首先应从工人纠察队做起，因此动员全党以及红色工农，都应注意进行这一工作，这是目前军事工作最中心的任务，当然这绝不是忽视其他扩大红军、组织地暴、武装农民、组织兵变等中心工作，而是普遍的、平衡的、猛烈的军事工作的需要。

再次，检阅过去一段时期我党在工作中获得的许多宝贵的经验教训，为以后的军事工作、武装革命奠定了基础。譬如，红军问题虽然已做到超过原有计划，但还是普遍地发生

“右倾”危险；工人纠察队除了上海比较有基础外，其他如天津、唐山、武汉、广州、香港等地，尚处在萌芽阶段；组织兵变除了少数胜利（如广西鄂东）外，其余都是自发的成功，还未动员全党以及红色群众都参加这一工作；组织地方暴动，还未获得很好的经验。

根据上述三个原则，中共中央军委制定了《中央军事工作计划大纲》，对红军问题做了精密细致的部署。《中央军事工作计划大纲》指出，红军是工农革命武装，是革命高潮主要动力之一，“它的任务是夺取政权，即是为着目前党的十大纲领而奋斗，目前我们对红军的策略是坚决地进攻，冲破保守观念，纠正“右倾”危险，积极地向中心城市交通区域发展，猛烈地普遍地扩大，加强其政治领导与组织及战斗力量，编制采用定额与新旧武装的合编”。

《中央军事工作计划大纲》明确指出：“特别注意发展北方的红军，现在红军的发展是偏于南中国几省，现在应注意到北方去发展，如顺直、河南、山东、陕西等省发展红军的客观条件，均已成熟，应注意加强主观力量去发展。”

在关注红军问题的同时，“士兵行动”成为我党工作的又一重点。《中央军事工作计划大纲》指出，在军阀混战不断的背景下，随着红军的不断扩大、土地革命的深入、士兵群众的觉悟，工农武装革命的热潮必然会水涨船高，“我们现在对士兵工作亦只有大批地组织兵变与士兵暴动，改造为红军”，并要求大家加紧从各方面推动全国党与团及红色工会、农会、互济会、争自由大同盟等动员群众，对兵运工作，加以极大的注意。

《中央军事工作计划大纲》指出，中央军委以及各省军委所管辖的兵士支部都应计划去组织兵变，特别是参加军阀混战的各部队，坚决地去组织兵变，各部队定出各部队的计划，平时要特别注意与他们的联系。在中央军委所直辖的高桂滋部、杨虎城部、郭汝栋部、张发奎部、刘珍年部、万选才部六支部队重要策略名单中，明确提出“高桂滋部派人去组织兵变改造为红军，但同时注意整理内部，特别注意防止对老军官的幻想或潦草的发动”，在六支部队安排中名列第一，充分说明在该部起义的条件成熟和中央军委对此工作的重视。

在平定起义之前，从南到北，工农暴动风起云涌。但是在过去的暴动历史中，党员不能使用武器，军事指挥每每成为暴动失败的原因之一。为了克服这一缺陷，《中央军事工作计划大纲》指出，面对当前的准备暴动时期，一定要注重武装暴动，从军事上提升力量，并至少要立即在观念上从各方面让全党同志来注意这一军事化问题，提出到各支部来讨论执行并与工纠、红军及兵士运动取得联系；编辑各种小册子，使党员获得一般的军事知识以及锻炼身体的方法，等等。

在说到顺直军委的工作时，《中央军事工作计划大纲》特别指出，要注意天津、唐山工人纠察队的发展并注意中心军队中的兵士运动的下层基础，并特别注意山西的兵运工作。【中共中央军事委员会《中央军事工作计划大纲》，按中央档案复写稿摘印。】在中共中央军委的高度重视下，中共山西省委围绕平定武装起义展开了紧锣密鼓的各项工作。

山西是全国建立地方党组织较早的省份之一。1924 年 5 月,山西最早的党组织——中共太原支部诞生。从此,党在山西的组织和队伍迅速发展。在党的领导下,山西的青年学生运动、工农革命运动、扩大国民革命联合阵线、兵运工作如雨后春笋般迅速开展起来,奏响了反帝反封建的民主革命的进军号角。

1927 年大革命失败后,国民党反动派向共产党人举起了屠刀,成千上万的共产党员、共青团员,革命的工人、农民、知识分子倒在血泊之中。在山西,由于阎锡山实行清党反共,山西党组织一度受到严重破坏,进入在逆境中苦斗的极端困难时期。

1930 年 9 月,中国共产党六届三中全会后,时任中共中央总书记的瞿秋白和军委书记周恩来与中央北方局书记贺昌谈话,将山西作为北方革命的重要省份,对山西的革命斗争做了重要指示。中共中央对“中原大战”后的山西形势做了客观分析,认为山西地区群众斗争的力量对发动武装暴动十分有利。10 月,中共中央北方局在天津召开扩大会议,确定山西为北方革命的重点。为此,决定撤销中共太原特委,成立中共山西临时省委,并派曾搞过兵运的刘天章任省委书记,主要任务是在山西尽快“组织红军,创建苏区,将山西变为江西第二”。11 月,北方局加派曾在冯玉祥部队任过中校参谋的谷雄一任中共山西临时省委委员、军委书记,与刘天章一起创建工农红军,开辟山西革命根据地。刘天章和谷雄一到山西后,就立即着手创建工农武装、建立革命根据地。

就在各项准备工作按照计划有条不紊地开展之际,党中央特科负责人顾顺章和中共中央总书记向忠发先后被捕叛变,上海的中央机关和国统区党组织遭到严重破坏,平定起义也陷入险境。1931 年 5 月,上海一个叛徒供出高桂滋部一团二营八连的排长刘玉珊是共产党员,消息很快传到平定,刘玉珊被捕。刘玉珊被捕后,高部中的党组织立即派副营长刘明德到太原向中共山西特委汇报。特委书记刘天章认为形势紧急,决定趁高桂滋带 3 个团长回北平(现北京)为其父祝寿之机,派谷雄一协助万锡绂提前举行起义。

面对高桂滋部中一批地下党员身份暴露的问题,中共山西特委果断采取措施,迅速将高桂滋部的部分党员,如吴岱峰等人从平定撤出,转移到敌人力量薄弱的吕梁山区,成立晋西红军游击队,继续参加武装革命。

1931 年 5 月上旬的一天,游击队在隰县辛庄(今属交口县)举行了庄严的成立大会。会场上插着缀有镰刀斧头和五角星的队旗。指战员个个颈系红领带(表示勇于为革命流血牺牲,所以又名“牺牲带”)。成立大会由拓克宽主持,他宣布“中国工农红军西北游击大队晋西游击队第一大队”正式成立,公布了经中共山西特委批准的领导人员名单:大队长拓克宽,副大队长阎红彦、吴岱峰,政委黄子文,党总支书记杨重远。大队下辖两个中队:第一中队队长由阎红彦兼任,第二中队队长白锡林。杨重远在会上率领全体队员举手宣誓:“吕梁山上红旗飘,红军诞生在今朝。马恩列斯为导师,共产主义是目标。队前宣誓决心表,革命到底不动摇。"从此，山西诞生了第一支由党直接领导的工农革命武装。短短几个月内，晋西游击队在吕梁山区以隰县、孝义、汾阳、离石、中阳五县交界地区为中心，将游击活动的区域扩展到周围各县，声势浩大，威震晋西。

在山西红军发展史上，晋西游击队和红二十四军有"双子星座"之称。在某种意义上说，正是从高桂滋部走出的原来准备参加兵变的吴岱峰等人，为红军晋西游击队的成立和战斗输入了新鲜血液。为此，在以后的采访过程中，我们特意驱车来到吕梁的交口、汾阳等地，追怀、寻找与红二十四军曾经一起共同成长的"兄弟"。

共产党在高桂滋部队中的兵运工作，早在大革命失败后就开始了，比较有基础。一批党员隐蔽在这支部队中，一些营、连、排还有党的秘密组织。党团员共八十多人，其中有 20 名左右党员担任各级军官。从领导力量看，是具备了起义条件的。高桂滋内部，反动军官对士兵的剥削压迫日益加重，士兵生活苦不堪言，不满情绪剧增，在高部发动兵变的条件逐渐成熟。

接到高桂滋部党员的起义请示后，中共山西特委先后派出李志敏、马芳庭、牛清明、吴耀礼等人到高桂滋部，通过各种形式，积极开展兵运工作，准备发动武装起义。1931 年 5 月，中共山西特委专门召开军事会议，研究制订兵变计划，决定在高桂滋部发动兵变，组建中国工农红军第二十四军，并在五台山一带建立革命根据地。

刘天章与特委委员、团省委书记娄凝先负责发动经济斗争配合起义，并负责刻制印章、发布文告、制定土地革命纲领等工作；万锡绂负责成立军事委员会、军需委员会、政治部宣传队和特务队等工作。

1931 年 7 月 3 日，星期五，下午 3 时，装扮成国民党军官的谷雄一等人携带起义旗帜、印章及各种印刷品，坐火车到达阳泉火车站。万锡绂派出数十名士兵骑马到车站迎接。谷雄一到达后，立即召集十多名党员在军营外的小南营坟地召开紧急会议，传达了特委的指示，决定趁星期六（4 日）晚上 12 时军官全部放假、士兵可以自由活动之机，举行起义。

7 月 4 日，谷雄一又主持召开骨干会议，研究行动方案，确定起义口号为"立"，暗号为拍三下枪托，要求起义人员全部系上红领带。

为了确保兵变工作万无一失，中共山西特委吸取唐山兵变失败的教训，采取了一些稳妥的措施。针对高桂滋部附近正太路至娘子关一带敌人驻扎部队较多、西部一带也有敌兵驻扎的实际情况，中共山西特委决定起义部队先至盂县以后再往北向五台山去发展。平定城内的工作，中共山西特委决定同时派一部分士兵抵御阳泉一团，保护大队的出发。

当时阳泉地区地方党工作缺乏，农村工作更是没有建立组织，在阳泉的工作刚开始建立，最近又遭一次破坏，关系还未恢复，所以地方工作的配合，成为重要话题。中共山西特委决定派几个同志到盂县一带农村去。为了扩大这次行动的影响，保障这一胜利前途，中共山西特委同时派大批同志到其他部队中去开展工作，待平定兵变一旦行动起来，即刻动员全体同志来做这次兵变宣传工作，尽量发动群众斗争，召集群众大会，拥护红军苏维埃，反对国民党改组派、黄色工会、军阀战争。【1931 年 7 月 4 日《山西特委关于平定兵变工作给省委的报告》，据中央档案馆复写稿摘印。】

事实上是，中共山西特委早就注意到开展群众运动、发展地方党组织的重要性。

中共山西特委分析认为，阳泉南是山西东路正太铁路上一个中心县，正太路的中心站（距县城 7.5 千米），阳泉又是一个重工业区域，有保晋煤矿公司三个中心煤矿，有很多工窑，共有煤矿工人万余人，此前有保晋铁厂的三四百人，沿铁路有很大的农村。阳泉是山西到直隶的门户，所以特委派了一个特派员，共产主义青年团也派一人去展开工作，特派员是个煤矿工人，相当有独立工作能力，已在煤矿开始展开工作，并介绍了五位同志、几位红色工会会员。

高部兵变的方向是在行动之后略加整顿，向五台、定襄一带游击，先向直辖山西交界的十八盘方向活动，帮助党的农民斗争。因此中共山西特委决定派一个士兵干部到高桂滋部去巡视士兵工作以及地方党部工作。

为了这次武装革命成功，中共山西特委做了全面分析，配合这次兵变。由于我党过去在定襄、五台建立的组织大多建立在知识分子基础上，所以自大革命失败后关系中断，始终没有恢复起来。通过调查，大革命失败后这里还有一些同志活动，中共山西特委决定派人去定襄工作。因为这里土地集中，豪绅地主的压迫剥削残酷，所以特委决定中心是农民工作，目的是在将来兵变成功后在游击战争中求得配合。【1931 年 4 月 22 日《山西特委最近工作报告》。】

郗富根评说平定兵变

历史往往并不如人所愿。中共山西军委书记谷雄一再次面临与唐山兵变一样提前泄密的困境。但与上一次不同的是，这一次，他果断地做出了提前起义的决定。

根据安排，起义定在1931年7月4日午夜12时进行。但是起义队伍中，我地下党员、手枪连的一个班长在本地有名的兴盛魁酒楼醉酒后胡言乱语，提前走漏了风声。高桂滋的表弟贺纪善得知后，马上报告了二营营长刘孔章。刘孔章闻讯，当即派勤务兵叫八连连长王子固（中共党员）、七连连长窦时寻（中共党员）马上到司令部去“开会”。王、窦二人发现情况不妙，当即就把这个勤务兵扣了下来。但是，敌人已经加强了对上城的戒备，控制了县城的交通要道。同时，高部安排天宁寺驻扎的宪兵营出动，在校场迅速缴枪，下了拴，换了岗，以应对不测。【《平定历史资料第一辑》，赵晋亨口述。】

关于起义时间泄密，被迫提前起义还有另一种说法。据北京《益世报》1931年7月16日3版报道，“（该部）特务连某头目早与该变兵等互通声气，认为同志，并允担任煽动特务连士兵之任务。该头目貌合神离，别具意味，即抱定举事时急先报告师部，破坏阴谋之决心。……暴动之日，（变兵）上午曾用小传单通知特务连某头目，约在澡堂内洗澡，须达知以最后发动之日时，随后某头目即报告师部，师部按时妥为防御。后变兵探知事泄，乃改变预定定义，提前二点动作”。从目前掌握情况来看，这种说法为孤证，缺乏旁证。

面对意想不到的突发情况，万锡绂、谷雄一等人以洗澡的名义汇聚澡堂，秘密商议。面对泄密，谷雄一立即想到了一年前的唐山兵变，似乎与此如出一辙。

高桂滋部驻在平定后，中共山西省委就对该部工作十分重视。1930年11月初，中共山西省委派李志敏以省委特派员名义到高部对党组织进行整顿，并进一步开展工作。李志敏在平定待了三个月。李生达部之二一四团驻昔阳，因李志敏在该团当过文书上士，在唐山发动过兵变，认识他的熟人很多，不好开展活动，故于1931年春，省委调其回到太原，后又派其去大同、雁北一带开展工作。

唐山兵变经过中共北方局同意，由北方局军委书记张兆丰亲自部署，并拟于1930年3月4日凌晨3时发动。这次兵变以当时驻唐山的晋军李生达部之段树华师所属二一四团为基础，由唐山工人、丰润车轴山中学学生配合组织发动。兵变后的番号拟定为北方红军第九路军，政治委员谷雄一，总指挥为李志敏（当时化名马镇北，即坐镇北方的意思）。兵变后计划在冀东一带山区开展游击战争。

兵变行动计划在3月3日下午4时左右分头布置传达。当时，团部通讯排一个姓段的士兵得知这个消息后非常激动，于是到机炮连给他的一个交情好的马夫老乡讲了行动计划，并让他把牲口喂好、把弹药准备好。这个马夫既害怕又莫名其妙，马上报告了连长。连长立即向团部报告。敌人马上在全市进行戒严，巡逻部署，当即把通讯排全体士兵都关了起来，对机炮连等也做了戒备，有的收了子弹。这时，兵变指挥部不得不临时更换地点，行动已经变得十分困难。

根据计划安排，丰润中学人员的任务是在市政府附近巡逻监视，兵变发动后，鼓动宣传，并告诉他们兵变发动后的口令，问方是“兵变”，答方是“红军”，未发动前是用敌人的口令，还每人发了一条红领巾，行动后戴在脖子上，以便识别。但兵变未发动起来，他们就把红领巾戴上了，口令也用了发动后的，结果彭德（原中共山西临汾地委书记）等八人当即被捕，押解天津后均判刑入狱。另外，还有赵源同志（又名赵子长，山西五台人），是北方局派到二一四团工作的，兵变前在二一五团被捕，押解天津后判刑八年，死于狱中。

当晚12时后，由于敌人戒备森严，发动兵变希望不大，所以决定李志敏偕索立波（当时叫宋武）离开临时指挥部，根据党的指示，准备步行到开平一个磁县人（张兆丰同志的亲友）开的陶瓷厂隐蔽几天后，徒步回天津。当时李志敏还是穿的军衣，张兆丰把他穿的袍子的外罩给他穿上，于是，李志敏就和张兆丰、谷雄一等分开按计划行动。当李志敏和索立波离开小巷走到大街时，碰上了一批巡逻队伍，正是要捉拿自己的。带队的叫李全贞，是二一四团团部的差遣（相当于小副官）。李全贞系山西定襄季庄人，他假装不认识李志敏，便放他们过去。这样，李志敏和索立波才安全到了开平磁窑。

第二天，唐山成了恐怖世界，国民党反动派对学校、部队等进行了搜查捕人。李志敏回天津后得知，敌人第二天召集了群众大会，枪决了两个士兵。

李志敏和索立波只在开平磁窑住了两夜，就从开平坐火车回天津。从开平站上车，第一站就是唐山，车一进站李志敏就发现车站戒备森严，正好碰着二营营副孔立志带队，一时双方都发愣了。孔立志系山西晋城人，是共产党员，很快穿过车厢走过去，装作不认识李志敏。这下李志敏和索立波就有点着急了，到塘沽和天津站怎么办？于是两人商量好，车快到塘沽时先到厕所躲避，到天津后不从车站口出站，绕道出去，就这样李志敏和索立波顺利到达天津。

李志敏到天津后住在党指定的地点，受到了党的严厉批评，认为他不是徒步而是坐车，这样做太危险了。后来李志敏才知道，李生达下令通缉他，悬赏五千元。二一四团少校团副罗凌合那一天就站在车站门口带几个人身穿便衣等着他，希望抓住后得到重赏。【李志敏《唐山兵变、平定兵变的回忆》，《平定历史资料第一辑》第 6–9 页。】

按照组织安排，唐山兵变成功后，由谷雄一担任政治委员。作为平定兵变的一次预演，谷雄一分析了这次兵变与唐山兵变的相似之处，并与众人商议，当机立断，决定改变南城墙小坟场商定的计划，提前起义。由于有澡堂伙计傻大牛的望风把守，这次密谋决策非常顺利。

1931 年 7 月 4 日夜十一点半，两颗信号弹在平定城隍庙上空冲天而起，接着就是噼噼啪啪、时断时续的枪声。【《平定历史资料第一辑·平定武装起义（革命兵变）专辑》第 43 页，平定县志办公室 1980 年 8 月编印。】驻城隍庙的一团二营率先发动，打响了平定兵变的枪声！

打开上城监狱营救共产党员刘玉珊，似乎是水到渠成的事情。在这些抛头颅、洒热血的战士们看来，营救战友的事情早在议事日程当中。

阎、冯倒蒋的“中原大战”结束后，张学良因为出关有功，被蒋介石封为副总司令。1931 年 6 月下旬，因上海市的一个叛徒告密，张学良得知一批共产党员名单，其中有个叫作刘玉珊的在高桂滋部第一团第八连担任排长。张学良立即电告高桂滋，把刘玉珊抓了起来。

这件事情发生后，引起了高部士兵情绪的极度紧张。有的人为了免遭不幸，或结伙潜逃，或借故离队，起义眼看就要面临夭折的危险。按照中共山西省委原定计划，对于高桂滋的部队本来不急于组织暴动，而是继续开展工作。

面对严峻形势，党支部派刘明德（担任副营长，地下党员）星夜赶往太原请示中共山西特委。特委书记刘天章听取了汇报，仔细分析了整个情况，估计了部队的革命力量，代表特委决定提前举行起义。

中共山西特委对这次兵变组织非常重视，因为它的意义将不仅满足这个部队本身多数士兵的要求，而且可以动摇山西以至华北敌方军心，还可以起到直接鼓舞华北人民革命意志的作用，并遥相呼应中央苏区的反围剿斗争。因此，经请示上级军委和党委后，决定由中共山西特委委员兼军委书记谷雄一亲自组织指挥起义。7 月 3 日，谷雄一化名肖谷，携带起义的旗帜、印章、文告和传单，从太原赶赴平定。【《平定历史资料第一辑·平定武装起义（革命兵变）专辑》第 22 页，平定县志办公室 1980 年 8 月编印。】下午四时，部队党支部书记靳澍生通知陈子毅等人晚上八时召集党员会议，地点在南城墙外的小坟场，不得有误。

1980 年 3 月 7 日，陈子毅在山西省委组织部派人陪同下，重访平定革命兵变旧地，在此逗留三日，应邀讲述了他当年参加平定兵变的经过。虽然 50 年前的旧地变得面目全非，小煤窑四处开花，但忆往昔峥嵘岁月豪情满怀。

对于这次兵变的时间提前，陈子毅有着自己的理解。

在此之前，一些人认为平定兵变只是一次失败的兵变，因为它毕竟比预定时间提前了半个小时。

“因为十一点半被敌人发觉，你要活动嘛！他还能不发觉，不是暴露了情况才提前行动的。我们这次搞得很坚决，十二点就结束了。”【陈子毅《我参加平定革命兵变的经过》，《平定历史资料第一辑·平定武装起义（革命兵变）专辑》第30页，平定县志办公室1980年8月编印。】

平定兵变原定计划是在1931年的7月4日午夜12时发动，因发动前几小时泄露了计划，敌人发觉后有所戒备，故决定在驻地县城隍庙的一团二营提前发动，在这里将队伍集合起来。

当年高桂滋兵败降级，由军长降为师长，部下也跟着下降。共有三个团，人数也不足，东关校场住着二团、三团，城隍庙和圣庙驻第一团。

参加兵变的是一团，二团、三团没有拉走。圣庙住着第一团，团长王守义，团副刘明德，并住一、二、三营。一营长何尚杰，三营长茅士林（即高桂滋大老婆茅氏之弟）。

沿学门街向西不远就是平定的文庙。据当地的老人回忆，以前这里每年都会举行隆重的拜祭活动，与山东曲阜的祭孔程序一样，唯一不同的就是规模小一些。如今文庙的其他建筑已经拆除，只剩正殿还立在实验小学的院内，变成仓库。“平定起义前，这里驻扎着正太护路军第一师的一个营。”平定县党史办主任刘春生说。

“这是平定县第三中学，起义时这里是城隍庙，破‘四旧’时就被拆除了，这里曾驻扎着高桂滋部的一团二营。起义的第一枪就是在这里打响的。”从当年高桂滋的行辕大石头沟内的陆家大院出来，刘春生带着我们来到了起义地点。

7月4日23时30分，起义部队全副武装冒雨赶到城隍庙，与二营的起义官兵汇合后，1100多名起义人员宣布脱离国民党，接受共产党领导，打响了平定起义的第一枪。

按照部署，一团负责攻占上城司令部和县政府，破狱解救被捕的刘玉珊等人，封锁反动军官住宅，切断敌人通信线路，收集军需物资和畜力，严密监视晋军孙楚和李生达部在阳泉的动向。二团、三团党员数量少，驻地距城较远，负责破坏阳泉火车站和敌人的营房。

起义军在城隍庙门口击毙高桂滋的表弟贺纪善。营长刘孔章听到枪声后，撒腿就从后门跑了。

兵变当天，圣庙前院何尚杰被打死。起义部队原想攻下上城，拉走东关校场的兵，后来上城未拿下，校场的兵也事先被收了枪，只好先行撤退。【《平定历史资料第一辑·平定武装起义（革命兵变）专辑》第33页，平定起义目击者赵玉芝口述，平定县志办公室1980年8月编印。】

兵变中，城隍庙一起事，就打死了拒不投降的第五连连长，临走时还在“东风商场”附近打死了一个不跟上走的士兵。【《平定历史资料第一辑·平定武装起义(革命兵变)专辑》第35页,平定起义目击者袁广茂口述,平定县志办公室1980年8月编印。】

兵变发生后,在城隍庙打死一个营长的马弁。这个营长住在城隍庙附近的民宅,听到枪声,便急忙派马弁出去看情况,有人问他口令答不上来而被击毙。后来营长出来,也被打死了。【《平定历史资料第一辑·平定武装起义(革命兵变)专辑》第38页,平定起义目击者张钰口述,平定县志办公室1980年8月编印。】

兵变那年,22岁的袁广茂正在"天顺兴"裁缝铺当伙计。兵变前七八天前,他听说第一团的医官翟焕章给他们的王守义团长相了一次面,意思是叫他躲避躲避,七日内外要有"意外之灾"。王守义半信半疑地藏在水瓮里,天天由老婆送饭,到第五天头上,天一黑枪就响了。来了三个人,一支短枪,两支长枪,找王守义,王守义的老婆支吾着说:"出去打牌了!"三人也没搜查,王守义总算绕过了这一"难"。后来翟医官倒是和红军走了。【《平定历史资料第一辑·平定武装起义(革命兵变)专辑》第35页,平定起义目击者袁广茂口述,平定县志办公室1980年8月编印。】

14岁的白义,刚听到枪响,还以为是谁家暖房呢!等他父亲从街上出来,才知道是打枪,兵变了。还听见有人叫姬臣斋家院的门,院里住着骑兵营周营长和他的家眷,宅院很深。结果没有叫开门,周营长没有跟上部队离开。

兵变时赵晋亨20多岁,也听到和见到一些情况。当天晚上龙王庙有几具尸体,其中有一个排长令人记忆深刻,因为这个排长死后,他女人还去大哭过。【《平定历史资料第一辑·平定武装起义(革命兵变)专辑》第40页,平定起义目击者赵晋亨口述,平定县志办公室1980年8月编印。】

根据安排部署,起义部队决定先占领县政府,然后攻占上城师部抢饷、劫狱。

因为师部事前有了戒备,且地形不利,几次进攻都未获胜,拖延了时间,住在城外营盘的二团原来基础工作较好,因为对方有了戒备没有能够按时行动起来。如果最初一团不是先攻上城师部,而是先去城外迎接二团,那就可能把高桂滋部除师部和零散直属部队外全部拉出去。

成功兵变的起义部队及时破坏了敌人的电话联络,把电话队仅有的查线步枪也背走。由于敌军手枪连堵住了上城,起义部队没有攻上去,考虑到周围驻军很多,不宜久留,起义部队于黎明前整队离开平定,实际上拉出来的只有七个连,1100多人马,在预先指定的地方——东关庙前(原友爱医院门口)集合后,北上经泊里的马鞍桥绕过阳泉到盂县的清城休整。【陈子毅《我参加平定革命兵变的经过》,《平定历史资料第一辑·平定武装起义(革命兵变)专辑》第30页;陈子毅《红军第二十四军的片段回忆》。】兵变时,师长高桂滋、副师长刘福祺、团长高培五均在北平公馆。

平定上城城门

监狱设在平定上城的师部,为了营救刘玉珊,起义部队决定攻占上城。

听到外面的枪声,被锁在监狱中的“惯盗”韩昌宝坐不住了。家住平定岔口罗面咀的韩昌宝是穷苦人出身,平日练习武术,能飞檐走壁,不断因偷盗坐牢。受到党的影响,他便积极参加活动,最后加入起义部队。那天黑夜,他把三四个所谓“要犯”的镣铐砸开,越狱后从城墙跑出去参加了兵变队伍。自从那次走了以后,再没有回来过。【《平定历史资料第一辑·平定武装起义(革命兵变)专辑》第 39 页,平定起义目击者白义口述,平定县志办公室 1980 年 8 月编印。】

与韩昌宝一样,原来东关门里戎家澡堂的伙计傻大牛,平时傻气十足,颇不为人注意,兵变后也不见了,有的人说见他跟上起义部队走了,有的说他与起义部队原来就有来往。【《平定历史资料第一辑·平定武装起义(革命兵变)专辑》第 41 页,平定起义目击者葛守元口述,平定县志办公室 1980 年 8 月编印。】是否事先即有联系虽不能肯定,但兵变投军确属无疑。

虽然兵变过程中,上城监狱中有人越狱,但遗憾的是,部队并没有攻克上城师部,刘玉珊也没有被营救出来。

裁缝师傅袁广茂与上城监狱里被关的刘玉珊排长比较熟悉。据袁广茂回忆,刘玉珊是陕西人,脾气很大。听说高桂滋亲自审问过他。刘问:“师长叫我有事?”高点头:“你坐下!”

高问:“你叫刘玉珊？”刘答:“是！”高问:“你是共产党？”刘稍思索:“是共产党。”又反问:“师长怎么知道我是共产党？”高说:“在南方剿共时的名单上见过你!”随后叫人押了下去。兵变后不到三天,袁广茂亲眼见刘玉珊从上城押到东关狮口被枪杀了。【《平定历史资料第一辑·平定武装起义(革命兵变)专辑》第 35 页,平定起义目击者袁广茂口述,平定县志办公室 1980 年 8 月编印。】

平定兵变第二天,26 岁的任煜才知道是高桂滋部昨晚发生兵变了。任煜听周围人讲,兵变部队撤退后,高桂滋部还派兵去追过,说是上了东回、马山(均为平定县城东部的村子)。这天晌午,任煜见从东捉回来一个人,说是“逃兵”。还见从西押下一个人来,个子不大,挺有气魄,一点也不怕,押到东关狮口给枪杀了。【《平定历史资料第一辑·平定武装起义(革命兵变)专辑》第 35 页,平定起义目击者任煜口述,平定县志办公室 1980 年8 月编印。】这个“个子不高、挺有气魄”的人,应该便是排长刘玉珊无疑。

事后,平定著名民间艺人郗富根【郗富根(1889—1964 年),平定县里社村人。从小喜爱说唱,并善于博采众长,注重创新,将戏剧、相声、说书等艺术形式融为一体,使说、唱、做、逗有机地结合在一起,逐步演化和形成新的艺种——阳泉评说。他表演的评说剧目幽默生动,富有乡土气息,为老百姓喜闻乐见。一生创作评说、小调、故事千余个。1956 年,出席了山西省第二届民间音乐舞蹈会演。1962 年,山西省委宣传部曾在阳泉为其举行了公开的收徒拜师仪式。】根据平定兵变的当夜情况编成一段评说:

十一路军驻平定,睡到半夜变了心。

各街道,乱哄哄,炮弹响了一点钟。

劫了狱,跑了人,可吓坏县长李肇麟。

手枪队,在上城,攻得快,把得紧,

起义队伍往上冲,差点儿轰塌摧了榆关门。

走西门,出东门,嘟嘟嗒嗒的真威风。

沿街走,纪律明,没有糟害老百姓。

【王俭编《郗富根评说补正》第 58 页《高桂滋兵变》,阳泉市图书馆 2014 年 9 月印刷。】

郗富根评说中所说的十一路军是高桂滋部队以前的番号，李肇麟是当时平定县的县长,榆关门是上城的城门。【《平定历史资料第一辑·平定武装起义(革命兵变)专辑》第 40 页,平定起义目击者赵晋亨口述,平定县志办公室 1980 年 8 月编印。】

在平定县党史办主任刘春生的带领下,我们来到阳泉师范专科学校东门,在一座古色古香的建筑前停了下来。在清代,这里曾经是县衙所在地,民国时成了县政府,高桂滋进入平定后,将正太护路军第一师师部设在了这里,刘玉珊被捕后也被关押在此。如今,院内所有的建筑已经拆除,建起了教学楼,只留下当初的大门和两侧的门房。

出阳泉师专东门 100 米就是榆关门。相传韩信领兵到达平定后,“选上城高阜扎寨筑城,以榆塞门”,是谓榆关门。关上至今还有清朝乾隆皇帝御笔亲题的“汉淮阴侯韩信下赵驻兵处”。平定境内与韩信有关的地名不少,比如以往的藏将沟今天叫作常家沟,另外还有练将坡、东西南营、洗马堰、杀将口、试剑峰等。

“那就是上城的城门楼,是前些年在原址上新建的,原来的城楼在多年前拆除了。”过了榆关门,刘春生指着面前的阳春楼边走边介绍。

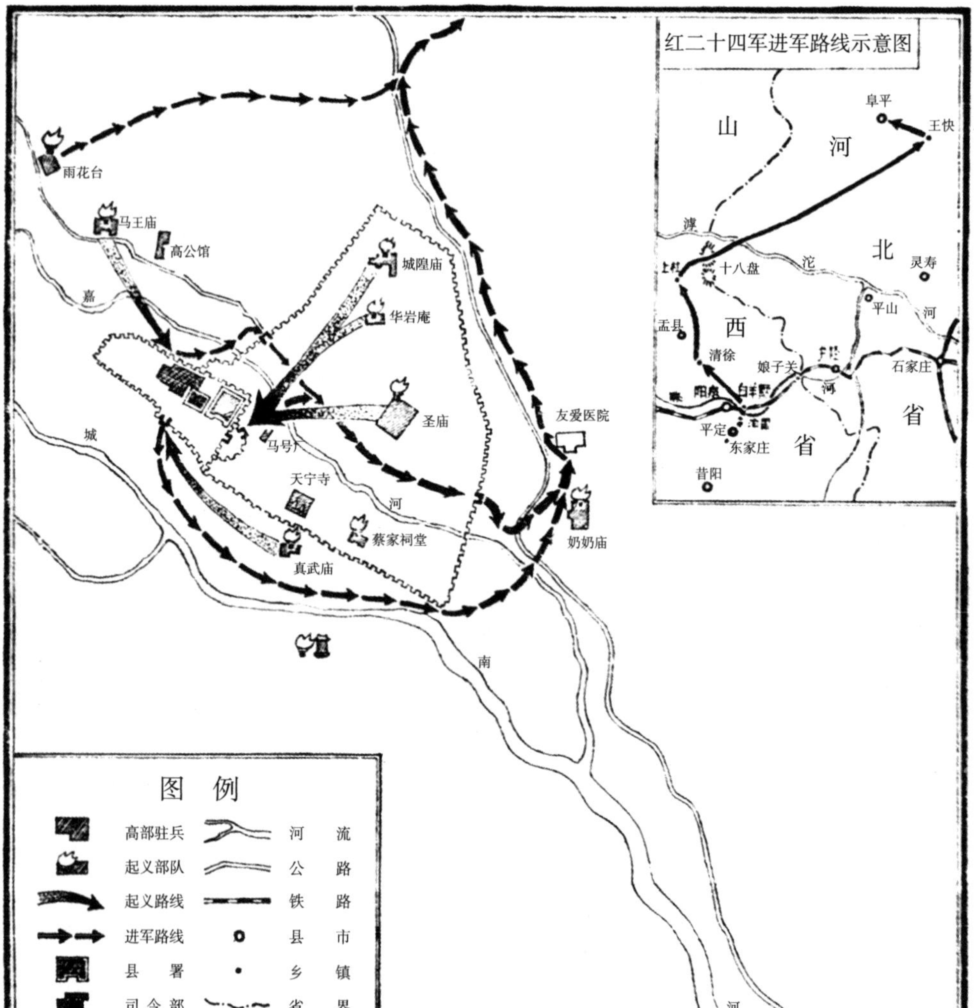

平定兵变示意图

老平定人口中的上城和下城就是以阳春楼为界，以西为上城，往东是下城。今天的平定县城就是在下城的基础上逐渐发展而成的。

站在阳春楼下，下城尽收眼底。阳春楼西面是10多米高的土崖，是以前的夯土城墙；东面是10多米高的石头护坡，只有北面的一条路通往下城，与平定第三中学遥遥相望。上、下城的地势落差很大，起义军当时攻上城完全是仰攻。

起义当晚，由于敌人早有准备，占据了城墙，居高临下，攻打上城的一团没能按预期完成计划。为防止时间过久被周边敌人发觉、包围，于是迅速撤出了战斗。由于起义仓促，原定起义三个团，只有一团和三团(驻扎在下城的洗马堰一带)的一部分拉了出来。原准备的阳泉煤矿工人起义暴动配合平定起义的计划也落了空。

“起义部队在撤出平定前的最后集合地点就在友爱医院前，就是现在的评梅广场附近。”刘春生说，“友爱医院前身是一个教堂。1915年，由美国外科医学专家达理尔·科尔德·帕克动工修建了友爱医院。1948年，延安第二保育院四五十名中央首长的孩子及烈士遗孤在此停留一年。1949年，在新中国成立前夕，保育院迁入北京”。

攻打县城无果，起义部队遂撤出平定。在撤出平定之际，起义军高喊“盼人民勿要自相惊扰，我们红军是爱民救民”，“打倒资产阶级、拥护农工”等口号，并散发张贴油印传单和《士兵之友》小报，自称为“工农红军第二十四军”。【天津《益世报》1931年7月7日3版、7月15日2版。】

“那天我为红军引路”

平定兵变从战斗打响到结束，时间并不长，大约有半个小时的时间。【陈子毅《我参加平定革命兵变的经过》，《平定历史资料第一辑·平定武装起义（革命兵变）专辑》第 30 页，平定县志办公室 1980 年 8 月编印。】

时间为何如此短暂？一是兵变的核心并不是战斗，主要目的是把队伍拉出来；二是兵变提前泄密，导致校场等地高桂滋部缴械换岗，严防死守，加大了攻克上城师部的难度，兵变队伍未敢久留。

但这并不是一次匆忙、无序的起义，而是精心组织和策划好的。正如陈子毅所说，是兵变就必须有活动，这些蛛丝马迹的细节直接影响着起义的行进。

那么，兵变队伍攻打上城未果后，又干了些什么？1980 年 6 月，平定县史志人员曾经做过一些口述历史性质的实地走访调查。从这些当事人的回忆里，我们还原八十多年前那场对于他们来说惊心动魄、难以忘怀的革命兵变。

兵变后就是在碾子沟口集中的，有人上台讲话，后来就沿着马路走了，好多人都拿着手电。这是我从后墙的小窗口上望见的。

第二天有四五个伤号住进了医院，奶奶庙的卫生队派人去叫我，我走到马路上看见有些骑兵马队，他们正问兵变去的方向，我也没顾上答言，就去看病了。

【《平定历史资料第一辑·平定武装起义（革命兵变）专辑》第 40 页，平定起义目击者赵晋亨口述，平定县志办公室 1980 年 8 月编印。】

兵变那年我正在十字街的“聚文书社”，是搞石印的工人，二十四五岁。

……我在的铺子虽说是“书社”，但是还经营纸烟、粮食什么的，怕发生事变有人来抢东西，所以赶快起来。我们还商量，如果有人来砸门面，咱们就从后墙逃走，丢失点东西事小，保全生命要紧。结果是安然无恙，我们受了一场虚惊。起来后，我便到前边铺面，从板搭缝朝外瞭，只见街上人影来来往往，还听见有人叫喊“赫军长，赫军长！”心想，咋又来了个“赫军长”？后来枪声渐渐听不到了，街上人也少了，大约闹腾了一个来时辰。

【《平定历史资料第一辑·平定武装起义（革命兵变）专辑》第 41–42 页，平定起义目击者任煜口述，平定县志办公室 1980 年 8 月编印。】

我 13 岁上高小读书那年，发生了“高桂滋兵变”。我觉得，兵变是有计划、有组织、有领导进行的。

……我家隔壁冯家，院里住着个副营长姓苏。城隍庙枪响后护兵叫他走，他不愿意，在华岩庵地里被打死了。后来还派人回来拿走了他的手枪。

大约过了一个小时，估计在晚上 10 点左右，从城隍庙开下队伍来。我在家听见说话的声音，但是并不混乱，还听到有人说：“跟上走”“往前走”……下来攻上城司令部，没打下来。

城隍庙、十四都、道正司、华岩庵等地驻着的部队都走了，总共有七八百人。据说打信号弹是同东关校场联系，结果没联系好，校场的部队没有走成。

【《平定历史资料第一辑·平定武装起义（革命兵变）专辑》第 42–43 页，平定起义目击者裴润田口述，平定县志办公室 1980 年 8 月编印。】

从以上人员的回忆来看，这次兵变之前做好了精心准备，在碾子沟集中，有领导上台讲话部署，并不是匆忙撤退。关于兵变时长的问题，时间久了，并不确切，有人说是半小时，有人说是一小时。但我们不妨对兵变时长做这样的分析，陈子毅是军人，主要考虑的是战斗时间，而老百姓考虑的是“闹腾”的时间，从战斗打响到撤退，全部算上了，所以认为时间大约是两个多小时。还有一个细节是，据裴润田的回忆，这次兵变发生后，“跟上走”“往前走”的叮嘱，说明兵变队伍的队形在撤退时并不凌乱，属于有序撤退。

在这次调查到的人当中，退休小学校长光侗的回忆完整地记录下当时自己为起义部队领路的情况：

我家住在平定县西关王公坡。兵变那年我 17 岁，正在平定中学上学。记得是放了暑假，我在家里帮助种地。地里有结下的倭瓜，赶茬谷没有出齐苗。这天后晌下了一阵雷雨。叔叔叫我去栽了一下午谷。大约在二更天，我们正在吃黑夜饭，听见城里的方向有枪声或者手榴弹声，但是并没有引起注意，因为天气比往日爽快，便睡觉了。

叔叔比我大七八岁，我们两人住在一个屋。正在睡梦中，听到有人在窗外叫家门。由于大门很破，推推就可以进到院里。叔叔起来去开门，进来了两个人。这两个人的个子都很高，一个背着长枪，一个拿着大刀，态度非常和气，对我们说：“不要害怕，请你们起来，出去领领路。”叔叔把衣服穿好，好像那两个人不放心，看了看我，让我也穿上衣裳一同去。我和叔叔随同那两个战士出大门外，见站着许多人，都是全副武装。其中一个说，他们准备到十八盘去，问我们知道不知道。我们说："不知道。"那个人又问我们说："知道泊里不知道？"我们说："知道。"那个人安慰我们说："不要怕，引我们走走。"我们不好推脱，只好引着他们走。从王公坡出来向东走，横过平定通往阳泉的公路，向北到了黄沙谷咀。在这里我们向他们指明了去泊里的道路，便想往回返。他们对我们说："你们两人今天不能回去，后面怕有人追，出了事就不好了。"我们只好再引他们往前走，刚到马鞍桥，听见后边有人来追。他们安排我和叔叔到旁边的一块地堰下隐藏，便命令战士们赶快卧倒，枪口朝南，准备战斗。后来他们和追来的人答了话，才知道也是自己人。等了一阵功夫，陆续来了不少人马，里边有人知道走的道路，便问我们："你们是回家呢？还是跟我们到十八盘？"我们回答说："回家！"他们便从自己身上取下一个搪瓷碗和一把白铜羹匙送给我们，并且很亲切地说："谢谢你们，把这两件小东西带回去，作个留念。"还嘱咐说："你们不要照原来的路走，要先绕过公路，到那边去，不然怕有危险。"我们路途熟，便转弯抹角地从山上绕到了河下村。不多一阵子便回去了。

回到村里，家里人才知道我们是出去领路了，大人们还叮嘱我们这件事不要往外声张。但到了第二天，我们便知道了传闻的消息，昨天夜里让我们领路的就是二十四军兵变走了的军队。

【《平定历史资料第一辑·平定武装起义（革命兵变）专辑》第36–37页，平定起义目击者光侗口述，平定县志办公室1980年8月编印。】

光侗何许人也？通过由白宝昌整理、光侗口述的《对往事的回忆》，我们走进光侗的命运历程和人生世界：

民国四年（1914年），我出生于平定城关王公坡村。

王公坡坐落在县城西北里许，阳泉至平定的古道边，西近黑沙岭，面山背坡，是西关街的一个属村（因阳泉义井煤矿及泉水沟硫铁矿的开采，地基裂陷，民房搬迁，今不存）。新中国成立前，这里仅住着几户人家，均过着饥寒交迫、穷困潦倒的悲惨生活。我家就是其中的一家。父光福清，目不识丁的农民，母张氏，贫困家庭的女儿。起早晚睡，苦劳终年，仍过着饭菜不饱肚、破衣不遮体的生活。遇到灾荒年，就更为艰难。民国九年（1920年）我已6岁（虚岁），平定遭旱灾，我家租种着西关陆鹏南家4亩地，虽颗粒不归，还得交陆家租米六大斗（折合100千克）。年底腊月二十三，陆喜科上门逼租，家里连下锅米都没有一粒，哪里有六斗精米呢？无奈，将我12岁的小姑姑找了个婆家卖掉，拿回24吊铜钱到集市买了五大斗精米送到陆家大院。交租，因欠一斗，管家拒收。我爷爷再三求情开恩，也无济于事，只好到西关杨老四那里去借高利贷五吊钱，又买了一斗才算将这年的租子交清。大年除夕到了，阖家九口人，无一点麦食，只得将一些旧衣衫送到当铺，当回二百个铜钱，买了点莜麦面，做稀糊糊过了年关。过了正月初五，祖父、父亲到山上砍柴卖给街上各家店铺（店铺正月十五闹元宵节用柴生棒槌火），索回微薄的钱买些莜麦面，熬出了正月。进入二月，县城开了市，全家仍靠砍柴度日。是年(1921年)，适美国教会用"以工代账"的办法始修平辽公路，父亲和叔父出家当了临时工，起早搭黑干一整天，每人酬劳一角钱(400文)。祖父领着我(已7岁)继续上山砍柴，每天也能卖一角多钱。全家每天就靠这三角多钱收入度日，挨过了漫长的春天。夏季到了，祖父又领着我到租种的田里锄苗。深冬时节，天寒地冻，修公路停工，父亲与叔父无活可做，与往年一样，又去杨家沟小煤窑当挖煤工。年底，全家老小奔波了一年，好不容易赚下五吊钱准备较好地过个年(春节)。腊月二十四，杨老四上门催债，要我家连本带利还清。父亲又在家找了些衣物到当铺当回一吊铜钱，连同五吊钱还了债(本五吊，一年利息一吊，共计六吊)。家里东借西借，勉强闯过了这一年关。

民国十三年(1924年)，我已10岁(虚)，家境仍是食不饱肚、衣不遮体，祖父、父亲两辈人亲身体会到不识字的苦头，都设法让我识识字、睁睁眼。日常生活中，长辈们有意无意地诉说不识字的苦处，在我幼小的心灵里打下了深深的烙印，尤其是过年，写个对联，也得求人说好话，托亲拜友到他乡(西关)，更使我有刻苦求学的欲望。一天，父亲节衣缩食节省下的一点碎钱，让我买了一本国文书进了西关学校读书。当时王公坡村共七户人家，唯有我一个读书的孩子，在去学校往返的路上，荒坟连片，常有野狼出现，我却从不害怕，很可能是求学心切之故。在学校里先生只教识字、算算术，以念为主，所以当时都称上学为"念书"。课本是红黄蓝白黑共和国国文，内容是"山、水、田、狗、羊、大、小、山、石……"我白天在学校念书，一早一晚帮家里干活。因家境贫苦，学习劲头特别大，不但能完成先生布置的作业，往往把先生还没教的课文也背熟了，受到了先生的器重。初小一至四年级，我所在的每个年级班，都让我担任班长，学习成绩名列前茅。

民国十七年(1928年)，我初小四年级期满毕业，升入平定城内两级小学高小班，地址在圣庙后院，清为衙门，现在为城里学校家属宿舍院。

约入高小那年(1928年)，适军阀混战、阎锡山统治山西时期，社会秩序混乱，物价涨落不定，直奉战争发生，飞机在县城北面投了一次炸弹，人们更是惶恐不安，学校也停了课，学生们集体去县衙请愿，李兆麟县长对学生发表讲话，大意是：咱县财政困难，学生要求给教师增加工资的请求尽量办理(请愿结果不太清楚)。学生们在教师的组织下，还举着小旗喊着"打倒列强除军阀"的口号沿街示威游行。当时，我国正处于内忧外患、穷困潦倒的境地。

民国十九年(1930年),我高小毕业后,在家里待了一段时间(因找不到工作),帮家里人在租种田里干些农活。农历八月,逢平定中学(地址在上城旧考院)招生,我抱着试试看的想法报名投考而被录取(全县第四名)。校长潘爱玉(平定上庄村人)发现我的学业成绩优良,在师生中广为宣传。因家境寒苦,交纳不起伙食费,破例当了走读生。当学业紧张时,早晚两顿饭从家里带些米面,由学校工友霍锁妮帮我做成饭食,中午跑回家里吃。有时,买书钱家里也拿不出,就用本子抄写,就这样,硬着头皮读书,一直没有辍学。除了学习学校必设的课程外,我经常到学校图书馆借书看,也增补了不少知识。在学校校长及师生们的帮助下,我的学业成绩没有辜负他们的各方面帮助,毕业时,名列全省二十七名(有二千多名应试)。其间,有两件事使我难以忘却。事情发生在我读中学的第二年夏(约1931年7月)的一个晚上,在睡梦中忽听有人叫门,开门后,有两个带枪的士兵和气地恳请为他们引路,说是到泊里马鞍桥。为他们引路,快接近马鞍桥时,他俩告辞,说大部队过来,你们回去吧。并送给我们一个搪瓷碗和一把铜匙,说留个纪念吧!我莫名其妙,只好收下。第二天,我们才知道那是驻平定的二十三军兵变了,改编为共产党领导的红军二十四军。另一件是学校组织学生拿着鸡蛋、猪肉去阳泉火车站,慰问宋哲元的三十八师抗日部队战士。

【光侗《对往事的回忆》,《平定文史资料》第六编辑第68-71页,中国人民政治协商会议平定县委员会编。本文由白宝昌整理。】

光侗后来一直从事教育工作,担任教师、校长等职务。1958年“大跃进”期间,被推选为平定县人民代表兼人委会副主任、县政协常委,后任副主席。

从光侗对往事的回忆当中,我们能够管窥到20世纪二三十年代一个北方小城老百姓的生存状态,一边是封建地主以及放高利贷的剥削压榨,另一边是军阀的连年混战,已经波及平定这个北方小城。整个山西或者说是华北,老百姓对国民党统治者和军阀的厌恶由此可见一斑。哪里有剥削和压迫,哪里就有反抗,人到穷时须放胆,正是抱着这样朴素的人生观、价值观,很多穷苦人出身的劳苦大众、阶级兄弟忍无可忍,义无反顾参加到红军的队伍。韩宝昌、傻大牛,就是这千千万万工农大众参加红军的缩影。

从光侗的回忆来看,兵变在平定发生后,当地确实有人领过路。队伍是从王公坡出来,向东横过到阳泉的公路,向北到了黄沙谷咀,经泊里马鞍桥撤退走的。

值得注意的是,兵变部队撤退时,没有忘记宣传革命真理。当年14岁的白义见证了兵变部队撤退时传播革命真理的情况。

“我那时14岁,才听枪响,还以为是谁家暖房呢!等我父亲从街上出来,才知道是打枪,兵变了。还听见有人叫姬家院的门,院里住着周营长,结果没有叫开门。

“第二天清早，我到公路上，看见丢着有面糊锅，还有红纸、绿纸的传单，二十二开大，是印下的。我不识字，不知道写的什么。”

【《平定历史资料第一辑·平定武装起义（革命兵变）专辑》第39页，平定起义目击者白义口述，平定县志办公室1980年8月编印。】

这与天津《益世报》的报道如出一辙。当时，《益世报》是怎么报道兵变队伍的撤退情形的呢？让我们来看看他们的报道：

> 驻平定高桂滋部千余人，支（四日）夜哗变，围攻县政府，释放囚犯，军官数人当场被害，但市面未受大损失。该变兵等散有油印宣传品，内有打倒资本阶级、拥护农工等口号，并自称为第二十四红军。微（五日）夜经盂县东南清风口，向冀属平山县而逃。平定城门仍紧闭，以防意外。由城至阳泉车站，密布步哨，形势仍极严重。【天津《益世报》1931年7月7日3版。】

在这则标题为《高桂滋部哗变：变兵自称红军，散发油印宣传品，已由平定向冀属之平山县逃窜》的报道中，我们可以看到起义部队撤出平定时的情景，一边攻打县政府、释放囚犯，一边宣传红军的革命真理。而且有一个细节值得我们关注，这就是“并自称为第二十四红军”一语，说明起义部队在平定兵变之夜，就正式打出“工农红军”的旗号。

平定县下盘石村人亚马（1914—1999年），曾任国家文化部电影局第一负责人。平定兵变那年他17岁。他在1985年6月5日于北京和平里寓所写的《难忘的巨城学校》一文中写道，平定起义后不久，学校毕业考试刚刚结束，为了感谢老师们的辛勤教导，由全班同学凑份子办“谢师宴”，有些鲜肉、酒菜即在巨城当地购买，而干菜如黄花、木耳以及鱿鱼等，需要到县城内去采购。由于自己年龄比其他同学大，父亲又在城内任县督学，进城办事可以不住店，所以大家推荐由他到县城采购。此外，还有人要捎这买那，有的买衣服，有的买礼品，他都一一答应，高高兴兴地去完成这次采购任务。

七月的骄阳，炎热照人。亚马从上城跑到下城，在大街小巷的红绿传单上才知道了不久前发生的平定兵变的事情。县教育会在上城，有一些收集的传单放在那里，但没有人谈论，这时还等着省里来人了解情况，现场还处于保护状态。他就住在教育会里，白天到街上办事，买干菜颇为费事，有的跑几家商店才能配齐，有的把菜单交给人家，对方把货打包好，商定好收钱交货时间才算办妥。另外捎办的那些衣服礼品更费时间，亚马在街上东奔西跑，顺便看到那些传单标语有“成立苏维埃”“扩大工农红军”“打倒军阀、贪官污吏”，“反对国民党”等，和教育会收到的传单标语大同小异。他才知道，就是这几天，平定兵变的事情传到乡村去了。

【亚马《难忘的巨城学校》，《巨城四高纪念文集》，平定县史志办公室、山西远鑫实业有限公司编。】

一则逸闻

在平定，关于起义当晚高桂滋在哪里还有另外一种说法。

“1931 年 7 月 4 日，是我曾祖父黄守渊的七十大寿，听我老舅晋子登说，起义当晚，高桂滋及县里的要员、士绅都在黄府饮宴。”黄建礼说。

黄守渊何许人也？为什么过寿能把县里的政府大员、驻军要员、当地士绅等都请到府上呢？晋子登又是什么人呢？

黄守渊，字铸卿，生于 1861 年，平定城关学门街人。光绪二十年（1894 年）中举，曾任山西沁源县知县。1895 年春，在原山西巡抚胡聘之支持下，黄守渊与族兄黄世芬及平定士绅张士林、李蓉田、李毓蕙、张诚、池庄、刘焕斗、赵熙廷、廉士升最初共同发起平定保矿斗争，策划组织成立保艾会、固本会，后来又创建平定矿产分会，亲拟章程，出资万余元以助会。并联络在京供职的晋籍官员与留日的同乡好友冯司直、陆近礼等共同参与争矿运动，直至胜利。1908 年，黄守渊出任保晋公司石家庄公司经理，1911 年 5 月被选为山西咨议局议员，1918 年当选山西省议会议员。

晋子登是黄守渊二儿子黄宝琛的妻弟，保晋公司成立后，在保晋公司做文书工作。1931 年 7 月 4 日，黄守渊在府中大摆寿宴时，晋子登在府中招呼客人。1985 年，黄家迁坟，时年 73 岁的晋子登第一次讲起了平定起义当晚发生在黄府的那一幕。

据晋子登回忆，平定起义当晚，黄守渊在其“旗杆院”黄家大院大摆六席（轮）通宵宴席，庆祝自己的七十大寿，答谢前来贺寿的驻军要员、政府官员和当地士绅。第二席开宴不久，街上突然响起枪声，坐席的人还以为是在放寿炮。这时，黄宝琛急匆匆过来告知黄守渊，说驻军哗乱，部队都在往上城赶。寿宴随即终止，驻军要员、政府官员从黄家后门仓促离去，过嘉河沿下湾上南营回到了上城县署。

1937 年 10 月 13 日，黄守渊不幸染疾去世，临终前才将平定兵变之夜为什么举行盛大寿宴的内情告知儿孙——是受中共地下党委托配合兵变而进行的。

“我老舅说，平定起义当晚，他亲眼看到高桂滋与黄守渊、县长及一些知名士绅一起坐在主宴席上。还说，黄守渊在弥留之际曾说过，中共地下党是从太原来的，但没有讲姓名。”

为表示郑重，黄建礼、黄建廷兄弟还为我们提供了书面证词。

2014 年 8 月 1 日，由山西近代矿史研究会主办，阳泉国际文化交流中心、郊区上千亩坪村承办的 2014 年首届三晋 V 影人论坛开幕。受阳泉国际文化交流中心邀请，笔者有幸担任评委，参加了这次三晋 V 影人论坛，对近年阳泉及山西的微电影进行评选。

在随后的座谈会上，黄建礼就近代矿史资料的收藏价值进行了发言。由于之前有过短暂的一面之缘，再加上对红二十四军的意义和价值不太知情，所以对黄建礼并不十分了解，采访难免浮皮潦草、浅尝辄止。经过三年的发酵酝酿，重新打量红二十四军，当然是另一种眼光。当这次一听主持人介绍到黄建礼时，从早到晚整整看了一天电影、满脸倦容的我，顿时振奋精神，端坐恭听，生怕漏掉其中一个字。

黄建礼貌不惊人，瘦瘦的，个子不高，戴一副厚厚的黑框眼镜，看起来腼腆斯文，是个内秀的角色。由于会议发言人员较多，所以黄建礼说的时间并不长，大体上是说文物对现代矿史的不凡价值，“人活一辈子，总得有点爱好才行。我个人爱好收藏，自得其乐，感觉不虚此生”。通过会后的交流，我才知道黄建礼酷爱收集旧史料，长期从事文物收藏，在收藏方面颇具造诣、颇有心得。

基于这一说法，地方史专家王伟说：“爆发于平定的山西争矿运动是阳泉红色历史的序曲，黄守渊作为山西争矿运动最初的平定保矿斗争‘坐帷’的领导者，是完全有可能做这件事情的。黄家提出的这一说法为平定起义增加了一抹亮光，提供了一个极具戏剧性的生动情节，值得我们重视和考证。”

王伟说，一次成功的起义需要各方面的支持与帮助。例如：我党为了保证平定起义的成功，曾计划组织阳泉煤矿工人起义暴动。黄家兄弟提供的这一证据更加证明了这一点。毕竟除了高桂滋和三个团长外，还有不少高级国民党军官在平定，把这些反动军官聚在黄府饮宴，也会对起义的成功起到不可估量的作用。至于起义当晚高桂滋在平定这一说法无疑是孤证，但为保证起义成功，我党确实动用了各种关系，从这一角度来看并不是孤证。

工人暴动悬疑种种

1931年7月17日天津《益世报》第2版，刊登有《高部哗变内幕　传与共党杨瑞堂有关》一文：

> 平定高桂滋部哗变确系受共党煽惑，已志高本人谈话中或谓赛鱼东站(保晋第三煤窑设此)捕获之共产党杨瑞堂、关石昆似有关联。但杨、关两人是否与变兵早通声气，因属疑问，但伊等确供认是共产党员。阳泉为正太铁路之中点，居民多属外来者(居民百分之八九十为河北人)，良莠至为不齐。保晋煤铁场分设附近，煤窑伙多，各处供认，总有三千余名之多。共党分子近来在此甚形活动，赛鱼本月初有共产党员杨瑞堂，在该地煤厂煽惑工人入党，鼓吹罢工，增加工资为要挟，后劝李姓之子入党，被李之父察觉，知系共党，恐伊子受煽惑，适当时有驻阳泉(第三十六团李生达部)兵士在此，即报告杨某种种煽惑举动，后经检查，搜出小传单及共党书册，该兵士将杨瑞堂连该煤窑嫌疑之工人关石昆一同带至团部审问，据关供称：杨与伊系同乡（都是井陉人)，杨劝伊入党，伊不知是什么党，杨供称伊是十六年入共党等情，复送经该师(李生达师)军法处讯办，关供词与前同，惟杨不承认十六年入共党，后被追问严鞫，随供认共党不讳。谓来此已两三月，住阳泉站某小栈房，事泄露后，该栈主人等亦逃窜云云。杨、关两人当送平定县政府依法惩办，不料一、二日后，平定驻军即生哗变，究竟杨等是否与兵变有关，现下正在严讯中云。

杨瑞堂与平定兵变之间的关系，目前并不明确，但据有关资料记载，平定兵变过程当中，原来确实考虑到与赛鱼工人暴动以及阳泉火车站工人纠察队的配合，后来由于提前兵变，原定计划只能化为泡影。

阳泉是中国共产党早期活动地区之一，由于丰富的煤铁资源和正太铁路途经此地，工业化步伐居于山西前列。1921年中国共产党的诞生，为阳泉工人运动和工会事业迎来了新的曙光。

1922年5月上旬，中国共产党第一次全国劳动大会在广州召开之后，中国共产党就向京汉、京奉、京绥、正太、陇海、津浦六条铁路各派出一名共产党员，作为党的工人运动特派员，以交通稽查员的公开身份深入下去，组织、发动和指导工人运动。派到正太铁路的共产党员是张昆弟。

在张昆弟的组织发动下，1922年10月18日，成立了正太铁路工业研究会传习所。传习所成立后，为实现正太铁路全线工人的联合，劳动组合书记部又派共产党员刘明俨、吴献瑞、贾芋青到正太铁路开展工运工作。同年12月，正太铁路工业研究会传习所改成石家庄正太铁路总工会，下设石家庄、阳泉、太原三个分工会，贾芋青任石家庄分工会指导员、吴献瑞任阳泉分工会指导员、刘明俨任太原分工会指导员，从此工人运动在阳泉轰轰烈烈开展起来。正太铁路总工会阳泉分工会成立后，通过举办工人夜校，学习文化知识和马克思主义，提高了工人的阶级觉悟。

1923年，震惊中外的京汉铁路“二七”大罢工全面开始。2月4日下午1时，正太铁路总工会召开紧急执行委员会，做出四条决定。下午6时召开了正太铁路工人大会。施恒清代表总工会介绍郑州会议的情形。2月6日，施恒清又到阳泉、太原传达总工会的决议，散发罢工宣言。1923年2月7日至9日，施恒清与孙云鹏、贾芋青等领导正太铁路工人举行了“二七”同情大罢工。

正太铁路大罢工一开始，梁永福率领工人纠察队到阳泉火车站巡逻放哨。罢工当日，从太原开过来的头班票车，被梁永福和工人纠察队截在阳泉。机器不响，车轮不转，烟囱不冒烟，整个正太铁路像僵尸静静地躺着。由于梁永福在罢工中表现机智勇敢，受到群众赞扬，成为阳泉铁路地区的工运领袖。

梁永福积极参加并经过“正太”“同情”两次罢工的严峻考验，表现得立场坚定，斗志顽强。1923年10月15日，经中共北方区委张志刚、正太铁路总工会施恒清介绍，中共北京区执行委员会批准，正太铁路总工会阳泉分会的副会长梁永福光荣加入了中国共产党，隶属于中共正太铁路支部，成为阳泉最早的共产党员，有力推动了工人运动。

1925年11月30日，保晋公司阳泉三矿厂工会成立；1926年5月1日，阳泉保晋铁厂赤色工会成立，并把随后由国民党右派成立的“黄色工会”赶走。在中共党组织领导下，工人们为维护自己的政治权利和经济权利，坚持经济斗争与政治斗争相结合，开展了一系列运动，推动阳泉革命形势不断高涨，为新民主主义革命的胜利做出了积极贡献。【以上资料参考《阳泉工会志》(上)第2页，方志出版社，2008年4月第1版；黄顺荣《中国共产党在阳泉的早期活动》，2011年6月25《阳泉晚报》。】

在平定县史志办公室、山西远鑫实业有限公司编的《巨城四高纪念文集》中，有耿忱【耿忱，1913年生，阳泉郊区东梁庄人，离休前任天津市财政贸易委员会副主任、党组副书记】、李煦明【李煦明，平定县中社村人，离休前曾任国家八机部办公厅副主任】合作撰写的一篇文章，其中说到当年万锡绂等人宣传发动学生的情景。

文中说，高桂滋部国民党正太护路军第一师驻扎平定县后，我党就通过各种方式宣传发动群众。由于高桂滋特务连驻扎在平定附属高级小学，于是我党不断把油印传单秘密投放在靠近附属高校墙边的平定中学厕所里，学生上厕所时，就能看到这些传单，主要是反对国民党蒋介石的反动统治、压迫、剥削，号召人们起来打倒贪官污吏、土豪劣绅。特务连的万锡绂连长等都是青年，经常到平定中学操场和学生打篮球，主动接近他们，宣传爱国主义思想。

那么，平定兵变中，真有工人暴动计划吗？杨瑞堂真与平定兵变有关吗？如果是的话，他是之前进入煤矿“卧底”还是临时抽调派入？兵变后他又去了哪里？如果不是杨瑞堂，那么又是谁领导了这次工人暴动？我们能根据这些蛛丝马迹找到这段逝去的历史吗？一切都是未知数。

盂县寻踪 红星照耀北国

/ 追 寻 红 二 十 四 军 /

第二章

流散民间的战争记忆

据史料记载，1931 年 7 月 4 日夜，兵变中脱离了国民党反动军队的 1100 余名起义官兵，在赫光、谷雄一的率领下，连夜冒雨从瀑里（泊里）的琵琶沟、白羊墅越过正太铁路，经五渡、南窑庄、杨树沟村、河底村，在天亮前到达了盂县清城村。

阳泉郊区河下村至今依然有红二十四军经过的说法。河下村老书记樊裕民以前曾经听上辈人说过，80 年前平定起义后，起义部队经过平定西关、城里的交叉地——邳鄣庙一带，向阳泉郊区瀑里撤退。这里现已成为阳泉市劳教处所在地。

在阳泉郊区的寻访过程中，我们并没有打捞到红二十四军的历史碎片，但依然能感受到当地老人们对历史与战争刻骨铭心的记忆。正因为年少时对生存的艰难体验，所以历经数十年光阴，他们依然对国家、民族、抗日、共产党等词汇念念不忘。

在郊区韩庄村，我们被韩庄人保家卫国的民族正气所震撼。据村党支部书记胡玉平介绍，抗日战争时期，韩庄被称为“小延安”。在日本兵中传有“进攻边区不难，难过韩庄一关”的说法。周围村庄都有日本人来过，但韩庄没有日本兵敢进来。当年村子里有个叫胡龙秀的青年，曾经活捉过一个日本兵，后来埋地雷时不小心丢了一条胳膊，独臂开枪，神勇无比。胡龙秀在活捉郊区“八大汉奸”时，打响了第一枪。正是胡龙秀这样的抗日英雄，挺起了中华民族独立自强的民族脊梁。

在紧邻韩庄的西南舁村寻访时，我们也遇到类似的一幕。该村近邻东南舁村，曾经为抗日战争时期活捉白汉奸而召开研讨会。报道被西南舁村的一些老人看到后愤愤不平，“咱村曾为活捉白汉奸死伤三个人，为什么研讨会不在咱村召开？”88 岁的高秀清老人为此写了一篇长文《西南舁村抗日战争纪实》，搜集民间集体记忆，还原历史真相，并为了文章便于流传，请人整理打印出来。

高秀清老人对王牛小的英雄事迹铭刻在心，“七月桃子成熟了，以王牛小为首的民兵以吃桃子、搞女人的名义把白汉奸引出来，撒网捕鱼”。

知道王牛小活捉白汉奸的事情后，日本兵大为光火，就来抓他。王牛小躲在地道里，日本兵就用枪逼迫当地村民交出王牛小。王牛小为了保护其他村民，从地道里走出来，大义凛然地对鬼子说:“你们要找王牛小,爷爷就是!”说到这里,高秀清老人神情严肃,话语高昂……

在《阳郊文史》第 18 期中,一篇由王林泉根据当事人回忆撰写的《王牛小其人其事》,详细介绍了王牛小协助北舁抗日区政府铲除铁杆汉奸白汉奸的事迹。【王林泉《王牛小其人其事》,《阳郊文史》第 18 期 191–195 页,政协阳泉市郊区委员会文史资料委员会编。】

1940 年 8 月,我党领导的“百团大战”狠狠打击了侵略日军的嚣张气焰,气急败坏的日军便对我晋察冀抗日根据地进行了疯狂反扑,发起“铁壁合围”“囚笼战术”“三光政策”的大扫荡,妄图摧毁我抗日根据地。1942 年年底,日本鬼子在西南舁村北的羊毛山上筑起碉堡,初期驻扎日军 60 人、伪军 70 人。随着太平洋战争的爆发和地下民兵的抗日斗争,华北日军大部分投入到东南亚,驻在西南舁的鬼子、伪军大部分调走,留守的少量鬼子好像“睁眼瞎”,便加强汉奸力量,以“本地通”来对付我抗日军民。

1944 年年初,盂县日伪警察局把一个汉奸派到西南舁,驻在日本据点里。这个家伙姓白,鬼子、汉奸都叫他“白先生”。白汗奸是盂县人,是一个地地道道的“本地通”。他来西南舁据点后,极力给日本鬼子出谋划策、抢粮征款,对我抗日斗争破坏性很大。他时常手提一条文明棍出入乡村,见谁不顺眼就暴打一顿,无恶不作,群众对他恨之入骨。北舁抗日区政府决定尽快铲除这个横行乡里的铁杆汉奸,为此制订了严密的锄奸计划。

白汉奸自知作恶多端,随时可能有人来取他的性命,所以深居简出,不敢单独行动。大家认为除掉白汉奸并不难,难的是如何把他从炮楼上引出来,只要引蛇出洞,就可以生擒活捉,而能够把白汉奸引出来的就是王牛小。

东南舁村的王牛小时年 21 岁,是共产党员。他机智灵活,且有武功,地下党组织派他在敌伪自卫团当内线。王牛小打进自卫队后,表面上给敌人办事,和据点上下混得很熟,暗地里秘密给党做工作。

1944 年农历七月,王牛小观察到西南舁村高喜全家院子里的桃子熟了,便决定以“村东有桃吃、有漂亮女人玩”为借口,把白汉奸骗出来。白汉奸果然上当被抓,随后被我抗日政府枪决,据说人头挂在盂县牛村镇日本鬼子炮楼前的一棵树上。

白汉奸被处决后,盂县日伪警察气急败坏,要驻西南舁的日军限期破案。有人告密说,白汉奸当天是东南舁一个叫王牛小的人叫走的,鬼子由此判断此事是王牛小所为,要抓住王牛小,然后一网打尽地下抗日力量。于是发生了高秀清老人所讲述的一幕。1944 年深秋,从王牛小身上找不到任何党的秘密的日本鬼子恼羞成怒,残忍地将王牛小用刀砍死。

闲话少叙,书归正传。平定起义的时间到底是几点,曾经是我们争议的话题。根据当时山西特委阎子祥、李志敏、曹普三人联合署名文章《纪念平定武装起义红二十四军成立五十周年》一文介绍,起义时间原定为 7 月 4 日夜 12 时。但是在举行暴动前半小时走漏了消息，被敌人发觉，因此决定立即提前半小时行动，当夜12时就结束了战斗。可是我们从国民党当时的报纸上看到这样的内容，“变兵探知事泄露，乃改变预定时间，提前二点(晚十时)动作。”【北京《益世报》1931年7月16日3版。】

也许有人认为这样的细节无关宏旨，但对于我们来说，弄清楚这点，或许能提供对历史事件的另一种解读。因为起义当时为农历五月，如果起义时间为晚11:30，战斗结束为12:00算的话，部队不可能像后人所说的那样，第二天清晨到达盂县清城村。平定与清城村之间有着40千米的距离，起义部队是否能够在5个小时内到达？如果是晚10点起义，则可增加2个小时的撤退、行走时间，清晨到达的可能性就更大。这个问题一直伴随着我们。终于在盂县青崖头村解开了这个谜底。84岁的杨所宜老人，有29年的军旅生涯，1947年参军，1976年因打仗时眼睛负伤而退伍。

杨所宜说，攻打傅作义时，他所在部队急行军一天一夜要走175千米，而且身上要背枪、铺盖、子弹、干粮、水壶等物。仅子弹一次就带200发，而且子弹数量长年补充，固定不变。照此说来，起义部队5个小时到达清城本应在情理之中。

“说起崔达道，地球人都知道”

“说起崔达道，地球人都知道。”这句话在盂县坊间流传很广。

红帽子、红 T 恤，牛仔裤、运动鞋，当崔达道“欢蹦乱跳”地出现在盂县县委宣传部办公室时，大家不会想到这是一位 76 岁的老人。

“你猜猜我今年多少岁了？”这是他的开场白。因为以前在《炎黄地理》杂志上看过他的一点介绍，所以我回答了一句：“有 70 多岁了吧。”在这期杂志上，老崔被人紧抓脚腕倒悬空中，身子探下断崖拍照取景，敬业精神令人钦佩。

决定追寻红二十四军之初，就听说老崔常年坚持宣传红二十四军的事迹。既然对红二十四军如此热心，背后肯定有许多因缘、故事。这是作为记者长期与人共事交往的一点经验，也是人之常情。要做好类似红二十四军这样追根溯源的工作，必须知道前人在此之前挖掘整理做过些什么，这样才会少走一些弯路。“若要好，问三老。”通过后来的事实证明，确实如此。

2011 年 5 月 12 日上午 8:30，我们一行五人到达盂县。在后来两天的行程中，崔达道、当地政协文史委的赵润生老师，成为我们在盂县采访的向导。

老崔绝对属于那种开朗、热情的人。“人活着需要一个健康、乐观的心态。”说起“养生秘诀”，老崔这样总结经验。在盂县的寻访过程中，老崔一路陪着我们，比我们年轻小伙子都走得麻利。经常是老崔在前面与采访对象攀谈上了，我们在后面才“姗姗”来到。

说起老崔，故事不少。老崔是一个为了取景构图不要命的摄影人。当年，为了在多次拍摄赵氏孤儿传说的发源地——藏山上有所突破，他不计后果地四处攀爬，曾让同行者思前想后、顾虑重重，最终决定取消拍摄计划。

崔达道出生在盂县苌池镇柏石村，1952 年参加工作，曾任盂县人民政府办公室干事、县委通讯组组长、县委宣传部副部长、《盂县报》总编等职。1958 年调入《盂县小报》报社担任记者，第一次拍摄了盂县人民抗旱新闻纪实照片，并在《人民日报》发表，成为盂县新闻摄影的开始。1965 年以后，专攻新闻摄影，随后长期从事新闻摄影工作。数十年来，一台相机、两条腿，崔达道跑遍了盂县的山山水水，为人们留下弥足珍贵的历史画面。据老崔统计，从参加工作至今，他已累计拍摄了 5 万多张底片，为省、市、县各级媒体供稿的新闻图片总量达 5600 余幅。

在中国工农红军第二十四军诞生地——盂县清城村村委会的院落粉墙上，挂有“红二十四军纪念馆·爱国主义教育基地”的牌子。打开纪念馆的门进去，我们见到了老崔“一个人的杰作”。这些图片生动地反映了中国工农红军第二十四军走过的历程。

在盂县宾馆，说起办纪念馆的缘起，老崔说：“2001 年市艺术研究室的王伟找我，说想挖掘一下红二十四军的史料，做一部纪录片，我一听很高兴。王伟当时是个人行为，无人资助，经费肯定困难。我知道他一个人办这个事很不容易。说到待遇问题，我说我是义务劳动。”

说是“义务劳动”，其实也不全是，里面还有一段交情。“当年报社工作时，王伟的父亲王德芝在政治部，我在农村部，交情不错，所以我愿意帮这个忙；再说了，我觉得做这件事很有意义。”

1935 年出生的老崔，生长在兵荒马乱的年代，7 岁时母亲下世，是个苦孩子，“没有当年抛头颅、洒热血的共产党员，就没有新中国，更没有我的今天”。于是，他随王伟一同跋涉在太行山上，搞调查、拍片子，乐在其中。

当时王伟凭借一己之力搞调查走访，难度可想而知。为此，在调查寻访过程中，老崔自掏腰包两三千元，从山西太原到河北阜平一趟一趟跑，其中仅红二十四军秘密联络站就去过几次。老崔说：“调查拍摄当中，我们没有吃上一顿按点的囫囵饭，就是为把红二十四军的足迹留下来，告诉大家人活着不容易，要好好活。”

盂县清城村“红二十四军纪念馆”内陈设

在这次关于红二十四军的走访调查中，“路上有很多关卡设站收费，我就拿出小本本（记者证）要求免收费用，一路下来节省了不少钱”。凭借这样的精神，纪录片《一支红军阳泉来》终于播出。

“为了给人民一个交代”，老崔做了宣传展板，随之又萌生了办展览馆的计划。2010 年 3 月，老崔在县城文化馆将红二十四军资料照片展览了一个多月，随后又在清城村开办了红二十四军纪念馆。图片展出后，“人们很震惊，很多人在留言本上留言”。这些留言至今仍然被老崔保留着。

为了宣传红二十四军的英勇战斗历程，老崔把这些搜集、拍摄到的照片做成货架一样的展板，利用乡村庙会等场所，走街过巷地进行宣传，其行为令人肃然起敬。

老崔是盂县的“名人”，他退而不休，于 2006 年组织成立了盂县老年摄影家协会，拍摄出版了《足迹：1954—2009》，并为当地《县志》《人大志》《工会志》等提供了不少颇具收藏价值的照片，留下不少珍贵史料。

说到这些照片的本质，老崔说：“思想基础与红二十四军调查是一致的，没有前就没有后。”同时他把这作为衡量自己人生价值的标准，认为自己的价值“就是与老百姓接触，被社会所认可”。

在乡村数十年的新闻采访中，老崔积攒了广泛的“人脉”。在下社村，老崔一出现在村口，就被 80 岁的张永怀老人认了出来。10 年前，老崔与王伟曾经采访过张永怀老人的叔叔、婶婶，不幸的是，两位老人已经先后离世。在白土坡村、西麻河驿村等村庄采访时，时不时有他的“徒弟”和熟人帮忙引路，提供线索。

在老崔介绍下，我们在清城村见到了被老崔称为“活教材”的 90 岁老人高福禄，他为我们提供了当年红二十四军的一些珍贵资料。如果没有老崔的帮忙，我们这些“盲人瞎马”在盂县的采访肯定会困难重重。

老崔是一个非常具有真性情的人，人情味十足。他自己收“徒弟”是免费的，但他并不赞成自己的学生免费拜别的师傅学艺，“因为别人也要靠手艺生活”。他能理解别人的艰辛与不易，设身处地的为别人着想。

盂县北下庄乡东麻河驿村是老崔妻子的娘家。当我们经过村子寻访时，由于行程匆忙，老崔特意在村子的小卖铺里买了两包烟，散发给大槐树下闲聊的老人抽，表达自己的一点心意。

碓臼水村，是个只有一户人家的村庄。与 67 岁的韩福寿老人交谈结束后，临走时，老崔指着院门口的一个罐子叮嘱老人说，那是一个民国年间的陶罐，具有收藏价值，要好好保存，千万别让路人顺手牵羊拿走。听到老崔的话后，韩福寿感激地把陶罐收了起来。老崔的人情味由此可见一斑。

清城记忆

2011年5月12日，我们来到中国工农红军第二十四军诞生地——盂县路家村镇清城村。据随行的盂县政协文史委赵润生介绍，清城村(原为乡，撤乡并镇后取消)是盂县“四大名(乡)镇”之一，清朝时曾以生产“火镰”(取火的用具)而出名，产品畅销全国，与现在闻名全国的温州义乌小商品城有点相似。

上午10点左右，我们在清城村见到了被摄影家崔达道称为“活教材”的高福禄老人。高老爷子1921年出生，身处耄耋之年，依然精神矍铄。说起80年前的往事，若有所思，无限感慨。高福禄说：

> 那天(1931年7月5日)早晨，村里忽然不知从什么地方来了很多“当兵的”。我当时是个娃娃，就跟上人们出去看热闹。当时也不感觉害怕。在村子的戏台上，部队开了大会。咱是个娃娃，根本不理事，也不知道他们讲什么，但有一件事情记忆深刻。就是当时我们村里有个开绸缎铺的，叫侯润珍(音)。队伍中有个“兵小”趁人不注意，出去抢侯润珍商店里的布匹，结果被侯润珍拦腰抱住不放手。大会开完后，部队领导知道了情况，让人把这个“兵小”在队伍前就地枪毙了。枪毙前，这个“兵小”一直在叫喊：“老团长救救我！老团长救救我！”

高福禄老人，红二十四军清城成立的见证者

死后，人们看到这个“兵小”的腰里裹满绸缎，脖子上还挂个小金佛。后来小金佛不知到了哪儿，找不见了。当时也不知道这是什么部队，但感觉这支部队军纪严明。

离开高福禄老人家，在崔达道的指引下，我们来到清城村的“红二十四军纪念馆·爱国主义教育基地”。打开纪念馆的门进去，我们见到了老崔拍摄的纪念红二十四军图片展。2001年，老崔与艺术研究室工作的王伟一起走上了拍摄、调查红二十四军革命里程的道路。这些图片生动地反映了红二十四军从平定到阜平的历程。

据史料记载，1931年7月5日凌晨，兵变中脱离了国民党反动军队的1100余名官兵，在天亮前到达了盂县清城村。

部队虽然经过整夜的作战行军和风吹雨淋，疲惫不堪，但都在街头道边就地宿营。天亮后，当老百姓发觉街巷里全是兵时，有点惊慌和奇怪，为什么这些兵宁受雨淋也不进老百姓家中歇息，一点也不骚扰老百姓？

这时，部队派出联络员到村公所筹粮起灶、烧火做饭。有的官兵在墙壁上刷写了“打倒国民党反动派”“中国劳苦大众要翻身求解放”“建立红色苏维埃政权”等红色标语。有的给老百姓挑水、推磨、清扫街院，待人有礼，说话和气。清城村的村民感到这支部队根本不像以往来的“晋军”和“中央军”那样又凶又狠，烧杀抢掠，打骂百姓，而是和老百姓亲如一家，水乳交融。因而起义部队很快受到了老百姓的热烈拥护。

7月5日上午，1100余名武装官兵在嘹亮的军号声中，迅速整齐地集中到清城村北阁外的一块宽阔的场地上。谷雄一擎起两面缀有镰刀、斧头的红旗，上面分别写着醒目的黑色大字：“中国工农红军第二十四军司令部”、“中国工农红军二十四军政治部”。在一片热烈的掌声和欢呼声中，代表中共山西特委庄严宣布：经党中央批准，中国工农红军第二十四军今天正式成立了！并向中共山西特委报告起义情况，中共山西特委随即通电全国。

接着，由红二十四军政委谷雄一提名，全军一致通过，选举任命万锡绂为军长，为安全起见，化名赫光，意为“赤色之光”，谷雄一为政治委员，窦时寻为副军长，刘明德为参谋长，刘子祥为政治部主任，杨继雄为政治部副主任，并重新整编了部队，下设两个纵队及军部直属连，由靳澍生担任第一纵队队长，王子固担任第一纵队参谋长；穆春芳担任第二纵队队长，牛清明为第二纵队政治指导员，蒲子华担任第二纵队参谋长。【乔瑞华《中国工农红军第24军在盂县清城村创建经过》，1986年《盂县文史资料》第一辑第5页；《盂县志·大事记》第18页，中华书局2011年11月第1次印刷，盂县史志编撰委员会编。】

据史料记载，起义部队撤离平定后，由于高桂滋尚在北京，正太护路军第一师副师长刘福祺立即安排部队围剿，附近驻扎寿阳境内的李生达部相距最近，一同分布防线，遥为声援。高桂滋部一团也派队四出弹压，会同盂县炮九团杨某营跟踪追捕，设法堵击。【天津《益世报》1931年7月8日2版。】鉴于周围有重兵把守，难以长久立足，红二十四军起义部队稍加整顿后离开清城村，斜出牵牛镇、河底、韩庄、西南舁，边战边走，经白土坡又迂回到盂县境内，随后朝着群山环绕的河北省西部的阜平县进发。

红二十四军诞生的消息像一声春雷，震动了周边的村镇。距清城村 10 千米左右的盂县城里，许多人听说清城村来了红军，当天下午就纷纷来到清城村，怀着好奇的心情，想看看红军究竟是个什么模样。老百姓见红军纪律严明、作风正派，和老百姓亲如一家，又听说他们是专为劳苦大众翻身解放而打天下的，于是人人奔走相告，个个欢欣鼓舞。驻在盂县城里的伪县长王堉昌【**王堉昌，山西省稷山县人，曾在 1925 年、1932 年两次担任盂县国民政府县长，见《盂县志》第 881 页《盂县民国年间历任知事县长名表》，中华书局 2011 年 11 月第 1 次印刷，盂县史志编撰委员会编。**】听说红军在清城成立的消息以后闻风丧胆，当天晚上即携带全家老小逃出城外躲避，留在城里的官衙马弁紧闭城门，加强岗哨，并放出暗探打听红军动向。一些地主恶霸、土豪劣绅，也都闻风丧胆，谈“红”色变。

红二十四军全体指战员在清城村驻扎了两天，一边休整，一边帮助老百姓担水、磨面，表现了军民之间的鱼水情谊。

离开高福禄老人家，在崔达道的指引下，我们来到清城村村委会。村委会门口，就是崔达道所说的当年的“官道”，现在已是笔直、开阔的柏油路面。一阵风吹来，让人油然而生一种历史的庄严。沿着“官道”往前走，是清城村人所说的“北阁”。当年红二十四军就是从东阁石头铺就的道路入村(当年那里有一座文昌庙)，沿着这条“官道”走来，最终诞生了共产

清城北阁广场　史斌摄

党在北方创建的第一支红军正规军——红二十四军。

昔日的北阁，现已荡然无存，取而代之的是新农村建设中修建的文体活动广场。远远望去，映入眼帘的是广场正面“红色记忆·红二十四军诞生地——清城”的巨幅画面。广场上，高高的旗杆上三面红旗在蓝天下迎风飘扬，似乎在诉说着80年前的沧桑往事。

从文体广场往东拐500米左右，就是东阁门楼——当年红二十四军进入清城村的首站。古旧的灰砖门楼上，正面书“祥迎朝旭”，背面书“秀挹西山”，依稀可辨当年繁华。门楼旁边，是农人刚刚耕种过的田地，黄乎乎的一片；田垄边，一些无名的小草春风吹又生，演绎着大自然年年荣枯的轮回，细碎的黄色小花星星点点，掩映草莽，在无人注目的寂寞田野悄然滋长。

门楼不远处，是三孔破败不堪的废弃窑洞，感觉已然存在了数十年光景，现在成了村民圈羊的地方。在正午耀眼的阳光照射下，一群绵羊正在牧羊人的指挥下，低着头，搡拥着默默走来，一只巨大的黑狗在栅栏边“汪汪”有声。站在荒草杂长的村口门楼下，雀鸣羊啼。村庄静寂，80年时光恍如一梦。

当年繁华的东阁，经过几次修路改道，现在已是满目苍凉，失去了昔日的风采。当年宽阔、排场的石板路，现今宽窄只有一米左右，稀有人迹。在废弃破败的石板路上，我们的领队吴骅忽然在路边的护堰边发现了一块埋在地下的石碑，大家都很兴奋。经过手搬棍撬，好一阵忙乎，终于把石碑从地下“请”了出来。经过青草仔细擦拭，“万善为先”四字清晰可辨。这块石碑令我们心中大振，灵光一闪，是否周边还有其他类似石碑？经过一番挖掘，在其之傍又发现一块，上书“流芳百世”。从碑形上推测、判断，两块碑属于同一整体，碑文为同一事而作，估计是当年村人捐资修路后存照而立。

挖掘古碑后，我们一行到挨门楼附近的一户人家去洗手。当我们说起80年前她家大门口轰轰烈烈的往事，端着脸盆的院落女主人以不解的目光望着我们，怔怔地立在那里，一片茫然。

军旗传奇

1931年7月5日凌晨，起义军在盂县清城村召开整编大会。会场上，中国工农红军第二十四军军旗高高飘扬。这面军旗是土地革命时期能查证出明确设计者和制作人的一面军旗。军旗背后，是娄凝先和杜涤生这对革命伉俪可歌可泣的红色传奇。

杜涤生是国民党高级将领杜聿明的妹妹，陕西米脂人，早年在北平上学时认识了北京大学学生娄凝先，两人结为伉俪后，于1930年奉组织安排来到山西，着手恢复共青团山西特委。

平定起义中，中共山西特委书记刘天章与特委委员、共青团山西特委书记娄凝先负责发动经济斗争配合起义，并负责刻制印章、发布文告、制订土地革命纲领等工作；赫光负责成立军事委员会、军需委员会、政治部宣传队和特务队等工作。

1931年5月的一个夜晚，娄凝先受中共山西特委之命，在家中为起义军的军旗秘密书写了两份文字字样，一份是“中国工农红军第二十四军司令部”，一份是“中国工农红军第二十四军政治部”。写好后，娄凝先的妻子杜涤生将事先准备好的红布和裁剪好的斧头、镰刀、五星，在微弱的灯光下，连夜一针一线地缝制。两面军旗缝好后，娄凝先连夜将军旗与起义用的布告等一一送给谷雄一。

起义3个月后，因叛徒出卖，怀抱着襁褓婴儿的杜涤生和娄凝先被捕。杜涤生的母亲因心疼女儿，让时任国民党杭州警备司令的儿子杜聿明救出杜涤生。娄凝先则于全国抗日战争爆发后才获释。

20世纪80年代，娄凝先和杜涤生均默默地走完人生。又过了十几年，一些学者通过不懈的努力，才挖掘出这样一段传奇般的历史瞬间！【刘中刚编著《军旗史话》（军旅史话丛书）第25-27页，解放军出版社，2009年9月第1版，2011年10月北京第7次印刷。刘中刚，河北文安人，毕业于解放军南京政治学院，现任职于中国人民革命军事博物馆编辑研究处。】

一起与我们“追寻红二十四军足迹”的文史专家王伟说：“十年前，我们制作《一支红军阳泉来》时，曾找到了娄凝先的儿子娄向平。据娄向平回忆，他的母亲杜涤生当时只有20

岁，虽然是杜聿明的妹妹，但已经是一名共青团员了。起义后大约不到两个月，由于叛徒出卖，娄凝先被捕入狱，杜涤生也带着只有一岁的娄向平被敌人关进狱中。”

红二十四军中相当一部分领导人都是富家子弟，但在战争中的经历都很坎坷、悲壮。为军旗题字的娄凝先就是其中的一位。因共产党员身份，娄凝先在当时被反动当局判重刑12年。在山西监狱里，娄凝先因为带领大家发动三次绝食运动，被监狱里“特殊对待”，特制了“棺材号子”，进牢房的时候只能趴着进去，在里面都站不起来，只能坐着，吃饭的时候会从一个窗口递饭进来，就连睡觉用的枕头都是鸟巢，直至1936年国共合作抗日释放政治犯时才释放出来，新中国成立后才见到了自己已上了大学的儿子。

一点推测

平定兵变之所以成功,与当时山西的整体环境宽松不无关系。

1933 年 5 月到 8 月,学者陶希圣【陶希圣(1899—1988 年),湖北黄冈人,北京大学毕业,著述甚多,曾做过《中央日报》的总主笔。曾为蒋介石代笔起草过《中国之命运》一书,是学者从政的代表性人物。】在太原住了 3 个月。在陶希圣看来,山西的政治环境外面看静谧,但里面却正在变迁。1930 年以后,山西一度参加太行山的政治潮流,再难闭关不问外事。从太原来说,什么党派都有支部。各党各派的活动把太原知识分子的眼睛和脑海给闹活泼了。很多人以为每人必须有党,无党便不会生存。

"年纪不很大的中学生见了我,便会问各党派的现状,并且稍为活泼的中学生,便是一脑子的口号。有一次,我到一个中学去讲了一回。随后几位很努力研究政治社会尤其是文学的十五六七的学生来谈话,他们提出的问题有:中国革命应当由哪一个阶级领导?民族资产阶级是革命的还是反革命的?……上面所说的一套是马克思主义的。"【陶希圣《太原见闻记》,见谢泳编《旧时光》第 32 页,山西古籍出版社,2000 年 1 月第 1 版。】

从陶希圣的文字来看,20 世纪 30 年代初的山西各种思想潮流不断涌现,广大进步青年十分向往马克思主义思想。这种相对宽松自由的社会思潮,在一定程度上推动了马克思主义在山西的遍地开花以及中国共产党在山西活动的开展。

陶希圣的文字,或许能从一个侧面解释中共中央军委为什么要"指名道姓"决定在山西平定高桂滋部发动兵变的原因。从社会学的角度解读平定兵变,或许能在红二十四军研究领域打开新的视野。

作为中国北方第一支工农红军正规军,红二十四军在盂县清城村的成立,在中国工农红军发展史上具有十分重要的历史意义。80 多年时光倏忽而过,红二十四军虽然如流星一样闪过历史的天空,但他们留下的那道光,一直照耀着后人。

红二十四军的成立,标志着一支新型的人民军队的光荣诞生。红二十四军为什么选择在盂县清城宣布成立和进行军队改编呢?按照盂县政协文史委赵润生的分析,清城是红二十四军在起义之前侦察好的行军路线中的第一个集结地,这个集结地早在计划之中,红二十四军对盂县清城的选择是历史的必然，而不是巧合。

清城当年是盂县四大名镇之一，是盂东经济、商业、交通、文化中心，煤铁业发达，号称“日进斗金”，是晋东铁业产品物流集散中心。这里创办了近现代盂县第一所女子小学，走出了现代文化名人“高氏三雄”（高长虹、高歌、高远征），并出现了盂县第一位共产党人。

从战略交通地位看，平定县到清城没有交通大道，起义部队当年五六小时急行军走的是事先侦察好的人行小路，可制约可能赶来的追兵。而清城的西面有通达阳曲、忻州的走车大道。红二十四军之所以选择盂县清城为起义后的第一站集结地，是从战略角度方面作了充分考虑和准备的。

另外，从太原方向来盂县清城传达中共山西特委指示和返回太原汇报情况，其间的交通也很便捷。这一历史事实可以从后来牛清明的历史回忆中得到证明。他说：“我们到部队后，立即投入了紧张的工作，安置家，筹备骡马车辆和其他军需物质，侦察部队起义后的行动路线，我经常向谷雄一同志汇报，并商谈工作。”【牛清明《平定武装起义和阜平县苏维埃政府成立前后的回忆》。】

根据这样的历史背景推断，红二十四军安排盂县清城为起义后的第一站集结地，是由当时的中共山西特委刘天章等早已选择好的。因为山西共产党人以及刘天章和盂县清城西沟的“高氏三雄”有着千丝万缕的联系，刘天章当年在山西党内就熟悉“高氏三雄”，对他们的家乡清城的战略地位也是早已熟知的。

盂县清城的“高氏三雄”是中国共产党人最早结识的朋友和战友。其中的高长虹就与中共创始人中的沈雁冰（茅盾）、高君宇、张申府三人为友。

早在 1921 年初，茅盾就参加了上海共产主义小组。同年 7 月，中国共产党成立，他成为中国共产党最早的党员之一。1922 年后，曾以《小说月报》编务为掩护，从事党中央联络员工作。这时期，也曾先后在党所办的平民女校、上海大学任教，为革命事业培养干部。高长虹的处女作《红叶》就是在茅盾刚接手《小说月报》不久发表的，其后在《小说月报》上发表作品 41 篇之多，内容多是评论时事，二人思想有着共鸣。高长虹旅欧归来途经香港见到茅盾，茅盾嘱他写一篇纪念鲁迅的文章。这就是高长虹在重庆发表的颇具影响的《一点回忆——关于鲁迅和我》这篇著名作品产生的原因。

清城出生的高长虹，与早期共产党人有着千丝万缕的联系

高君宇是高长虹在太原“山西省立第一中学校”的老同学、老朋友。高长虹的人品、学识以及他积极反帝反封建的态度和激进思想，高君宇自然印象极深，所以一再劝高长虹

办一个刊物出来说话，这对于催生《狂飙》月刊有着决定性作用。

张申府是继李大钊、陈独秀之后第三个入党的，陈独秀曾从上海密信给他，让他与李大钊议定是叫社会党好还是叫共产党好，并嘱咐他："这件事情在北大只有你和守常可以谈。"张申府是著名的党员活动家，周恩来由他介绍入党并被推荐到黄埔军校任政治部主任，朱德也是由他介绍和批准入党的，旅欧勤工俭学的许多人的入党，都是张申府发展的。他一直从事革命活动，曾与刘清扬（张申府妻）、姚克广（姚依林）、孙荪荃等共同发动和领导了北京的"一二·九"学生运动，并因此与刘清扬一起被捕入狱。

北京《狂飙》周刊的出版，引起张申府的极大关注，也有可能李大钊曾向他介绍过"狂飙社"，因为高君宇回山西组建党小组，是受李大钊派遣，高君宇返京后不可能不向李大钊汇报工作情况，包括他催促《狂飙》月刊的创刊。

孙伏园曾对高长虹说，张申府佩服你的见识。随即张、高二人结为挚友，张申府并且投身到"狂飙运动"担任了编辑，帮助高长虹起草了"狂飙运动纲要"，高长虹在自己的刊物上发表了张申府和张国焘的文章。后来高长虹在国外游学考察，中断了与狂飙社同仁和朋友的联系，但他的一些消息还能在张申府所办的刊物上有所透露。可见张、高二人友谊之真挚。

高长虹还与好多共产党人为友，如山西早期的革命者张稼夫、贺昌、王振翼以及潘汉年、张闻天等。潘汉年在北京《狂飙》周刊出版时期即与高长虹往来频繁，任武汉中央革命军事委员会政治部宣传科长时，曾邀高歌担任《革命军日报》副刊《革命青年》编辑。而张闻天在《东方杂志》上发表了《飘零的黄叶——长虹给他母亲的一封信》，并曾向《莽原》投稿。

高长虹很赏识贺昌，说"贺君必成大器"，后来贺昌果然成为工农红军的主要领导人之一。张稼夫曾做党的兵运工作，得到过高长虹的资助。

高长虹抱定一生爱穷人、一生为穷人的意愿，虽然没有加入中国共产党，却在国际共产主义发祥地法国巴黎参加了当地的共产党组织。在延安，高戈武问长虹："你也研究过马克思主义？"高长虹微笑说："很早以来我就站到马克思主义立场上来了，我是相信马克思主义的。"这个"很早"也绝不是指20世纪30年代在法国的入党，而是指20年代初便站在无产阶级的立场上了。

综上内容我们不难看出高长虹和张申府以及高君宇的关系，张申府、高君宇和李大钊的关系。我们再来看刘天章和李大钊的关系，1921年，刘天章经李大钊介绍，加入了中国共产党，后又参加了李大钊领导的"少年中国学会"。1924年，刘天章从北大毕业后，协助李大钊在北京做党的地下工作，担任反帝大同盟组织的秘书。高长虹、刘天章同是当年文化界的领军人物，高长虹创办的《狂飙》周刊、《狂飙》月刊，刘天章想必一定看过；刘天章办的《秦钟》《共进》《中洲评论》，高长虹也应当看过。

更能说明他俩关系的是，高长虹创作的小说《革命的心》，根据高长虹本人和“民国四大才女”之一的石评梅的交往创作。小说中人物高长虹成了刘天章，石评梅叫作张燕梅，从中可以知道高长虹和刘天章神交已久。【高长虹《革命的心》，《高长虹全集》第2卷第71-88页，中央编译出版社2010年6月第1版第1次印刷。小说原载《新生命》第1卷第3号，1928年3月1日出版。】刘天章应该了解高长虹为何方人士，知道高长虹的家乡盂县清城是人杰地灵一方水土。

由上述背景分析推断，赵润生认为，“高氏三雄”之高长虹作为山西新文化运动之领袖，山西新文化运动中第一个文学社团“狂飙社”的主将，在中共人物和山西共产党人中的影响和红二十四军选择在盂县清城创建不是历史的巧合，应该有许多历史的必然因素，但还需进行更多的历史的探讨。

另外值得注意的是，“高氏三雄”之高远征是山西最早的共产党人之一，是盂县第一位共产党员。“高氏三雄”两人入党。早在1924年(有说1925年初)高远征就在太原进山中学入党，任支部宣传委员，组织“石燃社”，创刊《石燃》杂志，后来参加“八一南昌起义”壮烈牺牲。1927年(或稍后)高长虹的二弟高歌入党，此时正是蒋介石血腥屠杀共产党人和革命群众、残酷镇压工农运动之时，党员由57900人，锐减为10000人，可见高歌的坚定意志。长虹两个弟弟的入党是在他的革命思想影响和关怀下必然的结果。

1927年，高远征参加了“西北革命同志会”。在党组织培养教育下，成为马列主义的积极传播者。从红二十四军大部分人都是西北人的情况分析和后来在山西领导红二十四军的刘天章也是西北人的情况看，“西北革命同志会”和红二十四军大部分领导人，与“高氏三雄”之高远征应该存在联系。【赵润生《红二十四军在盂县清城初探》，2011年12月24日《阳泉晚报》。】

我们没必要牵强附会，为历史事件在某地发生，或者某位名人在某地做过什么事情而“贴金”。关于红二十四军选择在清城成立的原因，赵润生的分析或许有一定道理，但没有更多资料的支撑，难免有些武断。当然，这也从另一个侧面反映了红二十四军在山西创建的历史基础。

兵变歌

“清城虽然是红二十四军匆匆过客的一个驿站，但清城改编在整个红二十四军创建辗转过程中的历史地位是永恒的。”红二十四军在盂县的活动，在文史专家王伟看来，并非简单的休整，意义重大。

王伟认为，红二十四军在清城成立，标志着一支新型的人民军队的光荣诞生！红二十四军在盂县清城的所有活动，主要归纳为以下四个方面：一是进行了起义部队的军队整编。二是实行了党的军队的民主制度，全军以举手表决的方式，通过了中共中央军委决定的上述任命。三是建立了党的政治委员制度，除军事领导建制外，还设置了军部政治委员、军部政治部主任、纵队以下政治指导员的系统的政治领导建制。将平定起义前后的中共地下党组织的核心作用，不仅迅速转变为党对军队的军事领导，而且迅速转变为党对军队的政治领导，从而在红二十四军中确立了党对军队的绝对领导，在组织上奠定了新型人民军队的坚实基础。四是明确了军队的性质和任务。政委谷雄一在红二十四军成立大会上着重强调指出，红二十四军是一支中国共产党领导下的劳苦大众的革命武装，它将有力地配合地方进行土地革命，开展游击战争，创建北方苏区。

红二十四军军长赫光在红二十四军成立大会上说：“从今天起，我们是中国共产党领导的红二十四军，再不是国民党高桂滋的部队了。我们要坚决执行红军的纪律和政策，要爱护老百姓，打土豪，分田地，实行公买公卖，不能拿群众的一针一线。”这表明，红二十四军在盂县清城，不仅在政治上、组织上、思想上进行了改变，而且在实践中开始践行人民军队的宗旨。史传红二十四军在盂县清城，露宿街头，不扰乡民，枪决违者，军纪严明，作风正派，和气待人，言教宣传，身教扩红，百姓拥戴，仁义扬名。

王伟分析认为，红二十四军在清城的活动绝不是简单地宣布“成立”或“易帜”，而是一次对反动军队脱胎换骨的改编。部队改编后，开始转变为新型的人民军队。而这一切，是在平定起义五六小时后，在盂县清城实现的。“清城改编”，使平定起义的国民党军队改变为中共工农红军部队，这是军队建设的质的飞跃。红二十四军在清城的创建，充分体现了毛泽东的建军思想。它以实际行动昭告天下，红二十四军是一支人民的军队，是一支“来自人民，为人民的利益而战斗的军队”。

红二十四军作为中国共产党在北方创建的第一支红军正规军，“按照统一的编制组成，有统一的指挥、统一的制度、统一的纪律和统一的训练的军队”【《中国军事辞典》第184页，解放军出版社1989年编著。】是我党红军史的重要组成部分。如果说清城是红二十四军的成立之地，不如说它是国民党正太护路军第一师起义部队的改编之地更显示出历史的本质和意义。

关于红二十四军在盂县清城的逗留时间，明确的有两种说法：一为“五六小时说”；一为“两日说”。“五六小时说”出自红二十四军在盂县清城逗留的亲历者、九十高龄的高福禄老人；“两日说”则源于盂县原党史办负责人、县委宣传部副部长乔瑞华早年的调查考证：“红军第二十四军在盂县清城村修整两天，于7月7日上午离开清城村。”【乔瑞华《中国工农红军第24军在盂县清城村创建经过》，《盂县文史资料》第一辑第5页，1986年编印。】《盂县志·大事记》第18页关于中华民国二十年（1931年）的记载中，有红二十四军“在清城整编两天后，开赴河北省阜平县”的记载。【中华书局2011年11月第1次印刷，盂县史志编撰委员会编。】但无论怎样，都不影响历史对盂县清城的正确评价。

历史充分证明，红二十四军在盂县清城的创建活动，是围绕军队改编展开的，其性质不同于军队整编，而是军队改编。不难认识，如果没有“清城改编”，平定起义就只能是“平定兵变”、“平定兵暴”或“平定哗变”；如果没有“清城改编”，阜平所建政权就不具有“苏维埃”的性质。“清城改编”就是红二十四军在盂县清城创建的全部意义。【王伟《红二十四军在盂县清城创建的历史意义》，《盂县人文》第七辑，盂县政协文史委、盂县人文学会主办，《盂县人文》编辑部编，2011年12月印刷。】

红二十四军成立后，中共山西特委秘密掩护人宋大娘十分高兴。不久的一天，正好中共山西特委在她家开会，宋大娘特地多添了几碗拿手的好菜，并专门上街买了一碗“糕米”（糯米米饭）留给谷雄一和“干儿子”娄凝先来吃，因为她知道这位共青团的书记爱吃糯米。宋大娘出生于山西阳曲县白杨树村，村庄距离太原不到15千米。如同一般的旧社会农村妇女一样，她年轻的时候就出嫁了，婚后的生活大部分都是在太原过的。不幸丈夫早早去世，留下两个儿子，全靠她拉扯长大。由于工作需要和自身的特殊条件，宋大娘大部分时间做中共山西党委机关的掩护工作。平定兵变前，谷雄一（化名小曼）以宋大娘“儿子”的身份做掩护，进行革命工作。【娄凝先《革命妈妈宋大娘》。】宋大娘以自己的方式“低调”庆祝北方第一支工农红军的诞生。

红二十四军诞生后，中共太原市委立即将此消息传达到每一个党员，油印传单一夜之间贴满了太原的大街小巷。看到红二十四军成立的消息后，大家群情激奋，一些共产党员高兴得跳了起来。曹普【曹普（1906—1981年），猗氏县（今山西临猗县）人，1931年经林楠、

红二十四军行进途中

阎子祥介绍加入了中国共产党。其后，他到晋绥军和西北军 98 军进行兵运活动，从事党的地下工作。曾任太岳区武委总会主任和太岳军区司令员等职。新中国成立以后，历任山西省人民政府劳动局副局长，太原钢铁厂党委书记、厂长，国家冶金工业部机械动力司司长，国家物资管理总局政治部主任，山西省经济委员会副主任，山西省委委员，山西省人大常委会副主任等职。】在太原小店镇孙楚部队中刚入党不久，红二十四军成立的消息传来，更是兴奋得不得了。50年后，他还记得当时油印的传单字迹清晰工整，传单中动人心弦的几句话还记得很清楚："莫打鼓，莫打锣，听我唱个兵变歌，兵变歌为谁做，为的是士兵受苦多……"【阎子祥、李志敏、曹普《纪念平定武装起义红二十四军成立五十周年》，源自曹普女儿"老更77"的新浪博客。】

油印传单中的"兵变歌"，被王伟在纪录片《一支红军阳泉来》中做了改编，并被作为其中的插曲使用，为纪录片增色不少。那么，这首歌曲最初到底来自哪里呢？

2014年7月，我在田海燕、高鲁合编的《红军歌谣》一书中，终于解开了这首歌曲的庐山真面目。原来，这是流传于江西苏区的《白军兵变歌》：

莫打鼓，莫打锣，
大家听我唱个白军兵变歌。

我当兵有原因，
提起原因好伤心。

因为年来租税重，
就有良田也不能种。

田主逼债官逼捐，
贴尽嫁妻卖子钱。

无门路，去当兵，
以为当兵有出身。

而今当兵十几春，
身上依然无片文。

每次队伍到乡中，
官长下令杀工农。

我们手执大刀杀不下，
因为我们原也是工农。

我们悔恨以前见识浅，
为何老早不兵变。

对着这班坏长官，
一枪杀死有何难？

为了工农除大害，
造出一个新时代。

……

兵变只要主义好，
新旧军阀一起倒。

兵变只要宗旨正，
联合兵变更高兴。

大家造福大家享，
大家相信共产党。

高举斧头红色旗，
工农兵士一齐起。

原来，这首《白军兵变歌》【注释：田海燕、高鲁编《红军歌谣》第129–132页，山西人民出版社，1979年第1版，1980年8月太原第1次印刷。】属于江西山歌，表达的是老百姓被迫当国民党兵的不满情绪和极度痛苦，劝导白军官兵弃暗投明，参加工农红军。找到这首歌的出处后，我再次向王伟求证，他说“莫打鼓、莫打锣”一听就是南方歌曲，不是北方歌曲。当时之所以将其制作进纪录片中，是为了渲染气氛、烘托主题，而且根据纪录片内容作了一定的艺术改编。另外，从传单中的内容来看，说明中央苏区的宣传活动已经向北发展，红军的革命思想已经在山西开始渗透影响。

经白土坡到东会里、交口

红二十四军撤离清城之后，高桂滋部派骑兵连和第二团步兵两营，会同井陉冯鹏翥部，以及盂县、五台所部对红二十四军设法堵截追击。【天津《益世报》1931 年 7 月 15 日 2 版。】

敌追至清城村，红二十四军放弃清城，斜出牵牛镇、河底、韩庄、西南舁，经白土坡又迂回到盂县境内。7 月 8 日，红二十四军在上社镇解决了这个区的国民党伪团队，缴获了全部枪支弹药，还有一台收发报机和两部电话机。在上社镇，红二十四军纪律严明，绝不损害群众，临走时上社的群众还欢送红二十四军，说这支队伍真是“神军”。【陈子毅《我参加平定兵变的经过》，《平定历史资料第一辑·武装起义（革命兵变）专辑》第 30 页。】

由此看来，清城之后盂县境内还有两个地方确定，白土坡和上社。在这两个地点之间能否找到一些具体的点连成线，从而彻底贯通白土坡至上社呢？这是此前资料语焉不详的部分。

白土坡村的矾石矿藏有名，村头的开采挖掘场面壮观。出入村子的小轿车不少。找到两位老人，都是 84 岁，一个叫李根英，另一个叫安玉英。关于红二十四军的往事，两位老人都记不起来了。在采访安玉英时，我们感到有些沮丧。旁边名叫安双怀的人似是而非地说了一句话，赵润生“噌”地一下就蹿了过去。

安双怀说他八九岁时听邻居老太太王仙计（音）说过这事。老太太已经去世四十来年了。她从大岭村嫁到白土坡后，一天她在地里挖野菜，瞧见从五架山（现在属于阳泉郊区）方向来了队伍，从村后龙王垴的小路向东会里村方向去了。骑马的不多，看见队伍都挎着枪。

既然说到东会里村，那么东会里村能否有所收获？79 岁的李永老人的回忆证实了这一点。他小时候听老人们说过“过兵”的事，记忆当中就剩几句话了，好像是从白土坡方向来，往交口方向去。当时白土坡到会里没有路，队伍走的是河槽。

于是我们一行人来到仙人乡交口村。村前的河叫阴山河。进村寻得 86 岁的胡本亮老人。老人年轻时在外工作，晚年才返回村里居住，精神矍铄，谈兴也高。老人回忆说自己当年曾在白天看过“过兵”。他当时正跟一帮年纪差不多大的孩子玩，听说河槽里“过兵”，就跟着爷爷去看热闹。河槽低，村子高，村口还有龙王庙，龙王庙挡着村口。在河槽里，即使有意抬头来看，也瞅不到村子，何况中间还有连片的玉米地。

> 看“过兵”的地点跟河槽里的队伍相隔十几米远。远远地看到队伍里全是些年轻人，都穿着灰色衣服，平顶帽子，像现在的警察帽，打着绑腿，有马，不多，骑马的很少。看的工夫不小，估计有大几百人。由南往北，会里（指现在的东会里）方向来，往关头（指现在的东关头）方向去了。没有停留，直接就走了。

无论是在交口，还是在白土坡，都提到有马但很少。这与我们在平定采访时了解到的情况吻合。

无独有偶，2013 年有幸在天津《益世报》上发现一则资料：“据追击部队报告，变兵于微早（5 日）向盂县进军，当日之马家庄，职鱼（6 日）追至白土坡，虞（7 日）拂晓，会同盂县炮九团杨营，将该变兵等击溃，向十八盘一带逃窜。”【天津《益世报》1931 年 7 月 8 日 2 版。】

由此看来，红二十四军当年撤离清城，从现在的阳泉郊区方向来，确曾经过白土坡、东会里、交口。

徐峪沟之行了无收获

从白土坡、东会里、交口往前，怎么到达上社，实在令人疑惑。根据现在的道路分布情况来看，有几种走法。交口到上社之间到底走的哪一条路线，实在无法判断，只好选择倒查的办法，从上社开始倒着查。

前往上社途中，当年参与红二十四军考证调查、事后又数年如一日坚持宣传红二十四军事迹的老报人崔达道讲述了十年前的故事。

当年，他们在村里找到一对九十多岁的老夫妻。他们对 1931 年农历五月那一幕记忆犹新。老太太还毫不迟疑地提醒老头子，农历五月二十三早上过的兵。北方的农民尤其是老人关于时间的记忆方式习惯以农历为准，这与他们长期所赖以生存的田野农事活动息息相关。而且盂县农历五月二十七的城隍庙会在当时绝对是盛事，老人对庙会前后的记忆深刻到脱口而出也就不难理解了。利用万年历查阅 1931 年农历五月二十三对应的公历是当年 7 月 8 日。这与此前已有资料的记载时间一致。

我们很想知道这老两口是否健在。老崔悠悠一语破灭了我们的梦想——“走咧，不在咧”。老崔他们了解之后不久，这对老夫妻就先后过世了。我们默然，不知是否还能幸运地找到像那两位老人一样的知情人？上社之行能否有意想不到的新收获？

公路挨村而过，上社村前的龙华河依旧在不紧不慢地流淌着，一如 80 年前。虽然是下午，但五月的阳光已有几分热意。站在村头，随眼望去，老人们惬意地坐在村里路旁闲话古今。

一进村，老崔就碰上了老伙计——80 岁的张永怀。亲热地聊了会儿，才知道十年前那老夫妻就是张永怀的叔叔和婶子。他的叔叔那会儿经常说“过红军”的事，张永怀老人这样打开了话匣子，国民党兵老是抓丁拉夫，而这支队伍进村不抓丁不要夫，街上露宿，一点也不糟践老百姓。这支队伍上的人还跟村里人说，谁家穿不上衣服，可以到街边的布店拿布，由他们掏钱。至于再详细的事，就想不起来了。

难道在上社挖掘不到其他更为有价值的内容了么？老崔一句话让我们眼前一亮。老崔说，根据调查，当年红二十四军是从上社东边过来的。

从东边过来有两条线路，那么到底走的哪条呢？徐峪沟距离较近，决定先入徐峪沟。驱车驶入，直到盂县“村村通”公路的尽头。有的村庄已经荒废破败了，像池盆水村仅剩两户人家，而且都是一人一户。这个村子抗日战争期间曾遭受过日军的细菌战。同事吴驿前些年在陕西宝鸡采访时接触过一对老夫妻，就是这样的受害者，他们就是从这个村子出去的。他们的女儿郑爱芝多年来一直致力于日军侵华罪行的民间调查。67 岁的韩福寿因为没有儿女可以依靠，所以从莲花掌村迁到碓臼水村，投靠侄女。他的印象当中，当了多年村党支部书记的老父亲从来没有跟他说过这方面的事。

徐峪沟之行了无收获，为此我们一行人神色黯然。没有捕捉到更有价值的信息，根本无法确认红二十四军当年是否打此经过。但没有记忆，也并不绝对意味着红二十四军没有从这里经过。红军当年可能在夜间行军，可能绕村而过，可能当年的知情人因为种种原因没有说。这些都为我们今天的探访设置了迷局。虽有诸多理由安慰自己，但毕竟有些失落。

赵黑：我亲眼看见了“逃兵”

从徐峪沟里出来，得到一个消息：上社村里 87 岁的老党员赵黑，思维正常，口齿清楚。盂县政协文史委的赵润生常年搞文史调查，经常跟上年纪的人对话，积累了丰富经验，善于捕捉片言只语间的有价值信息，而后一点一点地往出掏话。所以由他发问最为合适不过了。

“那年我才七岁，亲眼看见‘过兵’，后来听大人们说那是‘逃兵’。”老人一句话让我们眼前一亮。

赵黑老人回忆说，那天早上，他跟母亲去地里打掐棉花，回来时看见家里有当兵的。弄不清楚怎么回事，父亲赶紧打发他娘俩跑出去躲一躲，自己留在家里。他跟母亲躲在地里，看见这支队伍从眼前经过。年纪还小，不知道害怕，总想探起身子看稀罕。母亲把他强按在地上，还用白色衣服盖住他。队伍里的人看见他娘俩了，母亲解释说：“老总，我们在地里干活。”队伍里的人和颜悦色地说：“不用怕。”

赵黑老人接受采访　史斌摄

赵润生追问，那些当兵的衣服什么颜色，帽子什么样？老人说灰色衣服，帽子是平顶，有的胳膊上还有红布条子，扛着枪。当时国民党盂县政府将全县分成四个区，上社是四区，听人说国民党四区的区长李晋还被那支队伍带到了五台的柏兰镇，后来是光着脚跑回来的。【据北京《益世报》1931 年 7 月 16 日 3 版报道，红二十四军所到之处，即发散传单，从盂县第二区赴上社镇一带，并将第四区区长李晋拘捕。国民党炮九团在上社镇与红二十四军激战，前后经 6 个小时之久。赵黑的话与《益世报》的报道不谋而合。】村里有个人姓杜，叫杜雨岁（音），当时在区里干事，好像是当区警。还有一个姓李的也当区警。负责四区区警的人叫孙保全（音），县里来的。这些人平时种地，有事时就拿起了枪。印象里区警那帮人还升过旗。杜雨岁他们后来说，其实早就从六岭关方向打来电话说有支“逃兵”要过上社，但他们把七八百听成了七八个，所以就没在意。结果被“逃兵”包围缴械了，“逃兵”还优待他们。当时的村里人都知道这事。

通过老人断断续续的回忆，无论是从时间、地点上，还是从作风方面，都与红二十四军契合。而且很重要的一点，红二十四军到达上社时没有发生战事，包围了毫无防备的保卫团，并缴了他们的械。至于队伍是从什么方向来的，老人说从后山的车轮（上社东南方向的一个村子，在徐峪沟东北）方向来。

赵黑老人的讲述让我们确定了一点：红二十四军不是从徐峪沟里来，多半应该是从车轮方向来。联系七八百听成七八个的故事当中提到的六岭关，难道红二十四军当时是从六岭关到达车轮？假如不是，在车轮之前红二十四军到过什么地方？

带着这个疑问，我们决定直奔位于河北平山境内的六岭关。电话联系后得知盂县境内通往六岭关方向的道路正在施工，无法通行。那么就只有绕道十八盘了，于是我们驱车直奔十八盘。

途中经过土塔村，进村询问。96 岁的秦碰槐老人，说起来向导老崔还得叫他舅舅呢。秦碰槐老人肚里的事还真不少。他说中华民国二十年（1931 年）那会儿，国民党在盂县分设四个区，城里是一区，牛村二区，西烟村三区，上社村四区，土塔村属于二区。村里当时有二十来个保卫团，年年到牛村合操集训耍大刀。当时已经有了电话，县城往各个区都通电话。他记得架电话线，还拿架电话线时的边角料玩过。“闹红”那年老人十六七岁，经历、听说的事应该有印象，其他内容记得，唯独没有红二十四军的记忆。但他的讲述同时证实了一点，上社赵黑老人关于电话的说法可信。

东麻河驿的惊喜

经石辉坪、西井、后川、西关头等村，我们追寻红二十四军足迹一行人终于到了十八盘。跟六岭关一样，十八盘同样也是连接河北平山和盂县的一个重要通道。高桂滋的部队在“中原大战”之后就是经十八盘退驻平定的。有人怀疑红二十四军离开清城之后曾经过十八盘，赵润生持否定意见。他说像十八盘、六岭关这样的战略要地，一般应该驻有守军。红二十四军之所以离开清城就是因为追兵已近。

据当时的《益世报》报道，红二十四军行进在十八盘附近时，平山县政府接到通报后当即召集紧急会议，商议应付办法。决定一面调本县警察尾追痛击，一面请获鹿（今河北鹿泉）、灵寿、井陉、行唐五联防县抽调警察，前来会剿。

如此说来，国民党已陈兵于此，红二十四军当年经十八盘的可能性不大。

十八盘一向以弯道多、坡度陡而让过往司机心惊不已。道路边上的几个简陋诊所出现在我们眼里，外墙上涂写的“急救”字眼足以提醒人们这里容易发生事故。向导老崔指着对面山腰间挂着的白练一样的道路说，那才是以前的道路，脚下这路是后边才修的。那路地势险要，真的是一夫当关，万夫莫开！

赵润生讲述了一个现代文学史上和十八盘有关的故事。1943 年 4 月，诗人田间（童天鉴）离开晋察冀边区，到盂平县（现在的盂县和河北平山）担任宣传部长，取材于盂县的真实事件和生活，创作了《赶车传》《下磐》等现代诗。其中《下磐》说的是盂县李老汉父子俩经十八盘前往晋察冀边区送公粮，李老汉不幸失足殒命，儿子擦干眼泪继续前进，等送了公粮返回来时，父亲的尸体已经冻僵。十八盘道路当年的危险由此可见一斑。

十八盘下去就是河北平山的下口镇地界。驱车左转，往六岭关方向前进。在六岭关村里，向导老崔又遇上了拐了弯的熟人——82 岁的赵二银。赵二银年轻时曾在盂县跟着老崔的一个长辈干过水利工程，过去的事情一清二楚，他不时提起话题向老崔打听。当说到红二十四军一事，他闭目沉思，态度坚决地回答没有。老崔还不甘心，又启发性地提到一些细节，但赵二银态度依然坚决，没有听说过，没有不能胡说。我们彼此对视，从六岭关经过的可能性也不大。至于六岭关遗址，村里人说早就什么都没有了。

从调查情况和当时报纸内容来看，红二十四军当年不可能走十八盘、六岭关。十八盘、六岭关排除了，虽然也算是收获，但这种收获总令人感觉意犹未尽。沿十八盘返回盂县境内，一路上大家沉闷不语。

经过东麻河驿村时突然感觉应该进村，于是掉转车头。东麻河驿村里有棵“槐抱榆”，树下是老人们纳凉晒太阳扎堆聊天的地方，树下坐了不少人。有年头的槐树不少见，稀罕的是槐树身上长了一棵小榆树。“那事听说过”，79岁的刘春和老人一句话引起了我们的注意。

之所以听说过红二十四军的事，跟一个笑话有关。当年这支部队白天来到村里，找了两个向导。年轻的叫刘先元（音），年纪大的叫刘秃小，大刘先元十来岁。这刘先元长着连眉倒插胡子，刘秃小没胡子。送到西麻河驿村后，队伍上的人说年纪大的回去，年轻的留下，跟西麻河驿的另一个人一块带他们去车轮村。队伍上的人错以为长胡子的年轻人刘先元年纪大，打发他回了村，却让没长胡子的年纪大的刘秃小继续带路。这刘秃小回来后说，刘先元长胡子被当成年纪大的，咱没长胡子被看成年轻的了。这个笑话，当年的东麻河驿村人都知道。刘先元在20世纪50年代还当过生产劳模，去世也有四十来年了。

东麻河驿村这个笑话可谓意外惊喜。而且联系到交口胡本亮老人的回忆，队伍往关头（现在的东关头）去了。对于交口而言，东麻河驿村、东关头村都在北边。大家的情绪为之一震，先前的郁闷一扫而光。

距西麻河驿村很近，工夫不大就到了。村里年纪最大的王秃毛87岁了，翻来覆去就一句话，不记得了。心有不甘，又找到84岁的杨金双。这位老村支书说，大爷杨保成（音）活着时经常说奉军有支部队白天到了村里，经门洞梁去了十六里之外的车轮。大爷为什么记忆深刻？因为爷爷杨培玉1913年和其他人一道，带领东乡人抗税，两次攻打县城，后来遭到镇压，来的兵抢劫杀人无恶不作。1914年，爷爷被杀害在太原的监狱中。赵润生补充说，杨培玉抗税是盂县近代历史上的一件大事。因为有前边那抢劫杀人的兵，后来过的这支队伍特别规矩，所以印象深刻。

那么，杨培玉究竟何许人也？据《盂县志》记载：杨培玉（1862—1914年），盂县北下庄乡西麻河驿村人，抗税起义首领。他身材魁梧，嗓音洪亮，谈吐不俗，秉性刚直，从小练就一套鞭杆拳，曾多次惩罚村上外号叫“五道爷”的兄弟俩。当时，村里多单身汉，杨培玉不惜长途跋涉，数次往返山西孝义县，领来二十多名家庭生活困难的女子，帮助这些单身汉成家立业。杨培玉被群众推为首领后，与张龚保共同举义旗，进行斗争。第一次被捕后，在公堂上，他与知县米廷祯进行了针锋相对的争辩，当米判他有罪时，他一声不吭，只是蹲在地上抠砖缝，米喝问何为？杨回答：“抠糊涂虫。”米大怒，令杨下跪，杨慷慨陈词，怒斥“狗官”，弄得米瞠目结舌，公堂外听众大哗，最后，只好将他放回。杨培玉二次被捕后，与张龚保一起押送太原监禁。在押送途中，起义农民三十余人堵截囚车营救，杨培玉不想连累乡亲，再三劝阻。在太原监押中，盂县官府和地方绅士买通省府上下，于中华民国三年（1914 年）和张龚保被同时暗杀于太原监狱中。【《盂县志》1475 页，中华书局 2011 年 11 月第 1 次印刷，盂县史志编撰委员会编。】

至此，我们基本可以认定，红二十四军当年未走十八盘、六岭关，而是经东麻河驿、西麻河驿、车轮到达上社。

至此，红二十四军当年在盂县境内白土坡至上社之间的路线就相对清晰了：白土坡村—东会里村—交口村—东麻河驿村—西麻河驿村—车轮村—上社村。连日的奔波，终于有了收获。这是此前没有想到的。

椿树底百岁老人忆当年

手头的资料明确记载，红二十四军在盂县上社之后经骆驼道到达五台县的柏兰镇。既然白土坡、上社之间已经连接成线了，那么上社、骆驼道之间红二十四军是如何行进的呢？根据前面调查当中用过的倒查法，我们决定直奔骆驼道。

骆驼道是盂县梁家寨乡最边远的一个村子。骆驼道在册农业人口168名，因为青壮年多外出打工谋生，常住人口也就四五十人。五月的骆驼道村一派安静祥和，村口有人养蜂酿蜜，"嗡嗡嗡"的声音在灿烂春阳下叫人听得直打瞌睡。村子依山而建，树木荫翳，老屋旧瓦，充满了乡土气息和浓郁的诗情画意。阳泉是全国著名的工人画重镇，20世纪70年代就与上海、大连等地联合举办过声势浩大的全国工人画展览。每年春夏季节，很多本地画家呼朋引伴、带着画板来此写生怡情。

翻村子左边的牛道岭下去，再走9千米，即到五台县的柏兰。阳泉硫铁矿退休工人梁贵怀很热心，他说学校合并之后，为了孩子们念书，不少人都搬出去了，村里就剩下些老人。他把我们带到89岁的张如仁老人家里。1931年，张如仁9岁，应该有些记忆。但遗憾的是，关于红二十四军，老人一点也记不起来，但是说印象里小时候人们都走牛道岭。至于现在可以驱车行驶，飘着浓郁槐花香味的县乡道路什么时候出现的，村里一位妇女记得非常清楚，因为他弟弟出生那年通车，在1966年。

倒着往回走，长一铺村，没有收获。

阳五高速公路要经过椿树底村，住有施工队伍，村里的一对小夫妻就在路边开了饭店。年轻的老板娘说，村里有个百岁老娘娘，记忆力可好了。饭吃到中途，崔达道就没了影踪，直到大家吃完饭，他也没露面。史学顾问王伟说，不用找了，老崔肯定去找那位百岁老人了。

我们刚走到巷子口，出来一个年轻人问，你们是不是找老崔呀？老崔在我奶奶家。大家不由地相视一笑。

老娘娘韩巧妮1912年出生，2011年99岁了。要是按照虚岁，就是100岁了。她十六七岁就嫁到椿树底村。1931年，她从河边自家的后窗户里偷偷看见了一支队伍，从河槽里往五台方向走了，没有进村，“看那样子，像是从御枣口村来的。人不少，大约几百人，排着队走，很齐楚。绝对不是冬天，穿着薄衣裳。队伍里有马，但不多”。

韩巧妮老人是我们这次寻访红二十四军过程中年龄最大的一位。“年龄大了，一个熟人也没有了”这句话，令人印象深刻 史斌摄

御枣口村边的滹沱河是盂县境内的重要河流。85 岁的韩双玉说，小时候河上有桥，每年农历四月二十拆桥，桥板、柱子都要拉到下边的梁家寨保管起来，到农历八月二十再搭起来。因为这中间即使有水，水也不深，完全可以涉水而过。“过兵”是吃完早饭以后的事，从猫铺沟方向来。以前来的“炸兵”很不规矩，但这支队伍不一样。那些当兵的还把随身带的馒头给村里的孩子们吃，因为看上去不可怕，所以村里的大人、小孩都出来看。穿的灰衣服，鳖盖子大檐帽，就像现在警察戴的那种帽子。天气不凉，还记得看“过兵”之前村里的小孩子还在河里耍水。背着老套筒，没刀，有马，很少，还有水壶。那时从上社过来必须得经过御枣口。

沿猫铺沟到上社村，必须得经过猫铺村、下社村。我们很想沿猫铺沟到猫铺村，可惜因为修路无法通行。只能望着 1.5 千米之外的猫铺村兴叹。倘若步行进去，猫铺村到下社村尚有 10 千米山路。为了安全起见，只好绕道而行。

下社村里一无所获。

想驱车从下社村到猫铺村。下社村村口的施工人员说，猫铺村那段也在修路，车辆根本无法过去。

经过调查，红二十四军当年应该离开上社村以后，经猫铺沟到了御枣口村，然后经椿树底村沿河槽而上，从骆驼道村旁的牛道岭往五台而去。

第三章 阜平建政

柏兰之战

红二十四军当年翻越盂县牛道岭直逼五台县柏兰镇，与五台境内的地方武装力量发生了激烈战事。柏兰一战是红二十四军自平定起义之后转战当中真正意义上的第一次战斗，而且取得了胜利，极大地鼓舞了官兵士气。柏兰曾经发生了怎样的一幕？80 年之后，今天的柏兰人还知道那段往事吗？

80 年前的柏兰称为镇，多半是个不小的地方，而且还有电话局。那时的电话绝对是个稀罕东西。单从这一点就能看出柏兰曾经的辉煌。之所以如此，恐怕跟柏兰的地理位置有关。柏兰处于狭长山谷之中，纵深长，东连黑山关，西接五台腹地，战略位置之重要自不待言。前些年撤乡并镇，柏兰成了陈家庄乡的一个普通村子，600 多人，主要作物是土豆、玉米，一年一季。青壮年每年都要外出打工，以从事建筑、修路为主。

当年的电话局，如今成了村民李忆莲的家

88 岁的张二旺老人回忆说，电话局当时在村口，三间瓦房，灰巴巴的，就住了俩人。日军来的时候一把火烧了。至于其他事情根本想不起来。当时人们生逢乱世，一见“过兵”，大多选择“躲兵”，一跑了之。此前的红二十四军研究当中关于柏兰大多就是简单两句——占领电话局，切断电话线。切断电话线，为的是封锁消息，以免红军行踪暴露。村民李忆莲在当年电话局的旧址上修建起了房子。张老汉强调说，现在那房子大小跟当年电话局一样。实地查看，开间 6 米左右。

市里的老报人、老史志工作者陈霈 2006 年曾出过一个册子——《平定武装起义纪实》，对柏兰一战做了详细生动的描述：

与盂县相邻的五台县的敌人，闻讯后十分恐慌，县政府立即召开紧急会议商讨对策，并派出保安队与警察前往阻击，命令各村保安团严守以待。7 月 11 日，红二十四军以排山倒海之势，浩浩荡荡抵达五台县柏兰镇，刚一交战，敌守军就被红军似风暴席卷的磅礴气势吓破了胆，顿时仓皇四散，除个别顽固分子被当场击毙外，绝大部分都举枪投降被生擒。红二十四军坚持优待俘虏的政策，被俘的士兵愿留者，就地编入连队改造成为红军战士，愿走者马上释放回家为民。

红二十四军这几日鞍不离马、甲不离身地向北挺进，虽后有追兵、前有阻敌，非常艰辛，但士气高昂，连战连捷。官兵同吃同住同战斗，干部以身作则，身先士卒。谷雄一、赫光等领导同志有马不骑，将马匹让出来用以驮伤病员和粮食物资。官兵之间，上下级之间，互相关心，互敬互爱，情同手足。这与原来高桂滋旧军队相比，自然是发生了翻天覆地的变化。

红二十四军原计划在五台山一带创建革命根据地，但经过侦察，敌人在这一带加强了兵力，有重兵驻扎，如果要强攻硬拼，就难免造成重大伤亡。于是，谷雄一和赫光等研究决定，暂时改变原计划，带领部队向敌人力量比较薄弱的晋冀两省交界的阜平县发展，等时机成熟后再谋五台山地区。【陈霈《平定武装起义纪实》第 23 页，山西春秋电子音像出版社，2006 年 3 月第 1 版第 1 次印刷。】

这次活动当中，史学顾问王伟提供了几份当年的报纸复印件。展读泛黄的旧件，部分字迹不清，花费时间仔细辨认之后，旧件的内容才大致清楚，与陈霈老先生书中所述基本一致。

仔细阅读报纸内容，能从中发现诸多有价值的信息。当年报纸内容开篇说“五台县府自前日接的盂县电报，平定高桂滋部变兵从盂到台消息后，官民非常恐惧，县府召开紧急会议，共商应付办法，除派警二十余人、保安兵士四十余人前往会剿外，并令各村保卫团巡逻、瞭哨，以防不测”。【天津《益世报》1931 年 7 月 21 日 4 版。】可见，当时国民党五台县政府派出了警察和保安团士兵堵截红二十四军，村里的业余武装力量是保卫团。保卫团的提法印证了盂县上社、土塔村老人的回忆。

“该县三区索区长勇往过人，执意率警前往兜剿，星夜奔驰，于十日许抵柏兰镇。由于抓获匪徒哨探一名，当即解送到县。警士等闻匪势甚众，不便迎头痛击，在土岗侧面，布列防线据险，瞥见二三匪徒前来挑战，警即开枪还击。该匪徒正在难逃之际，忽见尘沙飞处，匪众二三十人，蜂拥前来，约在半里内外，一片枪声，弹如雨下。该警等奋勇杀敌，毫无惧色，匪众亦逞强梁，冒死前犯，相持一时之久。正在苦战之际，忽闻呐喊连天，枪声又起，该警知匪军大队已至，估其数量，约在八九百以上，众寡不敌，且战且退，匪队如潮前涌，凶悍异常，该警以退避之策，匪军取包围之势。”【天津《益世报》1931 年 7 月 21 日 4 版。】

红二十四军当年行军谨慎，大部队行动之前，必先派人侦察情况。除派人侦察外，还有先头部队。在盂县清城有一种说法，先头部队凌晨先行到达。从柏兰情形来看，极有可能。

“追至柏兰镇与陈家庄间河中，始有保安队士兵赶来，接杀一阵，该警得入山城集中，内有警察二名卫护区长，逃避不及，区长被掳，索以狡猾脱逃。该二警临时仓皇，一在石灰窑内被匪击毙；一往厕所藏躲，被匪当场击伤，不久即毙。保安士兵与匪激战，伤匪十余人，后因弹尽援绝，被围缴械。”【天津《益世报》1931年7月21日4版。】既然国民党五台县三区区长索某被“掳”，那么盂县上社村老人赵黑所言“上社区长被抓”一说完全有可能。红二十四军行军带这些人干吗？王伟说，不外乎两个作用，了解敌情或者解决给养。

有这样一节文字令人感慨，“匪众主张将被掳士兵尽行击毙，以泄匪恨。嗣以匪眷，一发匪慈，幸未遇害，全数被押赴柏兰镇，以电话局暂作匪窝，大宴匪兵，并以劫夺之粉筋，烩成一锅，与俘虏兵士压惊，饭罢匪首征询俘虏兵士意见，愿回者听，愿随者走，一群匪兵，至此始去。该晚即向黑山坪一带驻扎，现有队长二人、警察一名裹入军中，迄未返回”。【天津《益世报》1931年7月21日4版。】

这节文字至少有三条信息可以让我们得以一窥红二十四军当年的政策和作风。第一，五台保安团士兵被俘后未被击毙，说明红二十四军并不像国民党造谣胡说的那样滥杀无辜。第二，红二十四军占领了电话局，并在此休息吃饭。第三，征询俘虏意见，愿意参加红军的就地吸收，不愿意参加红军的也不强迫，完全实行来去自由。

“现有队长二人、警察一名，裹入军中，迄未返回。”【天津《益世报》1931年7月21日4版。】两个保安队长和一个警察被红二十四军带走事实确凿。以前资料仅简单显示，红二十四军在柏兰俘获保安队副，远不如报纸旧件详细。

历史的真相或许就是在这样的比较阅读和调查了解当中一步一步、一点一点接近真实的吧！

抓获国民党地方政府人员是为了了解敌情和解决给养，那么俘虏五台保安队长和警察又目的何在呢？当然也是为了掌握五台方面的敌情。通过被俘人员之口，了解到五台腹地已有部署，红二十四军接下来何去何从？

拿下柏兰，摆在红二十四军面前的无外乎三条路。其一，重走牛道岭，折返盂县。但不可能，好不容易翻越了牛道岭，更何况后面追兵已逼近。其二，向西入五台腹地伺机建立根据地，可从俘虏口中已知前有重兵防范，此路亦不可行。史学顾问王伟认为红二十四军开赴五台山建立晋冀边根据地的计划就在此时放弃。既然放弃了旧计划，必须得有新的计划。那就剩下最后一条路了，向东，穿越晋冀交界黑山关(又称黑山坪)，到与山西五台相邻的河北阜平建立根据地的计划雏形很有可能在此产生。

穿越黑山关

随行的史学顾问王伟说，红二十四军当年于 7 月 12 日夜由五台柏兰镇向黑山关挺进。黑山关是红二十四军在转战途中经过的第一道关隘，而且部队在黑山关与蛟潭庄一带停留两天左右。由此可见，黑山关对于红二十四军也有着特殊的意义。

“过不去。”2011 年 5 月 27 日，在五台县柏兰村，村里一个十多岁的孩子这样告诉我们，“我前几天刚去过，前四后八的大货车才能过去。”柏兰、黑山关之间的土路崎岖不平，小车无法通过。

为了到黑山关一探究竟，我们决定驾车重返盂县梁家寨，经河北平山县营里村前往此地。

5 月 28 日，我们从盂县梁家寨早早动身，开始了黑山关之行。眼前的道路渐渐由宽变窄、由平整变得崎岖。经过 4 个小时左右的长途跋涉，我们终于到达了黑山关。“一线天中通冀晋，万年峪口锁关山。”黑山关大峡谷风景区入口的对联形象地说明黑山关的易守难攻。昔日飞鸟难过、恶山林立的黑山关，如今已是大峡谷风景区。

在黑山关景区，我们见到了景区办公室主任王会明，并向他表明了我们的来意。王主任对红二十四军经过此地的事情很感兴趣，热情地给我们提供了景区开发前后的信息，以便我们了解黑山关近年来的发展变化。

据王会明介绍，黑山关大峡谷西与山西相邻、东与河北接壤，地势险要，自古就是兵家必争之地，曾是历史上中山王国战败后休养生息之地，也是抗日战争时期晋察冀边区四分区救护所设立之地。据说，山上的碾子区是戏台上妇孺皆知的杨宗保招亲之地——穆柯寨，穆桂英曾经镇守这里。这里现还有明长城、地堡工事等遗址。景区里林海滔滔，万亩原始森林苍茫覆盖，山峰雄险壮观、气势磅礴，山间溪流清澈灵秀、潭池成串……秀丽的自然风景令人流连忘返。

明长城、穆柯寨、地堡工事、雄险山峰、一线天……这一个个词汇不禁使我们联想到红二十四军穿越黑山关的艰辛和疲惫。王伟说，综合各种资料，红二十四军当年在黑山关、蛟潭庄一带停留休整两天，进行给养补充、敌情侦查工作，从而调整确定下一步的战略决策。

黑山关地势险峻,对于当时长途跋涉的红二十四军来说,翻越黑山关后攻打平山县极其不利。当年平山处于正太路沿线,不仅有晋军把守,加上河北境内以国民党平山县县长任甫亭为总指挥的“五县联防”,可谓困难重重。面对这样的状况,红二十四军应时而动,做出前往阜平建立根据地的战略选择。

为了进一步了解黑山关的情况,我们决定沿另一路线翻越黑山关。沿着崎岖小路缓慢行驶,车身左摇右晃,小轿车不久就已无法继续前行了。另一辆轿车勉强行驶,因为路况不好,最终也选择了放弃。河槽里的乱石滩,有的石头大得吓人,加之两边巉岩峥嵘,让我们真正领略了黑山关的险峻、神奇。

虽未能完整地穿越黑山关,但沿途的路况和风貌给我们留下了深刻印象。或许路旁的某一棵大树、河槽中的某一块巨石, 就曾见证过当年红二十四军那些年轻将士青春的身影。这些茂盛葱茏的树木和沉默无言的石块,就像顽强不泯的红军精神一样,经过 80 年风雨沧桑的洗礼,更加坚贞,更加美丽。

黑山关美景　史斌摄

“学会五台话，能把洋刀挎”

红二十四军为何放弃了在五台一带建立根据地的计划？据资料介绍是当地驻军太多、部队云集，那么究竟是谁在这里驻扎呢？其实说起来也并不复杂，很多人都知道，五台县河边村是阎锡山的老家。虽然阎锡山于 1930 年 12 月底败走大连，但并不代表着阎锡山在山西地位的消失。事实上是，即便远离山西，阎锡山也依旧遥控山西，时刻谋划着在山西的东山再起。

阎锡山长期执掌山西军政大权，虽然在“中原大战”中与蒋介石的政治斗争和军事较量中败下阵来，不得不宣布下野，出走他乡，然而，作为一个在政治舞台上滚打了 20 年的地方实力派，他绝不会自认寂寞。是故，寄情于大连秀美山水间，进行一些空泛的理论探讨，这些表面文章，只反映了他在大连期间的一个侧面。掩盖于这一切背后的，是他对山西军政不间断地操纵与控制。换句话说，这时的阎锡山，虽然在大连，但却一直在遥领山西。

正如赵继昌在《我所知道的阎锡山》一文中所说：“1930 年山西阎锡山下野是他唯一的一次下野，但阎锡山的下野又与别的军阀的下野有很大的不同，那就是阎虽然下野，暂时离开山西，但阎锡山的统治势力盘根错节、根深蒂固，并未发生动摇。特别是因为当时山西的军事统治权都掌握在他的亲信同乡和心腹手中，即阎锡山赖以存在的军事力量，基本上并未受到损失。”

阎锡山在山西时非常注重自己的嫡系部队。当时山西老百姓中流传着这样一句话：“学会五台话，能把洋刀挎。”这句简单的民谣，是阎锡山在用人方面浓重的地域观念的写照。就像蒋介石重用浙江人一样，阎锡山亦把他的家乡五台（包括五台附近的定襄、崞县、忻州等县）视为自己的人才摇篮，对五台籍的干部信任有加，从而形成了以五台人为中心的阎氏嫡系派，也就是他的亲信派。这一派以杨爱源为代表，其中不仅有王靖国、赵承绶等五台人，而且还有阎充分信任的外县（五台籍以外）军官，如死心塌地跟随阎的孙楚等人。作为“天子门生”，以杨爱源为首的嫡系派是阎锡山所依赖的基本力量，故而，杨爱源受阎锡山重托，与徐永昌一起共同掌握阎锡山离晋后的山西。

据说，阎锡山对山西的军政实权，由他一人掌握，怕自己照料不到，必须用几个五台人，再夹几个崞县（今原平市）、定襄人协助他掌握，这是他统治山西不变的原则。【以上材料见李茂盛《阎锡山大传》（上册）第468-471页，山西人民出版社，2010年2月第1版，2013年9月第3次印刷；南桂馨、赵承绶、赵丕廉《阎在大连时期山西各派的斗争》，见《中原大战内幕》第514页，山西人民出版社，1994年第1版第1次印刷。】

鉴于阎锡山在山西的实际影响，阎锡山下野后，蒋介石责成张学良统一节制晋绥的军政事宜。于是首当其冲的就是晋绥军的整编问题。晋绥军原有14个军、40多个师，根据蒋介石的意图，张学良拟将其整编为4个军、8个师，师辖两旅，旅辖两团。为此，张学良特召集晋绥军高级将领（实际上是准备留任军长的人选）徐永昌、杨爱源、商震、傅作义到天津商讨。按照张学良的整编方案，"中原大战"时堪称庞大的晋绥军整编后，将只剩下徐、杨、商、傅4个军。这也意味着在整编后的晋绥军中，将不再有作为阎锡山亲信的赵承绶、孙楚、周玳等人之位置。对此结果，不仅当事人不会善罢甘休，就是阎锡山也不会答应。

由天津返回山西后，徐永昌、杨爱源当即召集由各级军官参加的整编会议，宣布了张学良的整编方案。对此，各军师长均表示反对，赵承绶、孙楚等则反响更为强烈。徐永昌、杨爱源于是从阎锡山的利益出发，与张学良力争。经过一番讨价还价，晋绥军整编方案做了可以说是"尽如人意"的调整，在议定只编4个军后，又额外为孙楚争得正太护路军，为赵承绶争得骑兵司令，还保留了周玳的炮兵司令，并将商震、杨爱源3个军挑选剩下来的李服膺、杨澄源两师编入徐永昌的33军。

这次改编，在徐永昌看来，只是换汤不换药而已，从前是一军若干团，现在一师还是若干团，所谓缩编仅仅是换换关防而已。【徐永昌《中原大战始末记》，《中原大战内幕》第61页，山西人民出版社，1994年第1版第1次印刷。】

对于晋绥军的整编，阎锡山不能不予以密切关注，通过不断往返于太原、大连之间的军政人员，他对事态的发展了如指掌。整编有上述结果，他的嫡系、骨干力量得以基本保留，不能说不是贯彻了阎锡山的意图。【以上材料见李茂盛《阎锡山大传》（上册）第472-473页，山西人民出版社，2010年2月第1版，2013年9月第3次印刷。】

在阎锡山出走大连期间，山西政局发生了一系列的重要变化，其中之一就是客军中时有哗变发生，进而演变成了"平定兵变"，严重地冲击了山西政局。"平定兵变"非同小可，在阎锡山看来，"平定兵变"发生在山西，若其他客军也效而仿之，那么山西无疑将会"天下大乱"。

面对纷扰变化的山西局势，阎锡山深深感到在外遥控已经无济于事。照此下去，"他的"山西将会不复存在，早晚会易手他人。于是，蛰居大连的阎锡山再也坐不住了。于是，1931年8月1日，阎锡山"接刘升由五台河边村带来口信，及先生表兄曲容静手书，告知：太公子明先生（阎锡山之父），自7月20日，屡感身体不适，饮食渐减，念子心益切"。阎锡山接信后，“心有不安，忧心于色，翌日，即着靳瑞萱与日人接洽，以飞机返回山西”。【李茂盛《阎锡山大传》(上册)第478页，山西人民出版社，2010年2月第1版，2013年9月第3次印刷。】

那么，五台一带究竟分布有哪些军队呢？据北京《益世报》报道：

高桂滋部溃兵一部窜入五台柏兰镇一带，已志报端。兹闻第五师师长李服膺以该部溃兵前经冯、李两师长派兵追缴，多数已逃入河北，惟有一部分经盂县窜入五台(此系李服膺防地)，倘早日肃清，一旦溃至定襄、崞县、忻县等地，则人民难免被其扰害。除电令李在溪团星夜分往台怀镇、五台镇及岱县属之峨口等地堵击外，李氏特于昨日招营副等数名乘专用汽车赴原平转往前方视察。据李氏昨晨九时离并时所谈：本人此次赴前方，完全为将地方治安计，除带副官邢树谦、常文祥二人外，尚有侦察队数名，马弁数名，到原平后拟派军官数人前往五台一带，而述各部设法堵剿并派侦缉队在溃兵经过地严密搜捕，决不使漏掉一人，为害民间。闻冯师长亲带所部两连，现已赶至柏兰镇，刻在围剿中，想此溃兵不难解决云云。

又高桂滋闻所部溃变后，甚为焦虑，惟恐散窜民间为害，已于俄日由平搭快车至石家庄转正太返防，闻高氏对所部此次受共产党煽动溃变，殊为遗憾，除派劲旅加紧追击外，并对所余各兵将作严密之训练云。

【北京《益世报》1931年7月16日3版。】

面对重兵集聚围剿，红二十四军放弃了在五台建立革命根据地的计划，经河北平山县、灵寿县一带，向阜平县进发。

灵寿县上演“一幕笑剧”

根据后人绘制的行军路线图，红二十四军当年离开黑山关后经过的第一个明确标识的村庄就是河北平山县蛟潭庄。

从黑山关到蛟潭庄仍是山沟河谷。蛟潭庄所在的山沟纵深很长，到底叫什么名，没人清楚。皇上沟、柳条沟、老龙沟、马川沟、徐家河沟，叫什么的都有。

93 岁的刘安仁老人说，那会儿“炸兵”一来，村里人就跑。不过，村里有个王排长的故事，上年纪的人都知道。79 岁的刘奠中接过话茬说，也弄不清楚是什么部队，反正王排长带着人来了就没走，他就住在现在刘银怀那院里。某天天快亮时，王排长还在村里地主家的炕上躺着抽大烟呢，突然听到乌鸦叫声很大，就说“老鸹一叫唤肯定有事”，赶紧离开。不久就有了枪声。天亮后，村里人才知道有部队经过，士兵史管义（音）朝他们开了枪，所以遭到包围。史管义一看形势不妙，躲进了厕所。外面部队扔进来的手榴弹冒着烟在地上“的溜溜”转圈圈，王排长的手下赶紧踢进茅坑里。爆炸后，屎尿溅了史管义一身。战斗没有多长时间就结束了，王排长和史管义都被活捉后带走了。还有两个士兵被当场打死，村里人弄出去埋了。也不知道那部队是不是红二十四军，反正很快就走了。

像蛟潭庄这样的北方山村，和平年代再普通不过了。一到战争年代，重要性就横空出世地凸显出来。不仅红二十四军选择了它，数年之后，共产党人聂荣臻、彭真、沙飞和支持中国人民抗战的国际主义战士白求恩也来了。

据《中共平山简史》记载：1939 年 1 月初，以彭真为书记，聂荣臻、彭真、关向应、程子华为委员的中共北方分局（对外称“教委会”）在蛟潭庄正式成立。也正是在这里，晋察冀边区收到中共六届六中全会主席团于 1938 年 10 月 5 日发来的慰问电，称“由于边区全党全军的努力，已经创造晋察冀边区成为敌后模范抗日根据地及统一战线的模范区。这不仅在坚持华北抗战中已经和将要发挥其重大的战略作用，而且你们的经验将成为全党全国在抗战中最有价值的指南”。

当年聂荣臻、彭真、白求恩住过的院子都还在，只不过房子已经不是 80 年前的房子了。日军侵略来犯时，一把火烧了。

在中国共产党和中国革命的发展历程当中，有过无数个类似蛟潭庄这样的普通山村，留下了数不清的故事。正是这些故事、村庄、老人，共同见证、记忆了中国共产党走过的不平凡的光辉历程。

沿沟行驶到了六亩元村，村里人说 91 岁的康付元经常好讲这些事，但寻访未果。在上地回来的热心村民的带领下，我们又到了另一个村子康付元的女儿家。老人说“炸兵”一来，村里人都不敢回村，最长的一次在山上住了好几个月。

王伟综合手头资料分析说，“五县联防” 部队在六亩元东南方向 7.5 千米处的团泊口集结，意欲拦截红二十四军。但有惊无险的是，当国民党军队煞有介事地进行战略集结时，红二十四军已提前一日迅速、安全通过六亩元，往灵寿方向而去。红二十四军行动迅速，抢占先机，将敌人甩在了身后。

说到灵寿，这里还发生了这样一幕，被天津《益世报》称为“一幕笑剧”。原来，红二十四军沿途作战，导致有五六名伤员【天津《益世报》1931 年 7 月 21 日 4 版报道也有“追至柏兰镇与陈家庄间河中……保安士兵与匪激战，伤匪十余人”的说法。这里红二十四军中的“五六名”伤员，可能就是在柏兰大战中受伤。】路经灵寿县所属的因里村时，秘密派人送伤兵到石家庄疗养，恰好被灵寿县陈庄的保卫团扣留，并搜得大洋千余元，陪同伤员的战士逃脱后将情况报告红二十四军司令部，于是司令部恫吓灵寿县县长，命令其迅速将伤兵送往阜平，否则将率领大军“直奔犯境”。灵寿县县长哪里见过这阵势，认为红二十四军人多势众，非自己所能抵抗，考虑到灵寿与阜平毗邻，“大有唇亡齿寒之虞”，“为保护灵寿安全计”，亲自发函致歉，并乖乖地派人将伤兵送到阜平。【天津《益世报》1931 年 8 月 5 日 10 版。】红二十四军的威力和气势由此可见一斑。

暮色已来，经过灵寿县的陈庄村。陈庄村边，有一条不知名的河流静静流淌。像红二十四军当年一样，我们在逐渐接近阜平。

红军进驻阜平城

1931 年 7 月，酷暑难耐，红二十四军队伍走出黑山关。一些战士头顶树叶做草帽，脚步不停；还有一些士兵跑到沟岔中的溪流取水饮用、冲脸，抵御刺眼酷热的阳光。队伍经蛟潭庄、柳木园（现改名为六亩元）、洪子堡一带，过汉山、南营，沿岔头、陈庄、土岭、栗树漕、麻棚、大岸底、城南庄、白河村一路走来，向阜平城挺进。

当红二十四军将士逼近时，阜平城内的恐惧和混乱可想而知。一些地主、豪绅和官吏知道红军是穷人的朋友、自己的敌人，赶紧往山里运藏财物。由于红二十四军是当时北方诞生的第一支正规红军，再加上国民党当局的造谣诬蔑，部分穷苦百姓和商人听说红军快到了，也夹杂在“逃难躲兵”的人流当中，跑到城外的山沟里躲藏起来。

在原阜平县党史办陈守兰的陪同下，我们来到当年红二十四军进城经过之地——现在的城南庄镇菩萨岭一带。昔日荒草漫野的菩萨岭，现在树木荫翳、绿草如茵、山花点缀，不时有野鸡掠过山头。

陈守兰说，1931 年 7 月 19 日，红二十四军进入阜平地界。在白岔沟（与石家庄交界）附近的白石岭，伪县长派遣保安团 300 多人进行拦截。红二十四军兵分三路进行围歼，把保安团打得落荒而逃。当队伍前进到城南庄镇菩萨岭一带时，二郎成（绰号）又带二三十名保安队员进行阻击。当然，这是一次毫无悬念的战斗。敌保安团队伍懒散、人心浮动，当然不是训练有素的红二十四军将士的对手，象征性地打了几枪就抱头鼠窜。阜平县朱县长也与之前的盂县县长一样弃城而逃。

说到这里，有一个人不得不提，这个人就是顾昌华。关于顾昌华的身份存在两种说法：一说顾是赫光的警卫员；二说顾是普通士兵，在红二十四军向阜平进发途中充当向导。但无论是哪种说法，共同之处是顾昌华老家在阜平，在红二十四军进阜平城时起了作用。1984 年，赫光的儿子带着父亲的相片来到阜平城关镇大道村（原属槐树庄乡），顾昌华一眼就认出照片上的人就是昔日的万营长（赫光原名万锡绂），不禁老泪纵横。

在大道村，我们见到了顾昌华的小儿子顾守龙，随后又在北果园乡见到顾昌华的大儿子顾守风。通过他们的口述，顾昌华的形象逐渐清晰还原。

顾昌华小名“小三子”,1911 年出生在大道村。1931 年夏,因为天灾歉收和严租苛税无法生活,只好将一些家具和一套铺盖变卖了 3 块银圆到山西谋生。6 月 28 日流浪到平定车站(现在阳泉市里的老火车站,也是谷雄一当年自太原乘火车到阳泉出站之地)时,经一个士兵介绍参加了高桂滋的部队。询问了家庭情况以后,“小三子”便被留在了营部当了警卫员,营长就是后来的赫光军长(原名万锡绂)。**【《参加红二十四军亲历记》,根据顾昌华口述整理,《阜平党史通讯》第二期,中共阜平县委党史资料征集办公室 1982 年 8 月 15 日编印,内部资料。】**

知道小三子没念过书、没有大名时,赫光想了一下说:“就叫顾昌华吧,意思是昌盛中华。”又问:“家里有什么人?”“父母早亡,一个哥哥给地主放羊,家里没田没地,只有一间土房。”赫光呵呵大笑说就留在连部吧。

入伍后的第八天(农历五月二十八)的晚上,大约在十一点钟,营内突然响起了枪声。赫光立即把顾昌华叫起来,走向城外的柏树坡。当快要到坟地边上时,赫光在手枪上拍了三下,相继坟地里也有人拍了三下,不到十分钟,许多战士陆续背着枪来到这里集合。从赫光的讲话中,顾昌华才知道部队要起义的消息。赫光带着大家直奔相距平定城 4 千米的营部,到了那里有人翻墙进院迅速地解决了岗哨。随后,部队冲进团部,打死了七八个反抗起义的军官和士兵,扫除了起义的障碍。**【《参加红二十四军亲历记》,根据顾昌华口述整理,《阜平党史通讯》第二期,中共阜平县委党史资料征集办公室 1982 年 8 月 15 日编印,内部资料。】**

红二十四军撤离阜平时,顾昌华跟随部队出史家寨进入山西灵丘(旧称灵邱)县。后在灵丘县与敌军展开激战,被打散后辗转返回老家,当了普通百姓。抗日战争爆发后,参加了八路军。

采访顾守风后第二天,我们来到红二十四军进城前的集合地点——阜平城外大沙河南岸白河村口。这里正在修整河道,热火朝天。站在桥上,雨后的河流两岸,玉米苍翠,架豆滋长,一片生机。

1931 年 7 月 19 日下午,红二十四军集合于阜平县白河村口河滩上,军长赫光讲了进城后的纪律。侦察人员汇报:“城里没有敌军,保卫团已逃跑。”

当听到赫光问“谁去进城宣传一下”的时候,顾昌华报告说自己是本县人,对城里情况熟悉,可以去宣传。于是,赫光决定警卫员小李和顾昌华一同去,走前特意告诉顾昌华和小李,要重点宣传红军是人民的军队,是为人民的,不打人,不骂人,买卖公平,买卖人家可以照常做生意。

临走前,顾昌华告诉赫光不要直接进城,可先过河到三官庙那里进入,在城东河滩里等着。赫光点头答应后,顾昌华便和小李打马过河,从东坑入街,边走边喊:“老乡们,不要怕，我们是红军……”

街上空荡荡没有一个人，家家关门闭户。当走到观音堂时，有人隔着门问：“你不是大道村的小三子吗？”顾昌华一听声音很熟，一问，是表姐夫宋保正。

顾昌华叫宋保正开门，宋保正问顾昌华是什么军队？顾昌华说明了情况，随后宋保正开了门。顾昌华让他找几个人，再找几面锣，集合些人，到东河滩欢迎红军。

宋保正到北街找到吕凤吉，又去找了韩洛扁，拿了三面锣，帮红二十四军进行宣传……很快就汇集了一部分人，带领部队从小东关入城。

这时赫光在河东岸草地埂上直直地站立着。顾昌华对宋、吕、韩三人说：“你们看，田埂上站着的，头上戴着三道红平顶草帽、手里拿着马鞭的大个子就是军长。我带你们去见他。”

和军长见面后，韩洛扁带头喊了欢迎口号。军队进城后，分别在东寺、县北沟、法华村住了一宿。第二天二纵队到了东、西二庄，一纵队驻在县北沟、县城、白河和大园一带，军部设在县衙门里，杂务人员和骑兵排的马住在阜平县高级小学(现在的阜平中学)。**【《参加红二十四军亲历记》，根据顾昌华口述整理，《阜平党史通讯》第二期，中共阜平县委党史资料征集办公室 1982 年 8 月 15 日编印，内部资料。】**

苏维埃政府诞生

红二十四军进入阜平城伊始，就着手为创建红色政权谋篇布局。

1931 年 7 月 20 日上午，红二十四军打开监狱，释放了所有“犯人”（共约三四十人）。军长赫光当众讲话说：“旧衙门就是咱穷人的阎王殿，监狱是咱穷人的鬼门关。天下穷人是一家，穷人就是我们的亲兄弟。我们就是为了穷人才拿起枪杆子……”

红二十四军政委谷雄一接着说：“咱们穷苦人应当拧成一股绳，大家一条心，共同干革命，打倒帝国主义、反动派，消灭地主阶级，推翻人剥削人、人压迫人的黑暗制度，建立光明的共产主义社会。像苏联一样，穷人过上幸福生活。就是为了这个目的，我们才起来干革命，愿意革命的苦难同胞请参加红军，不愿者请回家。”

话音一落，小伙子们一拥而上，争着报名当红军。其中有一位年过半百的罗姓老人走到谷雄一面前，扑通跪倒在地，热泪盈眶说：“长官，你们可是救命恩人。我活了 50 多岁，还没有见过当兵的不欺负老百姓的，自古兵匪都一样。我是欠了地主家的租子才被关起来的。我老了，就让我的儿子虎子参加你们这戴红圈圈的队伍吧！”

谷雄一急忙搀扶起罗姓老人，和蔼可亲地说：“老大爷，咱们都是一家人，我们是专门和长官作对的。你儿子参加红军，我们很欢迎。你是哪村人？快回家看看吧！”

罗老汉激动地回答：“不远，家住城南百合口，离这里三里地，我明天就把虎子送来。”说完他看红军很忙，就跟赫光、谷雄一等人告别，兴冲冲地走了。一路上逢人便说红军的好，遇人就讲救星到。几天后，罗老汉送儿子参加了红军。**【《创建在太行山下的第一个红色政权——阜平苏维埃》，《阜平党史通讯》第三期，中共阜平县委党史资料征集办公室 1982 年 10 月 17 日编印，内部资料。】**

7 月 22 日，红二十四军又将县里的两个官仓打开，给群众放粮。谷雄一先向群众讲明了开仓放粮的道理，他指出：“县里的两个官仓，南仓和北仓，都是官府剥削穷人的象征。本来粮食是穷人种出来的，老百姓辛苦一年，可是到头来却饿肚皮，富人坐着吃好饭，你们说这公平不公平？”

谷雄一的话刚一说完，听讲的老百姓齐声回答：“不公平！”

谷雄一接着说:“对,这太不公平了。但是这个不公平,延续了几千年。今天,我们共产党闹革命,就是要消灭这个不公平。我们进城后,正逢青黄不接,看到许多乡亲没吃的,现在我们就要给穷人弟兄们放粮,解决眼下的困难,以后我们还要平分地主的土地,实行耕者有其田……”

谷雄一讲完,由军部供给处一个姓许的同志简单说了说开仓分粮的具体方法,大意是按照每人20斤、每户一般不超过100斤、每户只准领一次的标准。仓库外面设有登记室,领粮者先报明家中人数,登记员开条,注明领粮斤数,然后一次排队凭条到仓库里称粮,红二十四军在仓库门外设有岗哨。这样领粮者虽然数以千计,但有条不紊。

经过短短两三天时间,南北两个官仓中的300石谷子通通分发给穷人。穷人欢天喜地、奔走相告,离县城三五十里的穷人也闻讯赶到县城分粮。为赈济更多的无粮挨饿农民,红二十四军随后又打开了高阜口、东庄、王快等地的官办粮仓和富豪粮仓。

据当时天津《益世报》报道:“由匪军政治部广贴布告及标语传单等,并召集阜平县劳苦群众分粮大会,一般贫民因向日受生活的压迫,各个争先恐后,前往分粮。计本日得粮食者约二千余人。被分之粮食系城内袁某之私有者。二十日乡村贫农,因闻得分粮消息,遂皆扶老携幼纷纷来城,听候分粮。”【天津《益世报》1931年8月5日10版。】

当地穷苦百姓看到红二十四军开仓放粮,欢天喜地,大呼救星到了,纷纷报告某人是土豪劣绅,某家是地主,某家私藏枪支若干……听到群众举报,红二十四军按图索骥,抓捕了不少地主土豪,收缴枪数十支。【天津《益世报》1931年8月5日10版。】

开仓济贫、砸监释“囚”和宣传演讲,不仅扩大了红军队伍,而且使逃跑群众很快回到县城。几位上了年纪的人还在城东的一家院落里组织起了“支应局”,给红军做饭、找房子,像对待自己的亲人一样招待红军。

红二十四军在推翻旧县政府的同时,开始着手创建自己的工农政权,进城后,特别是在放粮的日子里,军长赫光、政委谷雄一几乎每天上街演讲,向群众介绍中央苏区和其他革命根据地粉碎蒋介石军队“围剿”的胜利情况,宣传革命道理,鼓励劳苦大众在共产党的领导下建立自己的民主政府。当时听演讲的人日益增多,比县城庙会还热闹。在宣传发动的同时,红二十四军还到附近农村走访群众、座谈了解,物色骨干人员,为建立新型的工农政权做准备。【《创建在太行山下的第一个红色政权——阜平苏维埃》,《阜平党史通讯》第三期,中共阜平县委党史资料征集办公室1982年10月17日编印,内部资料。】

红二十四军党组织决定由河北籍的二纵队指导员牛清明负责地方工作。按照原定计划,牛清明首先安排人贴出了标语、布告、安民告示,明确宣布红军既不是土匪,又非国民党反动军队,而是共产党领导的队伍,是为劳苦大众打天下的,严格遵守不烧、不杀、不抢、不干涉农民生产、要公买公卖等纪律。【牛清明《回忆红二十四军和阜平苏维埃》,《阜平党

史通讯》第二期，中共阜平县委党史资料征集办公室 1982 年 8 月 15 日编印，内部资料。】

7 月 26 日，红二十四军在旧县衙的正堂前召开了声势浩大的阜平县苏维埃政府成立大会，来自阜平周边 80 多个村庄的 1300 多名劳苦大众参加了大会。当年轻的谷雄一精神抖擞、健步登上大堂时，台下响起了一片掌声。这个白净脸、浓眉毛、个子不高的年轻人【娄凝先《飘扬在华北的一面红旗——记红二十四军和阜平苏维埃》。】颇具组织才能，“为人智略精详”【北京《益世报》1931 年 8 月 13 日】，他洪亮流利的讲话吸引着每一位听众。

谷雄一讲道：“枪杆子、印把子，革命就为的是这两件子，过去地主资本家掌握着这两件子，我们穷人就当牛做马。今天，我们要翻身求解放，也必须抓起枪杆子，掌握印把子。现在我们打倒了国民党的旧军队，但是我们不是不要政府。今天，我们召开这个盛大的群众大会，就是要建立我们自己的政府——苏维埃政府！”话音刚落，台下立即活跃起来，“共产党万岁”、“苏维埃万岁”的欢呼声响彻云霄。谷雄一号召大家团结起来，自己当家做主人。会议宣布阜平县苏维埃政府正式成立。

接着，大会一致通过了中华苏维埃阜平县政府候选人名单，选举牛清明(化名牛曦)为中华苏维埃阜平县政府主席，刘应融为副主席，张远仁、李兰英、王德修、孔令明、石德义为委员，并由杨耕田负责农会工作。这些委员，有工人、农民、小学教员和小商人，当场分工就职。

大会庄严宣布，过去旧政府的章法和法规一律无效，官僚政府、资本家和地主的条约、

版画《红了南方红北方》，山汉策划，郭贵明、薛连生画

契约全部作废，把没收来的文书契约、账簿等用绳子串起来挂在会场，当众焚烧；当场枪毙了流氓成性、无恶不作的保安团骨干分子二郎成。

就这样，中国北方第一个县级苏维埃政府诞生了。苏维埃政府的办公地点设在旧县衙以南的文娴街，原奉军旅长孙宝龙的院里。

会后，为了巩固红色根据地和工农民主政权，苏维埃政府在红二十四军的配合支持下捣毁了与红军作对的教堂，肃清了根据地内的反革命武装，消灭了敌伪民团，解散了地主乡绅的保安队，逮捕了阜平最大的地主、人称“二知县”的赵大吹（赵义生，也叫赵宗周），镇压了一个民愤极大的人口贩子；在农会的协助下，阜平苏维埃政府在县城附近的沙沟、柳树底、苍山等村庄进行了阶级状况、政治态度和土地、人口、牲畜等占有情况的调查，发动和组织群众平分土地。同时成立了农民协会、小商人协会、除奸团等革命群众团体，还从部队中选拔有文化的同志担任教员，创办了穷人学校，穷人的孩子破天荒地第一次走进了学校。

红二十四军政治部一位姓毛的同志临时编写了穷人学校的识字课本。第一课是：“人，你是人，我是人，人人读书做好人。”第二课是：“穷和富，为什么有的人穷、有的人富……”在这个穷人学校里，一方面学习文化，一方面灌输革命思想，学校还组织起了儿童团。

时间不久，学校的学生就有七八十人，三里五乡也在酝酿办穷人学校。当时曾有一首歌称赞学校：“穷人上学校，感谢共产党。边学习边站岗，长大打老蒋！”

苏维埃政府十分重视宣传工作，牛曦主席亲自到西庄村演讲，和群众促膝谈心。政府还派出许多宣传队深入到全县各地张贴标语、布告，向群众进行演讲。所到之处，大讲共产党是穷人的救星，只有跟着共产党走，打倒国民党反动派，才能有自己的苏维埃政权，才能过上好日子。他们还画了漫画，上面画着大地主赵大吹，下边跪着佃户，表明地主对农民的残酷剥削。同时，他们还编演了活报剧，表演赵大吹欺压佃户、横行霸道的桩桩件件。此外，还牵着赵大吹等地主游街示众。

为了巩固革命成果，贯彻苏维埃政府的决议，红军和苏维埃政府派人到县城周围村庄进行土地调查，准备发动群众分田分地，真正实现耕者有其田。党的政策深入人心，红军和苏维埃政府得到人民群众的热烈拥护。

阜平人民亲眼看到红二十四军的所作所为，对于国民党把红军说成是土匪、杀人放火、共产共妻的谎言已经一清二楚。他们听到宣传队的宣传更是心悦诚服。整个阜平一片沸腾，街谈巷议，都赞颂共产党和红军。仅仅10天的时间，阜平县报名参加红军的就达五六百人。当时，阜平流传着这样一段顺口溜：

当兵当红军，红军最革命；
到处打土豪，事事为穷人。

穷人有武装，不怕国民党；

分了地主田，谁种谁吃粮。

实行苏维埃，反对白眼狼；

打倒蒋介石，拥护共产党。

【《创建在太行山下的第一个红色政权——阜平苏维埃》，《阜平党史通讯》第三期，中共阜平县委党史资料征集办公室1982年10月17日编印，内部资料。】

与此同时，一场反革命阴谋绞杀已经悄悄开始。

坐镇北平的国民党陆海空军副总司令张学良，急令被其战败请降的石友三残部沈克师对红二十四军进行围剿，并答应沈克待拿下阜平，消灭红二十四军后，给予其陆军新编第一师番号。

一段小插曲

2011年5月19日，在王伟的牵线搭桥下，我接通了版画作者郭贵明的电话。经过协商，郭老师答应和薛连生老师一起来报社接受采访。

上午，两位老师带着版画来到报社。在初次握手的那一刻，我甚至颠倒了他们各自的姓名。郭、薛两位头发花白，前者曾先后在阳煤集团二矿机电科、总务科工作，2011年5月底将正式办理退休手续；后者曾在宏厦第一建筑有限公司工作，前几年已从单位内退。

据阳泉市史志办原主任孟宏儒《“阳泉工人画”享誉海内外》一文介绍，1972年，为了纪念毛泽东《在延安文艺座谈会上的讲话》发表30周年，阳泉矿务局、阳泉铁路地区、阳泉钢铁厂、阳泉铝矾土矿和市直机关等17个单位，分别组织职工美术爱好者开展创作活动，有95名作者创作了一批绘画和民间美术草图。在此基础上，阳泉市文化馆举办创作班，集中对72名作者的120余件草图进行辅导，从中选出90件作品参加了纪念《在延安文艺座谈会上的讲话》发表30周年的阳泉市工农兵美术摄影展览，其中29件作品入选山西省美术展览，12件入选山西省写生画展览。

1973年，阳泉市文化馆的美术工作者又先后深入到煤矿和大型水库，通过举办工人美术创作班，创作出439件反映矿工生活与供水工程的中国画、版画、连环画、年画、写生画及剪纸等作品，经筛选后，举办了4次美术展览。其中，连环画《煤海新歌》（杨建国、郭礼成、王远明绘，许元上文）入选全国连环画、中国画展览，后被选送港、澳地区和美国等地展出，并被人民出版社收入全国连环画选集。

另外，有42件作品入选山西省中国画展览和庆祝新中国成立24周年美术展览，山西人民出版社出版了《阳泉工人画选》专辑，《山西日报》以整版的篇幅发表了题为《赞阳泉煤矿工人画》的评论文章，并刊登了作品选页。经过近40年的发展，到2005年，阳泉市美术界已有7人参加了全国美协，68人参加了省美协，199人成为市美协会员。

薛连生说，20世纪70年代初期，阳泉市有一批热爱版画创作的年轻人，阳泉市也是全省乃至全国工人画的重镇，不少作品被印刷成书在全国发行。郭贵明和薛连生老师早年皆师从阳泉市群艺馆分管美术的副馆长杨建国学习，薛是杨的“得意门生”（郭贵明语）。经过时光近 40 年的过滤淘洗，阳泉现在的版画队伍已是风流云散，形不成阵势，“依然从事版画创作的高手，全市大概也就四五人而已”。

版画《红了南方红北方》，长 88 厘米，宽 56 厘米，墨色凝重，线条流畅，一股历史的沧桑感和厚重感扑面而来。版画正中为当时阜平县城门楼，上面挂有“阜平县苏维埃政府成立大会”的标语；城门楼下，是当地老百姓欢迎红二十四军进城的欢乐场景。版画左面，群众正在焚烧地契、债券，召开公审大会；版画右面，人民群众“打土豪、分田地”，群情激愤。

值得一提的是，版画左下角公审土豪、地痞的场景，皆根据真实人物创作。薛连生告诉我们，画面上的主角二郎成和赵宗周实有其人。二郎成是当地的地痞流氓，胸前牌子上打着叉；赵宗周是当地的地主土豪，人民群众对其恨之入骨，批斗进行正酣。

2001 年，王伟决定把中国工农红军第二十四军的史料挖掘整理出来，并拍摄一部后来定名为《一支红军阳泉来》的文献纪录片。是年初冬，王伟把两位版画作者邀请到拍摄组下榻的墨玉宾馆，说出了自己的创意，并提供了一幅旧时阜平城门楼的照片，希望他们创作一幅关于红二十四军的版画。

“我俩一听就很上心，感觉是一件很有意义的事情，当下就答应动手来做。”薛连生说，于是，他们根据剧本要求寻找资料、核对史实，进行加工创作。

经过两三个月的思考打磨，版画终于如期完成，栩栩如生地呈现了红二十四军在阜平成立苏维埃政权的历史场景，并被王伟用在纪录片当中。2002 年 2 月，《红了南方红北方》入选由中国美术家协会和山西美术家协会联合举办的纪念毛泽东同志《在延安文艺座谈会上的讲话》发表 60 周年全国美术作品展览。

创作完红二十四军题材作品后，郭贵明和薛连生又参加了关于纪录片《问鼎山城》的版画创作。郭贵明的版画艺术地再现了 1947 年中国人民解放军解放阳泉的盛大场面。画面上，中国人民解放军正整齐有序地经过横跨桃河的黑桥；黑桥旁边的一户房顶上，一个年轻的战士正在风中挥舞着手中的红旗……薛连生则创作的是题为《邓小平视察阳泉》（1947 年）的版画，领袖牵马过城的场景令人印象深刻。

由于郭、薛两位老师都长期在工矿企业工作，熟悉基层工人的工作、生活，所以在近 40 年的版画创作生涯中，他们的取材立意大部分来自工人、矿工以及他们身边的世界。“因为熟悉，所以柔情。”这些版画被同行及周围的老百姓所喜爱。

但版画毕竟不像油画、国画那样有着广阔的市场，所以在郭、薛两位老师的艺术生涯中，除了“应景”创作的版画收到一点费用后，其他的纯属自娱自乐。近年来，他们在创作版画的过程中，也画一些水粉画和钢笔画，并在一些展览中获奖。薛连生 20 多岁就学习版画创作，用手比画着说，自己创作的作品挂得墙壁上到处都是，获奖证书在抽屉里一摞一摞的，没地搁。

郭贵明老师是版画《红了南方红北方》的第一作者。但在他们俩“兄弟”看来，谁是第一作者并不重要，重要的是他们为本土历史文化“做了一点有意义的事”。有空了，兄弟俩一起出来喝点小酒，清谈半日，乐在其中。制作版画是他们生活的调味剂。有时他们会拿着廉价的傻瓜相机，在工厂和田野采风，画作当天完成不了，就依靠现代摄影技术留取记忆，回家后慢慢消化琢磨。

库区无声忆雄一

黄昏的阜平王快水库，周边阒寂无人，不时有长脚尖喙的水鸟鸣叫着在水面掠过。几叶小舟静静泊在近岸的地方，水面上的绿藻以及夹杂其间空壳的海螺随波轻轻摇曳，好像在试图唤起水底80年前发生的故事。难道历史就这样永沉水底？我们今天还能打捞到什么鲜为人知的故事？

1931年8月9日，河北阜平。一大早，山城的天空就蒙上了一层愁云，阴沉沉的黑云压在山顶。

26岁的谷雄一醒得很早，自唐山兵变失败以来，阴影一直笼罩在他的心头，是平定起义的成功扫去了他心中的忧虑……

谷雄一，乳名苦儿，原名谷文会，曾用名谷隧、郭松仁、肖曼、苏亦雄等，1905年4月21日出生于河北省安国县淤村乡北各堡村一个贫苦农民家庭。

谷雄一的父亲谷俊杰，曾在本县一所药行当学徒，后因生活所迫闯关东，千里迢迢到黑龙江木兰县开荒种地，经营中草药材。谷雄一两岁时，祖父病逝，家境极为贫困艰难，只好随母亲到康庄外祖父家居住。

谷雄一智略精详，具有极强的组织领导才能

1915年，谷雄一在舅舅刘让贤、刘敬荣的资助下，进入康庄国民小学。他资质聪慧、勤奋刻苦，学习成绩名列前茅。舅父决定供他继续求学。他遂于1919年考入北段村高级小学，1921年又以优异成绩考入具有光荣革命传统的保定育德中学。

中学阶段，谷雄一在革命思潮的影响下，1921年加入学校的进步社团“社会科学研究社”，阅读了《共产党宣言》《社会主义从空想到科学的发展》等马列主义经典著作，以及《新青年》等进步刊物，思想提高很快。他的追求革命真理的精神，得到学校党组织的重视和关怀。党组织负责人张廷瑞(育德中学学生)同他建立了革命友谊。1924 年秋，中共保定市委正式成立，张廷瑞为临时代理书记。在张廷瑞等人的影响下，谷雄一热情而执着地探求革命真理，潜心研读马列主义经典著作，积极参加共产党领导的学潮，并迅速成为骨干分子。

1925 年 5 月，震惊中外的上海“五卅惨案”发生后，保定各界群情激愤。6 月 3 日，中共保定市委在育德中学召开秘密会议，决定在全市范围内展开声势浩大的示威游行，声援同胞的爱国斗争。谷雄一和同学刘振刚到保定市郊的工厂去发动工人。他慷慨陈词，向工人们讲述帝国主义在中国土地上横行霸道、野蛮屠杀手无寸铁的中国人民时，竟泣不成声，许多工人感动得流下泪来。【尚荣生《谷雄一》,《中共党史人物传》(第 17 卷)第 129 页，陕西人民出版社，1984 年 10 月第 1 次印刷。原育德中学学生刘振刚的回忆。】6 月 8 日，保定各学校一致罢课，6000 余名学生走上街头，游行示威。谷雄一率领工厂工人加入到浩浩荡荡的斗争洪流中。

这一时期，谷雄一的思想觉悟进一步提高。社会的黑暗，人间的不平，政权的腐败，民族的危机，曾使他立志做一个岳飞、文天祥那样的民族英雄，驰骋疆场，以身报国。他也钦佩越王勾践那种忍辱不屈、卧薪尝胆的伟大抱负和顽强精神，并在自己的书桌上写下“卧薪薪能刺吾心，尝胆胆能壮吾志，有志竟成”的话作为座右铭，用以自勉。【尚荣生《谷雄一》,《中共党史人物传》(第 17 卷)第 130 页，陕西人民出版社，1984 年 10 月第 1 次印刷。座右铭为作者访问谷雄一表弟刘光禄的回忆。】

1925 年夏，谷雄一从德育中学毕业。当时张家口和包头是国民军总司令、西北边防督办冯玉祥的大本营。为了建立革命军队，有力地开展反帝、反封建军阀的斗争，李大钊在给中共北方区委的一封密信中，指示各级党组织选拔一批精干的政工人员去冯玉祥部开展工作。谷雄一当时虽然还不是共产党员，但他在历次学生运动中表现出来的革命热情和组织才能，已经引起党组织的重视。因此，他也被党组织选派到冯玉祥在张家口开办的西北陆军干部学校学习。

谷雄一在西北陆军干部学校积极宣传革命，宣传爱国主义，以团结和教育冯玉祥部的军官和士兵。他在给堂妹谷凤彩的一封信中写道：“……你可知哥哥在满目苍凉的张家口的情况吗？自从沪难(五卅惨案)发生，全国民众鼎沸，雄奔走呼号，尽在为吾华夏之复兴。而今我身处塞外却心悬九州，生活淡泊然精神快乐。”

从西北陆军干部学校毕业后，谷雄一被分配到西北军担任下级军官，后到方振武部任中校参谋。1926 年 9 月，冯玉祥“五原誓师”后，方振武部被变为国民军联军第五军。当时，在冯玉祥的部队中，有许多共产党人担任领导工作，如刘伯坚、刘志丹、李林、刘天章、张兆丰等。谷雄一和这些共产党人，特别是张兆丰建立了密切联系。这年冬天，经张兆丰介绍，谷雄一加入中国共产党。

大革命失败后，在一片白色恐怖下，共产党人被迫离开国民联军。谷雄一只身来到北京。1928 年夏，党组织指示他利用西北陆军干部学校毕业生的资历，到商震创办的河北军事政治学校工作，并告诉他，蒋介石集团的大屠杀，绝不会吓倒共产党人，大革命失败的教训，使我党认识到掌握军队，以武装的革命打击武装的反革命的极端重要性。党的指示，给谷雄一很大的帮助。

商震原是陕西军阀陆建章的旧部，后投靠阎锡山。1928 年担任河北省政府主席后，为了扩充势力，在北京黄寺成立了河北军事政治学校，努力接近各种政治力量，这所学校吸引了不少青年，为我党在商震部开展工作提供了有利条件。谷雄一受党组织派遣到河北军事政治学校任教，深受校长商震器重，被任命为军校步兵第三中队上尉区队长。

为了尽快打开局面，谷雄一对军校第一期 180 名学员进行了调查分析，认为军校中大部分青年经过大革命的洗礼，特别是从保定二师等学校毕业的学生，曾多次参加中国共产党领导的学潮斗争，思想进步，政治热情很高。于是，他以保定学员为骨干，积极开展工作，把他们团结在自己的周围。谷雄一还常把自己每月 180 元的津贴费拿出来，救济那些家境贫困的学员。一些具有正义感的年轻教官对此很是钦佩，但却引起部分反动军官的不满和仇恨。他们串通起来，在校长商震和教育长方程钺面前攻击谷雄一，说他在学员中宣传赤化思想，收买人心，图谋不轨。面对这种强大的政治压力，谷雄一毫不畏惧。他紧紧团结广大学员，同军校中的右派势力进行坚决斗争，受到进步学员的赞佩。在短短一年时间里，他在河北军事政治学校发展党员 20 多人，秘密建立党支部。这些党员后来被分配到各地，积极从事党的武装斗争。

1929 年 7 月，因为斗争形势的需要，谷雄一离开军校，在北平、天津、唐山一带活动，专门从事党的兵运工作。这时，蒋介石、冯玉祥、阎锡山及奉系军阀在华北混战，无暇他顾。谷雄一紧紧抓住这一有利时机，积极协助中共北方局军委书记张兆丰在北平、天津及冀东广大地区，组织众多工人纠察队和农民武装小组，并在华北各派系军阀队伍中，建立起我党兵运工作的基点。

1930 年 2 月底，谷雄一制订出唐山兵变计划。按照计划，参加兵变的主要是驻唐山的晋军李生达部段树华所属之 214 团，唐山市一部分工人和丰润县中学的学生进行配合，起义成功后建立北方红军第九路军。

谷雄一和薄一波、张兆丰、李志敏（马镇北）等秘密联系，准备唐山兵变。后因走漏消息，起义主力部队被扣押，兵变失败。谷雄一被悬赏通缉后，乔装到天津，继续从事革命活动。

1930 年 5 月，谷雄一在天津被捕入狱，同彭真、薄一波、李运昌、徐彬如等关押在河北省第三监狱。为了营救这批干部，党指示当时在敌人政府工作的张友渔进行协助。张友渔通过与他私交甚厚的天津市市长崔廷献，在天津设立了“临时自新院”，张友渔兼任副院长，将这批干部由监狱转移到“临时自新院”，为进一步营救创造条件。谷雄一和彭真、李运昌住在一个房间里，学习研究革命理论，总结革命斗争的经验教训。

同年9月，奉军张学良入关，冯玉祥、阎锡山战败。趁军阀混战刚结束，和平移交尚待进行的混乱之际，张友渔奉党的指示，把谷雄一等30名干部全部释放出狱。

谷雄一出狱后，立即被在天津经商的堂兄谷文泉接到家中。他们俩人从小在一起生活、学习，情意深重。谷雄一被捕后，谷文泉四处奔波，求人说情，花钱送礼，进行营救。谷雄到堂兄家后，谷文泉一再委婉劝说，希望他“不要拿着脑袋去冒风险”。但一连四天，谷雄一只是沉默不语，觉得自己的革命信念，堂兄难以理解。他在给家中的一封信中写道：“吾在反动派的监狱里是一名政治犯，但这并不是我的耻辱，而是革命者的光荣。金钱不能动吾心，权威不能动吾志。吾早有坚定的政治信念，岂能如一叶轻舟，随波漂逐呢？”**【尚荣生《谷雄一》，《中共党史人物传》（第17卷）第134页，陕西人民出版社，1984年10月第1次印刷。】**

1930年10月，谷雄一参加了中共北方局在天津法租界黄家花园召开的政治会议，听取了北方局书记贺昌对《中共三中全会关于政治状况和党的总任务议决案》的传达。会议批评了李立三的“左”倾错误，检讨了前一时期工作中存在的问题。由于保密关系，这次会议在传达时称之为“秦皇岛会议”。

这次会议之前，中共北方局为了加强党对山西工作的领导，便决定将中共山西特委改为山西省委，刘天章任省委书记，谷雄一任省委委员兼军委书记。谷雄一会议后接到组织通知，在同年12月从天津出发，乘火车抵达太原。

中共山西省委机关在太原市内一个偏僻的小四合院里。“房东”孟春莲是一位从事革命多年的党的地下联络员，省委的同志都敬称她为“宋大娘”。为了便于工作，谷雄一对外称孟春莲为母亲，称刘天章为舅舅，称省委委员兼团委书记娄凝先为结拜兄弟。1931年4月，山西省委又改称山西特委，谷雄一仍担任军委工作。

谷雄一来到太原时，山西北部的忻县（今忻州市）、崞县（今原平市），晋中的榆次、平遥、介休，晋南的临汾、运城，太原市内的国民师范、并州大学，都已建立了党的组织。太原兵工厂、北方军官学校及山西一部分驻军中也都有党的组织活动。在白色恐怖下，谷雄一经常奔波于国民党驻山西各地的营旅之中，使党在山西的兵运工作有了新的起色。

1931年5月，中共山西特委召开军事工作会议，听取谷雄一关于军运工作的汇报。谷雄一说，蒋、冯、阎军阀混战结束后，山西驻扎了大量的军队，他们的粮秣及一切用品都由当地摊派，给人民带来了很大惊扰和负担。同时，部队中广大士兵的生活十分困苦，特别是处于客军地位的冯玉祥所部，吃的是劣米荞麦，穿的是破旧军装，有时三四个月不发饷，还常遭受官长的打骂。这种牢狱般的生活，引起士兵的极大不满。长治、绛县、祁县和大同等地驻军都接连发生了兵变斗争。由于中共山西特委对兵运工作的重视，各军阀部队里中共党组织的力量有了很大发展，驻平定的高桂滋部已有党员五六十人，其中不少党员都是营、连、排级军官。

中共山西特委在听取谷雄一的汇报后指出，党的工作必须是在准备革命兵变的方针指导下，发展同志，组织群众，开展斗争。会议决定将高桂滋部的三个团拉出来，组成红军第二十四军，在五台山一带建立红色革命根据地。

1931 年 7 月 3 日下午 3 时，谷雄一从太原到达平定。他下车以后，立即通知高部地下党组织，在城外一座坟地里召开了紧急会议。他传达了中共山西特委关于政治形势的报告后说："江西工农红军粉碎敌人的第一、二次反革命'围剿'，取得了很大的胜利。湘鄂赣、鄂豫皖、左右江及西北苏区也都击败了敌人的进攻。在山西，由于蒋、冯、阎军阀混战，搞得经济萧条，民不聊生，怨声载道，国民党部队士气低落，要革命的呼声愈来愈高。特委本不急于组织暴动，想把党的工作重点放在组织发动群众方面。但是，由于情况突变，万分紧急，我们必须赶在敌人的前面行动。"参加会议的同志一致同意及早行动。

7 月 4 日，正太护路军第一师师长高桂滋及其三个团长王子宜、高建白和刘杰山等人动身去北平给高的父亲祝寿，这无疑是起义的一个良好机会。傍晚，谷雄一继续主持召开会议，传达了山西特委请求党中央批准的在高部起义的行动计划，决定在当晚 12 时打响，并对起义作了具体部署和分工，也考虑到起义如果失败遭敌包围，可沿东南城墙脚下早已挖好的地道朝外突围。

当红二十四军来到阜平县之前，中共保定特委已根据北方局的指示派人到阜平县迎接。在沙河滩上，谷雄一作了动员讲话，他要求部队进城后要严明纪律，公买公卖，不许扰乱百姓，本着革命纲领，发动群众，开展斗争。

阜平县城位于大沙河北岸，四周是连绵起伏的群山，城内有 500 余户人家，是一座商贾云集、物资丰盈的繁华山城。在军阀混战、地主豪绅残酷的剥削掠夺下，阜平县人民饥寒交迫，受尽熬煎。中共党组织从 1929 年起就开始在这里开展革命工作，陆续建立起城关、城南庄党支部，有着较好的群众基础。红二十四军军部的同志们在听取了当地党组织介绍的情况后，经过认真研究，决定在随时准备作战迎敌的同时，把部队工作的重心放到发动群众、建立苏维埃政权方面来。由谷雄一负责这方面的工作。

红二十四军进驻阜平县第二天，在谷雄一的具体领导下，红军展开了大张旗鼓的宣传活动，盖有红军鲜红印章的布告和红红绿绿的标语传单贴满了城内的大街小巷。红军指战员热情地帮助群众挑水砍柴，清扫街道院落。同时召集群众大会，宣布开仓放粮。

红二十四军在阜平成立苏维埃政府，令国民党陆海空副总司令张学良不安，于是命令有意投靠自己的石友三残部沈克师对红二十四军进行围剿，并给其“陆军新编第一师”的番号作为诱饵。为与红军相区别，沈克师所部脖子上都围着绿布，号称“绿军”。

之前，石友三配合两广军阀反蒋战争的计划遭到失败，全军被歼于河北衡水地区，余部沈克投降，奉命进驻河北曲阳一带听候改编。沈克原是北洋军阀吴佩孚的旧部，奸诈刁滑，十分凶险。失败后的石友三为向国民党政府表功，为红二十四军精心设下“鸿门宴”。

沈克派出所属的二十六旅旅长赵海清和二十七旅旅长赵渤，悄悄地由曲阳开往阜平的王快村，声称投降红军，并派出代表正式与红二十四军接洽，提出收容改编的要求。赵海清和赵渤诡称，阎锡山不可靠，石友三投向了韩复榘，张学良不要自己，所以，请求红军收编。

谷雄一、赫光等红军领导曾开会研究了这件事，有的同志对沈克投降的动机提出过怀疑，但大多数同志则认为沈克部是一支杂牌军队，其主子石友三已经失利，他们走投无路，完全有可能投奔红军，参加革命。

由于红二十四军领导受党内出现的第三次“左”倾错误影响，对国民党的危机和革命力量的发展作了错误估计。年轻的红二十四军缺乏革命经验，认为沈克反蒋失败，上天无路，入地无门，来投靠自己是自然的事。谷雄一拍案道：“既然肥肉到了口边，还有不吃的道理？”于是，决定受降。

1931 年 8 月 9 日，红二十四军政委谷雄一、副军长窦时寻、苏维埃阜平县政府副主席刘应融等一行 20 多人，用十多头骡马驮着粮食和银圆，赶着牛羊，到沈克师驻地王快镇进

王快水库

行慰问。结果,全部中计被捕。

敌军在村口列队,假装热烈欢迎。谷雄一等人进村后,早已埋伏的敌军立即冲出。谷雄一一行还未弄明白是怎么回事,已全部被擒。谷雄一被俘的第二天,即被解往北平“陆海空军司令行营军法处”。高桂滋得知谷雄一被俘的消息,亲自跑到北平找张学良,叫喊:“不杀谷雄一,难解我心头之恨!”

王快镇与阜平县城相距数十公里,根据当时的通信条件,县城里的红二十四军将士无法知道王快发生的一切。与此同时,另一张罪恶的大网也迅速张开,赵海青率部向县城靠拢。

在狱中,面对敌人的威胁,谷雄一视死如归,大义凛然,从容自若,和难友们下棋争雄,谈笑风生,一如往日,表现了共产党人的大无畏英雄气概,就连看守都佩服地说他“好样的”、“有骨气”。

不久,敌人宣布判处谷雄一死刑。1931 年 8 月的一天,谷雄一和其他六位同志昂首登上刑车,毫无惧色,面对敌人的屠刀,高呼“中国共产党万岁!”“中国工农红军万岁!”壮烈牺牲在北平西直门外护城河边,时年 26 岁。

1961 年 7 月 1 日,在纪念中国共产党诞生 40 周年之际,时任国务院副总理的薄一波在《人民日报》发表文章,高度评价谷雄一对中国革命做出的贡献。

谷雄一的老战友,原共青团山西特委书记娄凝先在悼念谷雄一的诗中写道:

献身革命意盎然,
英雄事业千古传,
叱咤风云雷声起,
犹是翩翩一少年。
……

1958 年,数千村民整体搬迁之后,当年的王快变成了水库,阜平境内的胭脂河、大沙河水汇聚一处。其中一部分人搬迁到了现在的平阳镇王快村,名字虽然没变,但记忆总要有些变化。

谷雄一被捕地遗迹不存,出生地安国据说也一样。阜平寻访之后,我们曾经驱车前往安国县谷雄一出生地寻踪,但一无所获,这里早已成为闻名全国的制药基地。黄昏中,只剩归巢的鸦雀与寂寞的落日,让人长吁短叹。

据平定县史志办主任刘春生介绍,谷雄一没有子女,故居也在旧城改造当中消失了。谷雄一留给我们的只有两张照片,一张是就义前的,一张是学生时代的,弥足珍贵。

80 年时光变迁,人世沧桑,很多事物都沉在了记忆深处。

赫光殉难法华村

2011 年 6 月 1 日，我们来到阜平县法华村。到了村口，说明来意，我们听到的第一句话就是一位中年妇女“当年正是好小伙”的话语，陡然间，我的心弦一阵颤抖。穿越时光隧道，我仿佛看到红二十四军军长赫光 29 岁年轻的面影。

法华村位于阜平县城西北约 4 千米处，由东、西法华村合并而成。从东头入村，西行大约 5 分钟，一株周长约“四抱”的参天古槐蓦然出现在眼前。就是在这棵据说已存在2700多年的槐树下，1931 年 8 月 11 日，红二十四军军长赫光壮烈牺牲。数十年后，赫光的儿子万延祯及北京上大学的孙子，都先后来法华村凭吊。

“那就是当年赫光军长殉难的地方。”阜平县党史办的陈守兰指着槐树说，“村民们每

赫光就义处　史斌摄

逢初一、十五都会自发来给赫光军长上香拜祭，清明时就更多了。一些做生意的也会在出门前到这里上香，祈求生意发达。他们已经把赫光军长当成武财神了。”

在村民心中，军长赫光不仅是为民谋求幸福的共产党人，更是今天幸福生活的“保护神”。槐树下，赫光与敌周旋的碾子至今依然存在。据村民介绍，除碾杆更换外，碾盘还是80年前赫光中枪倒地时的样子。

槐树树身上好多地方已经成空，村民用水泥抹住了空洞。在离老槐树根部约3米高的地方，一块当地村民自制的白色牌子赫然在目：“红廿四军军长赫光烈士于一九三一年阴历六月二十八日殉难于此处。”槐树根部，是一座约1米高的小庙，庙里有一个积满香灰的香炉，可见上香村民众多一说并不虚妄。树下的碾盘在岁月里轮转80年后，依然保持着原有风貌。

时光依旧流逝，记忆长存不灭。关于赫光与红二十四军的故事，在法华村口口相传，妇孺皆知。倪同友，81岁，左臂在“文化大革命”期间永远失去，空荡荡的袖管似乎在诉说着历史的残酷。在倪同友老人的叙述中，赫光就义法华村的事情可谓人人皆知，“我们村里每个人都知道赫光军长的事情。赫军长的儿子和孙子每到阜平时总会来村里”。

据资料记载，1931年7月27日，红二十四军和中共阜平县委联合宣布成立中华苏维埃阜平县政府，牛清明为阜平县苏维埃主席。此时，蒋介石正对中央苏区发动第三次围剿。对红二十四军的活动和苏维埃阜平县政府的成立，国民党惊呼：“事实虽小，情节甚大……北方之朱毛较之江西有过而无不及也。”高桂滋则向全国发出通电，称为剿灭红军，“誓愿追随党国，捐躯致死，沥血披阵，伏维昭鉴”。

1931年8月9日，红二十四军政委谷雄一、副军长窦时寻、苏维埃阜平县政府副主席刘应融等到沈克师驻地王快镇进行慰问时被俘。

8月10日，沈克将谷雄一等5人押往北平请赏，同时派赵海清的二十六旅开往阜平县城，声言奉谷政委命令前来接受改编。当天下午，狡猾的赵海清又派副官宋祯到红二十四军军部，说给养困难，人心涣散，要求军长赫光立即接见，以稳定军心。【北京《益世报》1931年8月18日3版。】

经过激烈的辩论，按照少数服从多数的原则，红二十四军决定收编26旅，但不让他们进阜平县城，而是让他们沿城南沙河岸到距县城2.5千米的法华村等待整编。

8月11日上午，赵海清又以一个营投降为幌子，请红二十四军军长出面训话。红二十四军军长赫光、政治部主任刘子祥及6名战士带着猪羊肉、白面、银圆等慰劳品来到法华村。赵海清在村中的老槐树下举行了所谓的欢迎会。

村民倪同友说：“赫光等人一进法华村，赵海清就满面笑容地迎了过去，叫我爹倪录和村里的王振云牵他们的战马到村外去遛，然后将赫光等迎进了旅部。”在旅部，赵海清虚伪地请赫光写了几个大字标语后，一起来到会场。

讲话的台子就设在距大槐树不足10米的王明甫家门前。赫光看到赵海清部荷枪实弹，岗哨林立，山坡上、屋顶上、村口、路口都是全副武装把守，对其意图有所觉察，但还是大义凛然地走上了讲台，大声说："你们起义，咱们就是一家人了。你们参加革命，打土豪分田地，解放受苦受难的劳苦大众，建立新中国，建立一个没有剥削没有压迫的新中国……我知道弟兄们生活很困难，今天给大家发饷……"

赫光的讲演，深深打动了士兵们的心，大家静静地听着，一动也不动，已经忘记了这原本就是个"鸿门宴"。

赵海清与部下约定，以他捋胡子为号动手，但他连着捋了好几次胡子，士兵们都不愿动。赫光看到赵海清的动作后，提出严重警告。赵海清着了急，大声吼叫命令他的特务连动手，敌兵这才醒悟过来。顿时，会场上枪声四起。

赵海清扑上去拦腰抱住了赫光。在两只胳膊不易动弹的情况下，赫光还是拔出了手枪，向身后开了一枪，正好击中赵海清的大腿，但终因寡不敌众，最后在大槐树下的石碾旁倒地牺牲。时年赫光仅29岁。

距槐树10米左右，是村民王作周老人的家。79岁的王作周说起赫光遇难的故事，无限感慨。据老人介绍，"我家老大王富周当时12岁，赫军长讲话时他出来看。听见院门外的讲话声、枪声，感到十分好奇，想从家里跑出来看热闹，结果被奶奶从大门口拽回家。就是利用拉开大门的这一机会，一个红军战士趁机躲进院内。一个大门里头有东、西两个院子，这个红军战士从东院翻墙跑了，躲进后山"。

这个红军战士名叫李古东。据阜平县党史办陈守兰介绍，在这次慰问中，跟随赫光军长的七八名战士除李古东跑出来向阜平县苏维埃政府报告法华村赫光被害的情况外，全部壮烈牺牲，"这是唯一一个从法华逃出去到县城报信的红军"。

赫光牺牲后，凶残的赵海清命令到法华村里看岳丈的孙国义用铡刀将赫光的头颅铡下来，孙国义没干。赵海清又命令士兵铡，然后将头颅装进酒桶，送到北平，拍成照片，命令士兵传阅。政治部主任刘子祥的头颅也被装进了酒桶，之后又被送到北平。**【《创建在太行山下的第一个红色政权》，《阜平党史通讯》第3期，1982年10月编印，内部资料。】**

陈守兰介绍，"文化大革命"期间，孙国义被误认为是杀害赫光的凶手，遭了好多罪。1985年孙国义平反后，党史部门试图让他回忆一下当时的情况，老人一直不愿开口，直到去世也没说这事。

在法华村采访时有个疑问，既然顾昌华说自己是赫光的警卫员，为什么没有随赫光到法华村？几经辗转，等见到顾昌华的回忆文章后，这个谜才算解开。

原来，就在谷雄一到王快镇改编"绿军"的前一天（1931年8月8日）晚上，赫光要派顾昌华到二纵队去任职。一开始，顾昌华觉得自己年龄小，没有带兵经验，推脱不干，后经赫光谈心才同意了。8月9日，顾昌华与谷雄一等人结伴同行，到了二纵队在西庄村萨佑寺的驻地时，副军长窦时寻带顾昌华进去办理了交接手续后，顾昌华一直将他们送过东庄岭，而且约定三天后到东庄岭进行接应。顾昌华回忆，跟他办理交接手续的人姓刘，要调到军部。

综合对比各种资料，顾昌华前往任职的应该是一纵队，而不是二纵队。原因何在？牛曦兼任苏维埃政府主席，"除了地方工作以外，对部队也进行了整训，对各种不利于部队建设的思想和长期在旧军队中养成的坏作风、坏意识进行了教育整顿。另一方面结合敌情和地形对部队进行山地战、夜战等战术训练，使部队的政治军事素质有了提高"。联系牛曦在红二十四军二纵队任政治指导员的事实，他整训的应当是二纵队。另一份资料说红二十四军进阜平后，并不是所有人都驻扎县城，而是二纵队留驻县城，并分别占据县城周围的有利地形；一纵队驻扎东、西庄。由此可见，驻扎西庄的应该是一纵队的一部，并非二纵队。

8月12日早，已经超出约定时间，就在顾昌华焦急等待谷雄一等人回来时，哨兵跑来报告：好几股绿军上来了。顾昌华奔上东庄岭哨所，让哨兵命令绿军停止前进，对方根本不听，还一个劲儿地往前走。顾昌华赶紧命令部队开枪阻击，又派一名士兵骑马去军部汇报。

由于敌人用了炮，顾昌华只好带着部队一边阻击敌人，一边撤退。到方太口，遇上到军部送信返回来的战士，才知道军长遇难，中了绿军的算计。擦干泪水，按照送信战士带回来的命令，顾昌华率部队从方太口入鹞子河，沿河北撤。

赫光遇难的消息经李古东汇报后，刘明德召集会议，组成临时军委，由刘明德任军长、蒲子华任军参谋长，组成人员应当还有牛清明、王子固等。研究后决定，当天集结城里及周边的二纵队主动撤离县城，从城北柳树底翻梁经雷堡（当晚还在城北大派山下的一个村子休息），驻守在东、西庄的一纵队随后沿鹞子河北上，最后在史家寨会合。

遭此沉重打击，红二十四军不得不撤出阜平县城，经龙泉关进入山西，向晋西北转移。

赫光前传

追寻红二十四军足迹当初,我们就从平定县地方志办公室主任刘春生处得知,红二十岁军军长赫光的儿子万延祯依然健在,一直生活在宁夏。

根据刘春生提供的这条线索,2011 年 7 月,在固原日报社和原州区委宣传部人员的陪同下,我们来到宁夏回族自治区固原市原州区头营镇杨郎村红二十四军军长赫光故居——万家堡子。穿过一片宽阔的草场,后走上一条人迹稀少的小道,一道黄土夯就的厚高院墙出现在我们面前。这就是我们此前心中想象了好多次的万家堡子。

万家堡子虽因年久失修坍塌破败,但当年的雄姿依然隐约可见,一看就是大户人家的院落。据说,万家堡子以前在这一带名气很大,新中国刚成立时杨郎镇没有办公室,就占用万家堡子的空闲房子办公。经过岁月的风霜洗礼,这座高墙大院孤寂了很多,偶尔才会有人从那土墙上的门洞里出来进去。

赫光故居——万家堡子

就是这个看似古老封闭的土堡子里，走出了红二十四军军长赫光。

赫光出生于杨郎镇万家堡子一个地主家庭。父亲万廷栋是前清秀才，对赫光这个儿子疼爱有加，竭力供其上学读书。可万家做梦也不会想到，竭力培养的本族后代有朝一日会站在与自己对立的阶级立场，“和他老子打了别别（即意见相左），跑出去再没有回来”。

穿过一片开阔的向日葵地，右转，经土堡门洞，我们来到赫光之子万延祯老人的家。万老爷子今年已86岁，听说我们是从红二十四军起义地来的，老爷子非常兴奋，热情地接待了我们。说到他从未谋面的父亲赫光，老人数次动情，几欲落泪。

赫光（1902—1931年），原名万锡绂，字季玺。1902年2月9日（清光绪二十八年农历正月初二）生于甘肃省海原县杨郎镇万家堡子（今宁夏回族自治区固原市杨郎乡万家堡子村）。弟兄三人，赫光最小。父亲万廷栋（字成章）为人正直，精明能干，经营着一个封建地主家庭。对子女，重视文化教育，管教极为严格。

赫光8岁时，入本村私塾读书。他特别喜爱锻炼身体，爱好作军事演习游戏，经常把同伴组织起来，亲自“指挥”，让伙伴们作“战斗演习”，每次都是他身先士卒，勇猛冲锋，直到取得“战斗胜利”。据他幼年时期的同伴好友蓝英国生前所说：“万锡绂是我们一伙的头头，他学习成绩好，身体好，组织能力强，讲话有一定的号召力，小学生们都愿意听他的。在我们一伙中享有很高的威信。”【万延祯《怀念先父赫光》，见《红二十四军军长赫光传略》第113-114页，中共固原市委党史研究室、中共固原市原州区委党史办编，2003年6月印刷。】

1913年，11岁的万锡绂进入固原县立第一高等小学堂学习，1916年又以优异的成绩考入平凉陇东公立中学堂（今平凉一中）继续学习。他聪慧好学，常常慷慨陈词，挥笔成文。他的一篇作文由于文采横溢、抱负远大，在平凉一中的成绩展览馆一直陈列到新中国成立前夕。1946年，万延祯在平凉中学高中部读书时，还见过那篇论文。

少年时期的赫光，倜傥不群，助人为乐。家中给的学费，他舍不得花，却慷慨资助穷苦同学，在老师和同学当中赢得了赞誉。

1921年，甘肃省各界人士掀起“甘人治甘”、“自治运动”，赶走了皖系督军张广建（安徽合肥人），当时回汉地方实力派小军阀都想夺取督军宝座，汉族方面以陇东镇守使陆洪涛为首，振武军帮统张兆钾是他的急先锋；回族方面以宁夏护军使马福祥为首，他的侄儿、甘肃新军司令马鸿宾为前台，双方兴风作浪，在全省掀起一场轰轰烈烈的“易督风潮”。在北洋政府的调和下，任命陆洪涛代理甘肃省督军，马福祥升任绥远特区都统，张兆钾接任陇东镇守使，马鸿宾接任宁夏护军使，各得其所，利益均沾，甘肃“易督风潮”才得以平息。但是各方仍互不信任，继续进行扩军备战。

1922年，霸占陇东的军阀——镇守使张兆钾，为了扩充私人势力，给振武军培养一批

红二十四军军长赫光

有文化的青年军官，就向平凉中学招收在校学生参军受训，在青年学生中招考军官。赫光是全校的拔尖学生，不仅应试合格，还被选送到北洋军阀吴佩孚所办的洛阳讲武堂学习军事。

当时，马列主义已在全国传播，讲武堂已有党的活动。因受到讲武堂内共产党的活动及进步同学的影响，赫光开始阅读马列主义书籍及革命刊物。他积极地阅读了《共产党宣言》《社会主义从空想到科学的发展》等经典著作，以及《新青年》等革命刊物，受到了马列主义和无产阶级革命的启蒙教育，眼界大开，觉悟提高，思想解放。

这些经典著作和革命刊物使赫光茅塞顿开，激动地写下不少歌颂“五四运动”、向往共产主义、誓为真理献身的诗文。当时，他曾对同学们说：“我辈要勤奋学习，平世界之穷富，以天下为己任。”封建军阀为阻止革命真理的传播，不时搜查进步书籍。赫光沉着寡言，每次搜查时，总是冷静对付，所以他手里的书籍，从未被查出过。

1924 年，赫光从洛阳讲武堂毕业。由于品学兼优、成绩出众，被吴佩孚看中，任命为直属机枪连连长，不久又擢升为迫击炮营营长。同年 9 月，第二次直奉战争爆发，吴佩孚在秦皇岛被奉军包围。由于直系将领冯玉祥于前线发动兵变，迫使直系“总统”曹锟下台。在“北京政变”的打击下，直系一败涂地，几乎全军覆没。赫光从战场脱险，年底由天津辗转返回家乡。这次回家，万锡绂本想不再外出，重新主持家务，侍奉父亲终老天年。然而，由于家中发生了一件使他痛心的事，又激发起他“不干出一番事业绝不回家”的决心。

情况是这样的，此时，正值宁夏 1920 年海原大地震之后，由于地方军阀混战不已，固原农村经济凋敝、匪盗横行、民不聊生，乡民们四处逃荒，一片悲惨景象。许多赶着毛驴运煤炭以求温饱的农民，常被抢去毛驴，扒光衣服。目睹人民处于水深火热之中的严酷现实，赫光非常愤慨，就偷偷拿上父亲私藏的手枪，为运煤的农民义务当保镖。由于枪支生锈使用不灵，他就拆开修理，可又无工具进行安装，就用剪刀代替，不料在其中一个小零件上撬出了痕迹。这件事被继母发现后，马上告诉了父亲。父亲当即恼怒，大发雷霆，把赫光罚跪责骂了四五个小时。

当时，在那种封建意识极为浓厚的家庭里，有谁能够在父亲面前替他开脱说情呢？只有妻子李季芬含着泪水，陪同万锡绂跪在父亲面前为之赔话，恳求父亲开恩。直到午夜，父亲才让万锡绂和李季芬回房休息。从此，万锡绂的心情一直十分沉重。

一天晚上，万锡绂对妻子说："季芬，我不是因为父亲的严厉斥责而伤心，他老人家年老，思想固执，性情暴躁，我毁了他的心爱之物，他心痛是可以理解的。但这个顽固旧制度、旧礼教对人们的束缚使我感到厌恶，我现在只能离开这个家了。我走后，你不要挂念，好好地替我孝敬老人、抚育幼子吧！【这里的"幼子"指万延祯的哥哥万延祺，1932 年夭亡。】你多加保重……"同时又说，"我去后，不把这个黑暗的社会制度翻过来，绝不回家。如果我牺牲在外，你可找武汉的魏野畴就可知我的情况了……"

周遭的一切，使赫光看清了社会的黑暗、政治的腐败、民族的危机、人民的苦难，更使他认识到封建军阀的反动统治是国家落后、人民受难的根源，从而越发坚定他立志走救国救民的革命道路。罚跪回到房间后，万锡绂连夜给魏野畴写了信，不久回信来了，促他迅速返回部队。本来，父亲因为大儿子万锡纶【万锡纶，字经生，宣统己酉科拔贡，性豪爽，任甘肃省烟酒总办处及省长公署科长，补用县知事，未到任因病逝世。《红二十四军军长赫光传略》，中共固原市委党史研究室、中共固原市原州区委党史办编，2003 年 6 月印刷。】在外做事谋生，二儿子万锡缜（业农）死于地震，家境大不如前，想留他在身边主持家务，并对自己之前责骂的行为表示歉疚，但均被万锡绂婉言说服拒绝。

1925 年农历五月初八，赫光借故到平凉去看望姐姐，由平凉直转兰州，见了哥哥万锡纶和其他好友，说明了自己的目的和去向，索要了路费，与父亲不辞而别，义无反顾地踏上救国救民的道路。此时，他的妻子李季芬刚刚怀有身孕 5 个月。谁承想，这一走就是永别。万延祯从睁开眼的那天起，就没有见到过自己的父亲。

赫光离家之后，到达皖北，不久加入中国共产党，在中共豫陕特委的领导下，从事革命活动。因为他是著名的洛阳讲武堂的高才生，上过军事学校，又亲自参加过直奉战争，具有军事理论水平和实战经验，所以中共豫陕特委指派他专做兵运工作。豫陕特委归中央军委领导。

1926 年冬，遵照中央军委的指示，赫光和苗广义、刘明德、蒲子华等十多名党员，通过各种关系打进驻防在安徽阜阳的国民革命军第十九军高桂滋部，秘密开展兵运工作，参加军内地下党的领导工作。

这支部队，当时归国共合作的武汉政府领导。在中共皖北特委魏野畴等人的积极协助下，十九军党组织得到恢复，发展了一批党员，像留守司令部特务连和高建白教导团的第九连，都有党的支部或小组，大部分连、排、班长都是党员。在担任军部少校参谋期间，赫光利用职务上的便利，做了大量工作，使这支部队中党的力量得到较大发展。

不到半年时间（1927 年），蒋介石叛变革命，发动"四·一二"政变，大批共产党员和进步人士惨遭杀害，轰轰烈烈的大革命陷于低潮。

高桂滋被蒋介石改编为国民党第四十七军，反革命魔爪随之伸来。党组织把已暴露身份的党员紧急撤离，留下一批隐蔽较好的同志继续坚持斗争，赫光被党组织指定为留队的负责人之一。

在革命低潮和险恶的白色恐怖环境下，赫光沉着机警，注意斗争艺术，凡与懂英语的党员联系，都书写英文，所以在他负责的工作中一直没有出过乱子。在此期间，赫光与中共皖北特委书记魏野畴取得联系。在皖北特委的帮助和指导下，经过赫光的艰苦努力，发展了一批党员，党在高桂滋部的力量得到恢复。

当时，赫光月薪 32 块银洋，人们都说他是“三金（金牙、金眼镜框、金戒指）五皮（皮帽子、皮武装带、皮手套、皮裹腿、皮鞋）”干部。赫光把每月 32 元所得，一部分用于和上级拉关系，吃喝请客，搞军事情报；一部分用于资助贫困士兵；还有一部分用来做地下联络费。他看到放羊娃出身的齐渭川年龄幼小、家境贫寒、办事机灵，就经常给他讲些革命道理，教他学习写字。

利用齐渭川的身份之便，赫光把他作为自己和魏野畴之间的秘密通讯员，经常叫他传递党的信件、文稿，有的机密文件是用英文写的。因此，中共中央军委和豫陕区委的文件，都经赫光转送。【1985 年 5 月，赫光之子万延祯拜访过父亲的一位老战友，前青海军区副政委、离休老红军齐渭川。此为齐渭川向万延祯讲述内容。“三金五皮”内容与其他处略有出入。见《红二十四军军长赫光传略》第 121-122 页，中共固原市委党史研究室、中共固原市原州区委党史办编，2003 年 6 月印刷。】

1928 年，高桂滋部参加第二次北伐行动，奉命开拔山东。赫光认为时机已到，征得皖北特委同意，准备在高部行军到山东金乡县羊山集时发动兵变。但因组织不够，未能成功，给党造成了一定的损失。党组织在总结这次失败教训时认为：要想兵变成功，必须要有共产党员取得部队的实际指挥权。于是，赫光遵照党的指示，通过关系千方百计离开军部，到基层去当了一名营长，为党掌握到一营武装的实际指挥权。

赫光之子万延祯谈论关于父亲的往事，身后为赫光遗像　史斌摄

蒋、冯、阎“中原大战”之后，1930 年，高桂滋部调往山西平定县驻防。因高桂滋部是“杂牌”军，“中原大战”中又站在冯玉祥一边，所以第四十七军缩编为正太护路军第一师，各级军官原位递降，赫光由营长改任连长。

经过 4 年多的积蓄力量，

1931 年,由于赫光卓有成效的工作,高部已有共产党员五六十名,其主要骨干多集中在赫光所在的一团,一些党员还担任下级军官,握有一定的兵权。部队广大战士,大多数出身于贫苦农民家庭,多年来在党组织的耐心教育下,思想认识有了不同程度的提高。加之,当时山西驻扎了大量军队,给养困难;蒋介石又排斥“杂牌”军,扣饷不发,加上军中给养不济,生活困苦,士兵破衣烂衫如同叫花子,有时还数月拿不到薪饷,甚至连基本口粮都得不到保证,成天吃发霉的劣米荞面,因此高部全师怨声载道,人心思变。

赫光把部队的情况及时向上级党组织作了汇报。中共山西特委经请示北方局和顺直省委批准,于 1931 年 5 月召开特委会议分析了情况,经过认真研究,认为时机基本上成熟,决定在高桂滋部举行兵变,以赫光所在一团为依靠,带动二、三团,争取把高部全建制拉到五台山区建立革命政权,实行“工农武装割据”。这一计划得到中共中央军委的批准,军委决定起义成功后,立即组建中国工农红军第二十四军。

赫光等回到部队以后,经过月余的紧张准备,正当各方面都在按预定方案进行时,突然在 6 月下旬,高下令逮捕了一团二营八连的共产党员排长刘玉珊。赫光认为情况紧急,就与副营长刘明德一起赶到太原,向中共山西特委汇报请示。特委书记刘天章告诉他们,上海中央局出了叛徒,向敌人出卖了山西的情报,现在要改变原计划,先发制人,立即举行兵变。特委召开紧急会议,会后一面向中央请示,一面分头行动,指定共青团山西特委书记娄凝先帮助赫光等做有关准备工作,并派特委军委书记谷雄一专程到平定协助赫光领导兵变。

1960 年,阜平县人民政府专为赫光、谷雄一等革命烈士修建了革命烈士陵园,号召全县人民“发扬赫光精神”,继承先烈遗志,建设新阜平。1984 年 2 月 16 日,薄一波给赫光家乡固原地区党史办写信,称赞“赫光同志是一位坚强的无产阶级革命战士”,“他的历史功绩是值得后人纪念的,应该留诸史册”。

万延祯寻父记

说到寻找父亲的事情，万延祯老人心情很不平静，几度哽咽。

“亲爱的爸爸，我一生第一次叫出这样一个亲切的称呼。虽然，你再不能用声音来回答我，但在我的心灵深处仿佛听到了你对我的呼唤——延祯！你才来了……爸爸，我是没有见过你的面的。……”在杨郎乡赫光烈士纪念馆中，泛黄的纸张记录着一个儿子关于父亲的爱与痛。

1983 年 4 月 5 日，58 岁的万延祯老人在河北阜平烈士陵园，第一次喊出了“爸爸”这个对他来说略显生涩的词汇。而此刻，他的父亲——中国工农红军第二十四军军长赫光已经离开人世整整 52 年了。

1931 年 8 月 11 日，赫光陷入敌人设下的圈套，在河北阜平县法华村遭遇袭击，英勇牺牲，年仅 29 岁。为革命洒尽最后一滴血的赫光没想到，他的真实身份直到半个世纪后才被查证核实，予以承认。

赫光离家后，每年同家里都有书信往来。1931 年 4 月，他给家里来了一封信，并随信寄来了几张身穿军装的照片，说是驻防山西平定县，从此以后，便音讯全无。谁知这竟然成了他的最后一封信和照片，不知信上说了些什么。父亲没有告诉赫光的妻子李季芬信上究竟说了些什么。

若干年后，万延祯回想起祖父和母亲在这以后十多年的表情，认为是不够正常的。

1936 年红军西征路过杨郎乡二营河时，有些马匹在二营河滩放牧，祖父叫着万延祯的名字，并把他引到堡墙拐子上，指着河滩的马匹说：“看，那不是红军的马匹吗！……”不久，祁家堡子被红军解放了，北川里的有钱人纷纷跑到固原城躲藏起来了，祖父一直不去。在固原城里居住的万延祯的堂兄为叫祖父躲避，把住处都安排好了，但祖父依然坚持不去，后来经亲友们再三劝解，才勉强到固原住了几天。

万延祯的母亲李季芬那时表现得更为异常，她把赫光的衣物、照片及用具，全部收藏起来，有时还暗地里流泪，当亲友谈论起赫光近年不来信，恐怕是快要回来了时，她就叹息着说：“今生今世他恐怕是再也不会回来了，我把他用过的东西保存下，等延祯长大了做个纪念吧！……”

那时，万延祯才十三四岁，对两位老人的这些反常表现是不会也不可能理解的。虽然如此，但有时他还是从两位长辈的言谈中，看出他们对父亲的生还抱有一线希望。祖父就曾对万延祯说：“你父如在人世，现在差不多到俄国去了。如果那样，将来就是一个了不起的人物了……”万延祯有时问母亲“我爹到底在哪儿”时，母亲说，“你爹他在很远很远的地方，他等着把事业干成了才回来……”【万延祯《怀念先父赫光》，《红二十四军军长赫光传略》第116-118页，中共固原市委党史研究室、中共固原市原州区委党史办编，2003年6月印刷。】

就这样，全家老小对万锡绂的生死，一直还是一个谜。因而在父亲牺牲后，一家人还长时间地盼望他回家团聚。

直到1939年8月爷爷万廷栋病故，万延祯有个在兰州做事的大姑父祁鼎承探亲时，才把万延祯和李季芬叫到跟前说，“现在老人（万廷栋）已去世，不必再隐瞒下去了，延祯已经十五岁，懂事了，我就实话告你们吧，延祯你记住，你父亲为国捐躯已经六七年了，他是共产党第二十四军军长，化名赫光，是高桂滋部队的连长，他领导山西平定兵暴后，被国民党军阀沈克诱杀的，你记住杀父仇人的名字，好为你父报仇”，并叮嘱万延祯“现在不能声张，你只记在心里就行了，要好好念书”。

究竟赫光是如何死的、死在何地，这位亲友当时并不清楚。当然，就是清楚，其家属也是不敢找的，在国民党的白色恐怖下，难免受到牵连。仅根据这一丝线索，万延祯一家真不知道该到何处去寻找亲人的遗骨。因此，只能等待机会。从那以后，万延祯母子对万锡绂生还的愿望彻底破灭了。万锡绂——赫光，这就成了万延祯所知道的有关父亲的唯一线索。

到了1942年春，高桂滋部驻防固原、黑城、杨郎一带，万延祯的堂兄万鹤亭为找万锡绂的丧身之地，结识了高部的一位名叫刘文清的老营长，据说和万锡绂认识。就在过春节之际，便把刘文清请到家里。李季芬见后，立即发怒，并把万延祯叫到另一间房间里哭着说：“延祯！你如果是你父亲的儿子，就不要认贼作父了！”接着给万延祯讲父亲离家时的情形，并叫他记下：“以后决不能和高桂滋队伍里的人来往，你三哥和你不一样，任他去吧！我死后如能找到你父亲的尸骨给我陪葬更好，否则你就绑一个草人陪葬在我身边……”由此可见，李季芬对万锡绂的一切并非全不知情。

遗憾的是，万延祯那时虽已成人，但由于自小未见到过父亲，父子之间的感情淡薄，又处于国民党反动派统治的年代里，不便多提父亲的事情；还恐怕给母亲带来不必要的悲痛，有伤老人的身体。加之自己求学、工作在外，和母亲交谈很少，导致寻找父亲的事一再搁浅。【万延祯《怀念先父赫光》，《红二十四军军长赫光传略》第117-118页，中共固原市委党史研究室、中共固原市原州区委党史办编，2003年6月印刷。】

1946年，万延祯以优异成绩考入平凉一中，到父亲20多年前曾就读的这所陇东名校读书。

1948年，万延祯在甘肃平凉一中毕业，因成绩优秀被学校保送到上海交大读书。但一则当时解放军正在解放西北，战乱中万延祯没能按期赴上海注册入学，二则由于家贫，身怀大志的他只好满怀遗憾地回到家乡，第二年即在固原中学当了数学教师。

到1951年，赫光已经牺牲20年了。现在，革命胜利了，不找到父亲的下落，岂不枉作革命的后代！又怎能让自己慈爱的母亲在晚年得到安慰。无论如何，一定要找到亲人的尸骨。母亲的话，万延祯深深刻在心里，于是开始寻找父亲。

但到底如何找，母子二人心中无数。万延祯想，过去革命根据地在陕北，那是一切革命志士的归宿地，就写信给西安《群众日报》社询问：万锡绂，甘肃固原县杨郎乡人，化名赫光，传说为红军某军军长。他为什么而死？死在何处？能否找到尸骨？……他们抱着即使大海捞针，也得下海去捞的决心，先试探着向西安的《群众日报》社发出第一封询问信。

这是一封投石问路的信，于1951年春发出后，报社把这封信转交西北局秘书处。等到当年8月，收到了西北局秘书处的回信。

李季芬女士：

群众日报社已将你的信转给我们，万锡绂惨死在蒋匪手里，以后的情况，我们一点也不了解。因距现在的时间太远，其尸体不好寻找。

此复并致礼

中共中央西北局秘书处

八月二十八日

万延祯母子收到这封信，有些遗憾，但也有希望。遗憾的是没有回答主要问题；尚有希望的是，若"惨死在蒋匪手里"，也许是"为革命而死"，这就是"死也值得"。经历漫长的思念之后，万延祯母子这样遐想着，一缕淡淡的慰藉之光，暗暗地在他们心中升起。

万延祯抱着一线希望，去拜访了当年固原县委书记赵崇德。赵崇德看过西北局秘书处的复信后，沉思了一会儿，对万延祯说，国民党军政人员因起义被蒋匪残害者，可追认为烈士。但你父亲情况不清楚，还不能据此下结论。你可继续向西北局写信，查明情况，取得证明，我们再作处理。如果你父亲在国民党高桂滋部队工作过，高本人大概是知道你父亲的情况的。现在，他在西北军政委员会任职，你可去信让他向西北局作些证明，证明你父亲的事。

赵崇德的一番话，使万延祯更加有了寻找父亲下落的勇气和信心。回家告诉母亲后，万延祯又向西北局领导和高桂滋本人发出询问信。

等待，等待，再等待。谁料，石沉大海。

万延祯心想：西北局领导不回音，可以说得过去，因为西北局秘书处已说过情况不了解；那么，高桂滋当时是父亲的上司，难道真的一点也不了解？这个疑团迷雾，使他寻找父亲尸骨的心，凉了半截……

1954年秋，万延祯由固原一中调到泾川县中学任教。一次，偶然间与父亲当年的一个老战友交谈中得知：有位叫作邢肇棠的老干部可能知道父亲的情况，但邢肇棠调离宁夏后，不知道调往哪个省工作了。

了解到这一新的线索后，万延祯便时时留心报纸上有关人事调动的消息。1957年春夏之交，从报纸上得知邢肇棠担任河南省人民委员会副主席的消息，立即抱着试探的心情，给邢肇棠去了信。去信半月，很快就接到了复信。

延祯侄：

大革命时期，我和你父万锡绂同在国民党高桂滋军中工作，后因逼位，我离开该军，住在太原，你父在暴动前，来太原见我一次。去后月余，即闻暴动。你父化名赫光，为红二十四军军长。军阀沈克率众假装暗投，诡称“走投无路”，要求红军收编。当时，对沈克诈降诡计缺乏警惕，在去受降时，发现上当受骗，率领随行人员同敌人展开肉搏，你父壮烈牺牲。

延祯侄：你有这样一个父亲是光荣的。他当然是一个烈士。你把我这封信，交给当地县委，作为我对你父亲生前历史的证明信。

最后，希望你好好学习，努力工作，为党为人民做出自己的贡献。

邢肇棠

邢肇棠在信中对他父亲发动暴动和牺牲的情况作了比较详细的介绍，证明赫光与万锡绂同为一人。收到这封信，万延祯欣喜万分，当即把信交给学校党支部，其用意在于让学校党组织全面了解自己的家庭出身和社会关系。自己作为一个革命的后代，希望得到党组织的培养。

学校党支部负责人看到这封信后，也开始重新审视万延祯这个地主家庭出身的国民党旧职留用人员，对他积极靠拢党组织的愿望不再怀疑和漠然置之，而是把他当作革命后代给予重视和培养。同时，为了帮助他找到父亲的下落，党支部还签注意见转交给泾川县委处理。为了培养这个烈士后代，扩大他的政治影响，党支部书记还向全体师生宣讲过他父亲的英雄事迹。所有这些，都深深打动着万延祯的心，他决心继承父亲的遗志，更好地从事教学工作，把青春献给党、献给共产主义事业。

万延祯带着邢肇棠证明父亲是烈士的信件，高高兴兴地去找泾川县委书记白宗辉，向白宗辉表明他寻找父亲的迫切心情。白宗辉书记很重视，把证明信留了下来，亲切地和万延祯握手告别时说：“万延祯同志，多年来，让你们受委屈了。这封信，我马上转交北京有关部门，你等候佳音。你还有什么要求，可回去给我们写来。等批复下来，我们一并处理……”

听了县委书记白宗辉这一番充满热情的话，万延祯内心激动不已。于是，他默默地等待“佳音”的到来，希望核实烈士家属身份后能减轻自己地主出身和国民党旧职留用人员的罪责。

在耐心等待“佳音”到来之际，正是反右政治运动日益紧张之际。由于万延祯担任泾川一中民盟支部组织委员期间，曾发展过两名社会关系比较复杂的教师为民盟盟员，因而被定为“右派分子”，先受到撤销教导主任职务的处分，后又于1958年1月宣布“开除公职，送劳动教养”。

真是天有不测风云，人有旦夕祸福。原期望成为“烈士家属”之后会减轻自己地主出身和国民党旧职留用人员家属的历史阴影，然而，万没想到“佳音未到”却“厄运突临”！当时，万延祯痛苦极了。

1958年3月4日，万延祯被送到银川潮湖农场劳动教养。他想到自己是地主家庭出身、三青团员、民盟盟员、国民党旧职留用人员，决心在劳动场所进行彻底的脱胎换骨。于是，他重新打起精神，认真劳动改造，到1961年11月终于摘掉“右派分子”帽子，解除劳教，回原籍参加生产劳动。

1961年，万延祯回到家，看到妻子、儿女们一个个面黄肌瘦、衣不遮体，得知白发苍苍的老母已经在他刑满前夕因病饿交加而带着遗憾去世，不由得失声痛哭。他很懊丧：没有找到父亲的尸骨，让母亲带着永久的遗憾离开人世。难道要真的绑一草人，着衣入殓，埋在母亲的墓旁为父招魂……

长时间懊丧悔恨之后，万延祯又抬起头对妻子说：“父亲的下落还得找！邢老的回信交出去了，西北局秘书处的复信还在。只要还有一点线索，还有一线希望，就得继续寻找！”妻子眼含泪水，默默点头。

可是，这时候寻找父亲的下落，困难更大了。因为原来找到的线索，已经中断；原来想找而未找的人，经过各种运动，现在不知到哪里去了，是否还健在，都无法知道。而自己现在是劳教出来的人，在农村的行动还受到种种限制，怎么找？哪有经济力量去找？万延祯一筹莫展……

“文化大革命”开始后，震天响的口号对万延祯有所触动。万延祯想，要奋斗，就会有牺牲，就得不怕死。自己寻找父亲的下落，前怕狼后怕虎，没有敢说、敢干、敢闯的精神，看来也不行。有西北局秘书处的复信在手，即使找不到，也不致引起大的麻烦。寻找先人下落，不具有什么阴谋和野心，何况自己的父亲还是为革命事业而牺牲！寻找烈士——父亲，天经地义，理所当然！

于是，万延祯鼓起勇气，大胆地向中央文革小组寄去寻找父亲下落的询问信。

信发出后，他耐心地等待、再等待，结果是石沉大海。

到 1971 年，父亲已经牺牲整整 40 年了。他想，给中央文革小组写信查找，也许相隔太远。于是，他改向宁夏回族自治区革委会去信查找。出乎意料，信很快转到固原县革委会人民来信来访接待室，给他的回答是如下。

万延祯：你给区革委会的信，已转我室。关于你父亲的历史问题，据你所谈，1951 年原西北局曾作过调查，并答复你查无结果。那时离 1931 年才 20 年。1951 年至今，又是 20 年了。因此，我们认为，事到如今，天长日久，难于查清结论。

此复

固原县革委会人民来信来访接待室

1971 年 3 月 8 日

面对组织上这个“天长日久，难于查清结论”的断语，万延祯大失所望，重新陷入迷惘苦闷之中。万延祯认为：祖先不能忘，革命先烈更不能忘，烈士遗骨更需寻找！

与此同时，万延祯没有忘记查找他父亲的老战友邢肇堂现在的行踪以及邢肇堂在 1957 年写的已交给泾川县委的证明信。

信发出后得到了回音，但都令人失望，河南省革委会来信来访接待室回信说，“邢肇堂已于‘文化大革命’前病故”；甘肃泾川县委回信说，“关于你父的历史证明信，经查档案，无有此案”。

在“文化大革命”期间，万延祯为寻找烈士父亲的下落，发出了一封又一封询问信，其结果是长期得不到回音的，令他失望；得到回音的，更使他失望……

令人失望的时代终于结束，一个充满希望的新时期开始了！

1978 年 5 月，使万延祯长期受冤屈的错划“右派”的问题，得到了实事求是地改正。紧接着，县教育科于 6 月 1 日重新地用他到杨郎中学任教，这就为他重新寻找父亲的下落提供了一个良好的环境和条件。就在他重返教育战线的第一个暑假，他又给国务院信访室写了一封信，要求查找父亲的下落。到 12 月，他收到固原县信访接待室的批复信。

万延祯同志：

你给国务院人民来信来访接待室反映情况的信已转交县里，现答复如下：

1.你提供的关于你父亲的有关线索，我们均不知道，无从着手这一事情。

2.原西北局给你家的答复根据是什么？我们更无从考查。

3.此事时间相隔四十余年，无法与原单位联系，加之，知你父此事的人不多。

4.根据上述情况，你能否从其他方面提供线索，以便调查。

中共固原县委来信来访接待室

万延祯收到这样的复信，虽然仍不免感到失望，但毕竟与“事到如今，天长日久，难于查清”的批复信迥然不同。它除使人认识到烈士牺牲40年后再寻找的艰难，还给人以启发和希望。“你能否从其他方面提供线索，以便调查”，就像从乌云尚未散尽的天空中射出一道灿烂的阳光，终于得到了组织上的理解和支持。过去一次次寻找，一次次失望，或许就是“投石问路”没有问到地方上。那么，究竟问谁才对路呢？万延祯又感到茫然……

1979年4月的一个晚上，杨郎街上演电影秦腔戏剧片《三滴血》。妻子和孩子都要去看，万延祯只好在家看门。他独自寻思，《三滴血》里有父子滴血认亲的故事，我今日想认亲，父亲却无血可滴了！想到这里，一股莫名的悲哀涌上心头。他沉静了一会儿，联想到20多年的冤假错案，被我们党实事求是地改正的事实，猛然感觉到落实政策的春天，现在已经到来了。他相信党，相信党的喉舌——《人民日报》。于是，他从沉静中抬起头来，趁妻子和儿女在街上看电影无人打搅的时候，给《人民日报》编辑部写了一封询问父亲下落的信，次日即邮寄了出去。

到5月底，固原县委组织部收到中共中央组织部的批复信。原文如下：

中共宁夏固原县委组织部：

你县杨郎中学万延祯来信，要求寻找其父万锡绂（赫光、万赫光）的下落。据我部《死难烈士英名录》记载：赫光，原红二十四军军长，1931年牺牲于阜平。因材料简单，难以证明赫光是否是他父亲。现将万延祯的来信转去，请你们核实来信人的情况，并酌情答复本人。

中共中央组织部办公厅

1979年5月24日

固原县委组织部接到中央组织部办公厅的批复信后，一面将此批复转告万延祯，一面批转县民政科查处。

10月，县民政科派人深入杨郎乡调查了解，将材料打印上报地区民政处，并写信告诉万延祯“放心工作，再不必惦记挂怀”。当时，万延祯高兴地等待着上级民政部门的批复。

12月的一天，地区民政处负责人找万延祯谈话，向他提出这样几个问题：

一、据我们了解，1931年前后，在山西平定县周围，连共产党的影子都没有，还哪里来的红二十四军？

二、据你说，你父亲在高桂滋军队任连长，经过暴动，一下就由连长变为共产党的红二十四军军长，有那么容易吗？再说，你父亲名字叫万锡绂，为什么一经暴动还要改名赫光？

三、赫光是烈士，我们承认，因中央组织部有记载。可新中国成立后，中央一直没有承认你们为烈士家属，这是不是说明你父亲就不是中央记载的那个赫光呢？

这几个问题，问得万延祯没有一个能答得上来。万延祯请求：这几个问题，我是无法回答的。不过，我请求组织帮助我了解、落实我父子关系就行了……

“那你要我们给你登报寻找呢，还是怎么呢？”谈话人这样追问说。

这一问，问得万延祯不知说什么好。

“道听途说，不足为凭，不能承认……”谈话人最后这样说。

“事到如今，还有什么好说的呢？”万延祯这样伤心地想，黯然离开民政局。

事后不长时间，县民政科收到民政处驳回的材料后，对万延祯说：“上级对你父亲下落的问题，都没有办法查找，把材料退回了，我们也无能为力了……”此时此刻，一种乍暖还寒的心绪袭击着他，令他不知该怎么办才好。

沉默了一段日子之后，万延祯这样想，必须继续找，不查个水落石出，搞不好还有欺骗组织的嫌疑。

万延祯这样提防着，也冷静地思索着下一步。他相信：父亲的英雄事迹，家里人不知，故乡人不晓，那是因为父亲搞地下革命活动，不在故乡。但是，发生暴动的地方不会忘记父亲；父亲牺牲的地方，人民不会忘记父亲；红二十四军的幸存者更不会忘记父亲！

中央组织部办公厅的复信已经说明父亲“1931 年牺牲于阜平”，那一定不会错，阜平的群众一定不会忘记父亲。于是，他决定再找县民政科，终于得到县民政科的理解和热情支持。县民政科直接向阜平县民政科发出了询查信件。

投石问路，这回总算找对路了。1981 年 3 月，阜平县民政科回了信，说赫光烈士的尸体被阜平人民安葬在阜平烈士陵园，并附寄了《赫光军长简要事迹》：

赫光（原名万锡绂），原系山西省平定国民党陆军第一师护路司令孙楚节制下的一个连长，在我党的影响下，赫光同志加入了共产党，成为一名坚强的地下共产党员。

1931 年，党在国民党陆军第一师组织领导兵变，赫光同志积极参与并组织领导这次兵变工作，兵变成功，使敌部一个团五百人左右加入了革命。这次兵变影响很大，鼓舞了人民，动摇了敌人，有力地配合反围剿的胜利。中央军委授该部为工农红军第二十四军，赫光同志为军长。

兵变以后，赫光同志率该部从山西平定出发，一路遭敌围追堵截，均战敌取胜，绕经五台、盂县、平山、灵寿等县后，顺利到达阜平。

赫光等同志率红二十四军到达阜平后，积极宣传组织群众，领导人民打土豪、分田地、砸盐店、开粮仓、放监狱。还在阜平建立起了华北第一个苏维埃政府，得到了人民的拥护，不到半月时间，就有三百多人参加了革命。阜平苏维埃的建立，给了人民莫大的鼓舞，也给了敌人极大的震惊……

由于当时党内“左”倾机会主义路线的影响，红二十四军领导未能识破真假，正确分析形势，结果上了曲阳沈克部队“假投降、真剿共”的当。8 月 11 日，赫光同志率部分人员到阜平法华村和敌接洽谈判时，进入了埋伏圈。在识破敌人的阴谋后，赫光同志大义凛然，还讲了话，动摇了军心，最后不幸落入敌手中，在敌铡刀下壮烈牺牲。

赫光同志牺牲后，阜平人民无限悲哀怀念他。新中国成立后，阜平人民已把他的光辉业绩编入阜平党史，记入史册。赫光同志的尸体，已安葬在阜平烈士陵园，供子孙后代致哀。

阜平县民政局烈士陵园

1981 年 3 月 25 日

固原县民政科收到阜平县寄来的材料后，认为事情经过和万延祯所谈“差不多”，但由于《赫光军长简要事迹》材料中没有说明赫光的家庭出身和原籍地，谜团仍然没有解开。因此，赫光是否固原县人，尚成问题，有待核实。

万延祯看到阜平民政部门的回信及附寄的材料后，心情十分激动，当即要求去阜平看看。但“籍贯问题”没有查证清楚怎么能去看呢？当时，万延祯心想：父亲下落是找到了，现在的关键问题是如何证明赫光就是固原杨郎的万锡绂呢?他想到父亲的照片。如果阜平有人能辨认出他父亲的遗像就是赫光的像，也就证明红二十四军军长赫光与杨郎的万锡绂是一个人。这时，他充分认识到父亲遗像的价值是何等珍贵了。

于是，他回到家中四处寻找父亲的遗像。结果一张也没有找见。

哪里去了？万延祯的妻子不得不如实告诉他：一张遗照，作为母亲的随葬物放进棺材里去了；另一张照片，本来是放在镜框里挂在墙上的，一次被一个来家的公社干部发现，追问：“那穿军官衣服的相片是谁?”当时，妻子说是一个“亲戚”的照片，应付了过去。事后，怕被当作地主少爷、国民党军官追查，只好忍痛悄悄销毁，以免带来不必要的麻烦。

万延祯得知此情，真想大哭一场。但他理解妻子那样做的心情，不能过多指责。此时，妻子也开始意识到照片认亲的作用，想到在 60 年代初烧照片的同时，还在一个破旧罐头瓶底下藏着一张照片，寻找出来时，已经积满厚厚的灰尘。万延祯见到这张照片，如获至宝，细心地擦掉尘土之后，仔细一看，原来是他父亲在吴佩孚办的洛阳讲武堂学习时拍的照片（如今矗立在固原五中校园内的赫光塑像就是依照这幅照片雕制的）。他转忧为喜，立即进城翻拍照片，分别给中央组织部、中央军委总政治部寄去了信和照片，希望能有当事人辨认。

也许，又是寄错了地方吧？信寄出后，都回信说“无法证明赫光是固原人”。

为了让组织确认赫光就是固原杨郎的万锡绂，他到处发信打听是否有参加“平定兵变”的老同志健在。

1981 年 12 月，民盟宁夏区委秘书长王祖旦来信告诉万延祯，《山西文史资料》第十三辑刊有李志敏写的《唐山兵变、平定兵变的回忆》。经查，文中写道：“中共山西省委决定组织平定兵变，开展华北地区游击战争，创建革命根据地。经上级批准，兵变后番号为工农红军第二十四军，在五台山一带建立革命根据地。军长赫光(原名万锡绂，是高部的一个连长)、政委苏一雄(原名谷雄一)……这些主要负责人。我在高部都认识，且来往很多……”

得到这一线索，万延祯欣喜若狂，认为只要找到李志敏这位老同志，就等于找到认识他父亲的人了。于是，他一面立即将这一情况向县民政科反映，另一方面，写信直接同山西文史资料编辑委员会联系，询问李志敏的工作单位、通信地址。

1982 年 1 月，山西文史资料编辑委员会热情地回信给万延祯：

来信收悉，原信将转山西省政协副主席李志敏同志处理。你也可以与李志敏副主席直接联系询问。另外，红二十四军陈子毅同志，在河南省人民政府视察室工作，你可以与之联系。他写的关于红二十四军的回忆，将在《文史资料》第二十二辑上发表，可供参考。这次来信，你写了你父亲的片断情况，我们请你为他写一传记，包括姓名、别号、籍贯、学历、生卒年月、家庭状况等。

你父亲照片，我们征集……最迟，请在一个月内办妥此事，因要配合红二十四军的文章，争取制版发表。因制版用，如条件不好，复制质量不高，即请将原照寄来。

万延祯于 1982 年春节前夕收到这封信，真是大喜临门，感到给全家带来了福音。于是，投入紧张的工作，撰写父亲小传，进城翻拍父亲遗照。

4 月中旬，万延祯收到登载有他父亲英雄事迹和照片的《山西文史资料》的二十二辑。亲友们得知后，都纷纷向他贺喜，祝他寻找父亲已有着落。对万延祯来说，经历三十多年痛苦的思念、痛苦的寻找，终于寻找到了父亲的下落，见到父亲英雄事迹留名青史，自然感到极大的欣慰，觉得自己几十年来的心血总算没有白费。

6 月，固原县民政科派出两位工作人员，前往河北省阜平县调查。时经一月，顺利完成任务。出外调查的人告诉万延祯说：向县领导汇报以后，即将调查材料打印上报，你听候消息……

8 月中旬，万延祯收到河南省人民政府视察室陈子毅的复信：

延祯同志：你好。问候全府平安。7 月 30 日来信收到，附寄烈士照片，忆同当年。

延祯同志：关于你爸爸赫光烈士的问题，时隔五十年，记忆模样犹初。现在能证明五十年前的历史的同志，已然七老八十，而且也不太多了，所以，还须抓紧。

专此布复并问

近好

陈子毅

1982.8.10

10 月中旬，河北阜平县党史资料征集办公室根据《山西文史资料》提供的线索，派了两位工作人员来到固原，在地委党史资料征集办公室和固原县民政科人员的陪同下，前往杨郎万家堡采访了赫光烈士青少年时代的思想学习生活情况，给万延祯带来了烈士生前战友牛清明、顾昌华两人所写的参加平定兵变的回忆文章，也带来阜平人民对烈士家属的问候和关怀。

随后，包括薄一波在内的一批老同志也纷纷写信对赫光的有关情况作了证明。至此，万延祯耗尽半生心血解开父亲谜团的愿望终于得以实现。面对迟来的喜讯，他百感交集，喜极而泣。

所有这一切说明，文史、党史部门已经确认：阜平的赫光烈士就是杨郎的万锡绂，就是万延祯四处寻找、日夜思念的生身父亲！

而故乡的民政部门，虽然对烈士家属四处寻找父亲下落的迫切心情曾经一度缺乏充分的理解，但现在也慎重地研究、审定着……

1983 年的清明节，万延祯和表兄李占英带着县民政部门的介绍信，拿着父亲唯一的一张照片，在固原县民政科两位工作人员的陪同下，于 4 月3 日到达阜平，前往烈士陵园给父亲扫墓祭奠，受到阜平县党史、民政部门和群众的热烈欢迎、热情接待。广大干部群众、学生胸佩白花，打着彩旗，前往烈士陵园扫墓。

在哀乐声中，父亲离家 5 个月后才出生的万延祯，第一次在父亲的英灵面前致哀，倾诉衷肠。前来扫墓的人们，听到赫光军长的儿子在父亲的墓碑前哭叫出有生以来的第一声“爸爸”。

> 亲爱的爸爸：我一生第一次在您的灵前，叫出这样一个亲切的称呼，虽然您再也不能用声音来回答我，你在我心灵深处，仿佛听到了您对我的呼唤：延祯，你才来了……
>
> ……
>
> 爸爸：在我刚刚懂事的时候，看见别人家的孩子有妈妈，也有爸爸，我惊奇地问：“我是没有爸爸呀？他为什么不回家呀？”
>
> 妈妈告诉我说：“你当然有爸爸，在很远很远的地方干大事，等把事情干成了，就回家看你来了……”
>
> 在 1931 年春暖花开的时候，家里曾经收到过您从山西寄来的信和照片。我拿着照片高兴地对别人家的孩子说：“我也有爸爸，有一个带枪的爸爸！”
>
> 从那时起，我开始想见您。可是，在我哥哥延祺于 1932 年 4 月因病夭亡时，我没有见您回来；以后，祖父去世，还没有见您回来。在家里连遭不幸的时候，我母亲是多么痛苦，我们是多么想念您！
>
> 我清楚地记得：祖父逝世那年，我刚十四岁，大姑父由兰州回家省亲，才告诉我们：您化名赫光，1931 年为国牺牲，杀死爸的仇人叫沈克。姑父嘱咐我“好好念书，长

大成人后，为父报仇！”我们母子听到这里，放声大哭……

……

爸爸：您的身躯倒下了，但是，您为之奋斗的伟大事业，青春常在；你的头颅落地了，你为全人类彻底解放而献身的思想，在您儿孙心中永远闪光！

……

安息吧，英雄的父亲，亲爱的爸爸！

……

人们听着赫光军长的儿子、固原杨郎中学校长万延祯哀诉衷肠的悼词，无不为之动情，洒下热泪。

当天下午，在阜平县民政科负责人的陪同下，万延祯一行有幸在阜平找到了赫光当年的警卫员顾昌华老人。顾昌华见到万延祯手持的照片，老泪纵横，一眼便认出这正是自己当年的军长。

顾昌华又带他们找到了法华村当年目睹赫光牺牲的张承先老人。张承先见到万延祯后，含泪紧紧拥抱住他说道：“我们几十年了，只当是赫光军长没家、没人了。今天，终于见到他的亲儿子，犹如见到赫光军长一样。你长得太像你父亲了！”

在法华村，张承先等几位知情者，向万延祯讲述了赫光如何牺牲的经过。法华村的村民，听说赫光军长的儿子来了，老少数百口人赶过来，争先恐后地和万延祯握手，争相邀请万延祯到他们家做客。

看到阜平县委、县政府为父亲和其他烈士修建了陵园，阜平百姓对父亲如此的崇敬，这让万延祯感到万分欣慰和自豪，“爸爸，您永远活在阜平人民的心中。阜平是您最后的归宿地，您安息吧！”万延祯决心不搬父亲的尸骨回老家，心想，长眠于地下的母亲一定会理解自己的做法的。

至此，万延祯终于证实了自己就是赫光的儿子。**【谢基祥、蓝占杰《赫光之子寻父记》，《红二十四军军长赫光传略》，中共固原市委党史研究室、中共固原市原州区委党史办编，2003年6月印刷。】**

万延祯与顾昌华等在一起

2006年10月，纪念红军长征70周年前夕，赫光故居前那条土路上彩旗飘扬、人声喧闹，杨郎四队的村民们蜂拥而至，中央派人来看望赫光烈士的遗属，随同的文艺

阜平县赫光纪念碑

团体还给烈士家人专场演唱了长征组歌。【朱之泓《赫光烈士身后事》。】

时间如白驹过隙，赫光殉难法华村至今已历八十载。面对万延祯老人家中老照片上那张年轻英武的脸庞，我们仿佛穿越了80年的时空隧道，看到一个为了革命信念而舍生忘死的铁骨军人，一个矢志追求理想而赤胆忠心的共产党人。

现在，万延祯安静地生活在祖辈几代人居住的土堡中。自1978年5月他的“右派”问题得到平反后，他又恢复公职到家乡的杨郎中学任教，用忘我的工作精神、优异的工作业绩赢得了师生和社会各界的好评和尊敬，并担任校长直至退休。从这位饱经沧桑的老人身上，我们能读懂的是对信念的执着、对亲情的倚重……

2012年，仍旧住在万家堡子的万延祯，已是87岁高龄。时光如梭，看着近年来自己的8个孙辈（名字都带“欣”字）已有7个考上大学，万延祯满面笑容：“父亲为中国革命英勇就义，早早离开了人世。可以告慰英灵的是，现在，他的8个重孙子、重孙女有7个已大学毕业，这是光宗耀祖的家门幸事。”

“每年春节，在外地的后辈都要回到万家堡子，因为这里是赫光烈士的出生之地，是万家的发祥之地。”赫光的孙子万雄程说，赫光的英雄事迹感召着后辈发愤读书，是家道中兴的精神源泉。【据《宁夏日报》2012年5月7日报道。】

烈士身后事

作家朱之泓著有长篇纪实文学《那年那些事:一个女知青的插队史》,讲述了1968年底到1972年自己在固原县杨郎公社杨郎大队四小队(杨郎公社机关所在地)的插队经历。

据书中介绍,杨郎本名"杨老庄",传说是宋朝名将杨业的根据地,周围的"头营"、"二营"、"三营"、"四营"、"五营"、"六营"、"七营" 是杨家7个儿子的营盘。其中 "头营"、"三营"、"七营"、"杨郎"这4个营寨在"文化大革命"期间分别充当了公社和镇的名字。杨郎公社还有一个叫"穆家滩"的大队,传说是穆桂英娘家的营地。

宋朝时,固原一带是西夏国与宋王朝拉锯的地带,从那时起杨郎就成了行政和军事重镇,历朝历代都有军队驻扎在这里。抗日战争期间,杨郎曾是国民党高桂滋部的司令部所在地。高桂滋在前朝城池的基础上又修筑了一个城堡,用黄土夯筑了一圈城墙,四面还修建了几座像模像样的城门。【《那年那些事:一个女知青的插队史》第12-13页,朱之泓著,时代文艺出版社,2011年6月第1次印刷。】若干年后,驻扎在此的高桂滋,想起万家堡子曾经走出与自己作对的红二十四军军长赫光时,会想到些什么。

购买朱之泓著的《那年那些事:一个女知青的插队史》一书,是因为在网上看到她的长篇纪实《有软肋的人》,其中有一节是《赫光烈士身后事》,因为是当时人回忆当时事,所以写得十分真切。朱之泓的文字,从旁观者的角度,见证了赫光去世后,妻子李季芬的孤苦无助和儿子万延祯的寻父历程。现在,让我们通过朱之泓的文字,穿越回到20世纪60年代的万家堡子:

> 我曾问保治家:万延祯因何被定为"右派"?中学教师出身的保治家一怔。杨郎出了一个闻名全国的革命烈士,他就是赫赫有名的红二十四军军长赫光。他是宁夏革命英烈中生前职务最高的,也是死后烈士身份确认最迟的。
>
> 提起这个不朽的名字,我的眼睛就湿润了,因为他不是我在书本上读过的那些遥远而又陌生的英雄,他是与我距离最近的一个革命烈士,因而在我的脑海中他比其他任何烈士都生动和真切。虽然我插队时赫光已经为无产阶级革命事业牺牲了三十七年了,但赫光的故居还在我们的地头上,我天天能看见它。所以下乡不久,他家那黄土

夯就的又高又厚的院墙就引起了我的注意。虽因年久失修已经坍塌破败，但其当年的雄姿依然隐约可见，它让你第一眼看见就无法等闲视之。但我很快又注意到这高墙大院似乎很孤寂，偶尔才有人从那土墙上的门洞里出来进去。

我向队里人打听这是谁家的院子，队里人告诉我："这是'万家堡子'，解放前在咱们这一带名气大得很，刚解放时杨郎镇没有办公室，就占用他家的堡子办公。"我问："万家解放前是干啥的？怎么住着这么有气势的大院子？"有上年岁的人对我说："万家是大地主，祖上好像还是清朝秀才，秀才的儿子都在外边干事儿，三儿子叫万锡绂，还是个很赞劲（杰出）的人。"我问："万锡绂在外边干啥事儿？"他们说："早就无影讯了，谁晓得干啥事儿。"有个老汉补充说："万锡绂和他老子打别别（即意见相左），跑出去再没有回来，先是听说在队伍里当官，后来就无影无踪了，怕早死了。"我问："在谁的队伍里当官？"有人回答我说："那时候么，肯定是国民党的队伍么。"又有人提出异议说："哎！谁说的，据万家自己说万锡绂是共产党的人。"又一个人插话说："现在人都不见个影子了，到底是国民党的人还是共产党的人，还不是由他们家里的人随便说。"我说："噢？那么万锡绂家里其他人现在干什么？"他们说："万锡绂的女人外号叫三寡妇，死了七八年了，低标准时饿死的。撇下一个儿子叫万延祯，那还是万锡绂走了半年后才养下的。万延祯本来在外面当教师，打成了'右派'被发落回来了……"我说："他家的人就没有打听或者寻找万锡绂么？"人们说："莫处根寻么（即没有地方寻找）。"

杨郎四队的人当时显然不知道固原出了个名叫"赫光"的革命烈士，而这个赫光就是万家堡子那个在外边干事儿的万锡绂。可是杨郎四队却没有人不知道我们队那苦大仇深的薛银龙就是万家的老长工，薛银龙屡屡应邀给人们作忆苦思甜报告，其报告的素材都来自于万家堡子。但杨朗四队的老年人却说万家虽是大地主，对长工却并不苛刻。万锡绂的妻子经常品尝长工的饭食，如果饭食口味差，她便会训斥做饭的佣人，这一点在薛银龙的忆苦中也可找到印证，此是后话。

……

万家人一直在等待和寻找万锡绂，而万锡绂的身份及生死对家人来说也一直是个谜。当年的万锡绂正像我们四队人所说的那样，是与他的父亲"打了别别"后不辞而别的。

从朱之泓的回忆文字中，我们能够看到赫光去世后，妻子李季芬及万延祯孤儿寡母的艰辛不易，也能从中读出一个时代的沉重以及人性的复杂。

告别万延祯，从万家堡子出来后，在原州区委宣传部林混等人带路下，我们来到原州区青少年活动中心，怀着崇敬的心情瞻仰赫光烈士塑像，并在塑像前三鞠躬。2006 年 11 月 6 日，在中国工农红军长征胜利 70 周年之际，原州区社会各界人士及第五中学全体师生在这里隆重举行了赫光烈士塑像揭幕仪式。这尊铜塑像根据赫光从平定县寄回的照片雕塑，凛然威严，让人油然而生敬仰之情。

瞻仰赫光烈士塑像后，我们来到头营镇杨郎村赫光烈士纪念馆。在这座杨郎村投资20万元建设的纪念馆中，有红二十四军征战简介，以及万家的家谱，还有万延祯1983年清明节在阜平县烈士陵园的原版手写致辞。

在这里，令人惊喜的一幕出现了，那些一路寻找而又失之交臂的珍贵资料在纪念馆浮出水面：手绘的彩色红二十四军征战路线图，购买后又神奇丢失的《红二十四军军长赫光传略》，都在眼前的玻璃柜中一再闪现。从玻璃柜中藏品来看，《红二十四军军长赫光传略》一书略微发卷，有撕破的痕迹，这导致我放弃了求索一册拜读的想法。因为，看来这本书纪念馆找来也并不容易。

我们原来一直有个想法，就是想让宁夏原州区杨郎村与山西盂县清城村结成对子，因为前者是红二十四军军长的故乡，后者是红二十四军创建的地方，而且双方村庄都有红二十四军纪念馆，但由于种种原因，这件事被长期搁置了起来。

深山里面出“马列”

在阜平县麻棚村、史家寨、城南庄等地的寻访过程中，我们明白了红二十四军当时深受百姓拥护、现在仍为阜平人民怀念的原因。

2011 年 6 月 11 日，我们来到史家寨乡家北村进行寻访。63 岁的村民张朝杰待人热情、说话条理，作了我们的向导。据他介绍，当年 17 岁的张渭昌天不怕地不怕，红二十四军撤退经过史家寨时跟上走了。1937 年以前史家寨没有党组织，那年 9 月，张渭昌奉组织派遣从外地回来发展党员。可惜的是张渭昌早在 1959 年抗洪当中去世。于是我们找到张渭昌的二儿子张泽荣。

57 岁的张泽荣对父亲讲述的故事记忆深刻。张泽荣说：“我爹当年跟红二十四军一直到了黄河边上。当时部队有马、骡子、驴，边走边打，走到各地都打土豪、分田地。到了黄河边上，河对岸有堵截队伍，身后还有追兵。王政委对大家说，愿意跟我走的，就带你们到陕北；不愿意走的，发路费回家。我爹未过黄河。跟他一块回来的，还有李家台村一个姓安的。我爹是村里第一任党支部书记。”

据陈守兰介绍，当年红二十四军进城是从苇沟过河到麻棚村，再从麻棚村的后山顺沟到城南庄镇，然后向菩萨岭、县城挺进。麻棚村外河流是胭脂河上游。在麻棚村槐树下碾子旁边，我们打探到与家北村相似的一幕。不幸的是，当时参加红二十四军的杨义田、郄应山都已去世。据杨义田之子杨德荣老人介绍，当年因为麻棚村村子较大、人口较多，红二十四军从后沟小道直接往县城方向挺进。红二十四军在阜平县城建立苏维埃政权后，他父亲就参了军。

据阜平县党史资料记载，红二十四军进入县城后，群众看到这支队伍官兵一致，军长、政委和士兵一样，排队领取同样的饷金。于是纷纷报名参军，参军人数在几百人。杨义田、郄应山就在这几百人当中。

陈守兰告诉我们，红二十四军在阜平无疑播下了革命火种。阜平人民正是通过红二十四军了解了中国共产党。在国民党白色恐怖下，阜平的地下党组织还于 1932 年 7 月，在城北赵家沟西坡的枣树林里召开了会议，纪念苏维埃政府成立 1 周年，还组织成立了党的特别支部。同时，不少群众冒着风险到烈士墓前沉痛悼念。

红二十四军从阜平撤退后，很多年轻人跟随部队走了。但中途因各种原因跟部队失散后，就在当地以商人、农民身份掩护“潜伏”下来。1935 年“何梅协定”后，他们通过内线联系陆续回到家乡，秘密进行革命宣传，恢复党的组织，动员人民准备抗战。阜平籍红二十四军战士返乡恢复党的组织，继续进行革命，由于是秘密活动，所以并不为人所知。

陈守兰说，阜平县党史上不好准确地说谁是全县第一个党员，只能说谁是“较早”的党员。当时为了保密，党员之间是单线联系，并不横向联系，其中一个党员死去，另一个就失去了可以证明自己党员身份的人。好多党员为革命受尽了委屈，甚至献出了年轻的生命。即便如此，到 1937 年 115 师挺进华北时，阜平也有党员 300 多人。抗日战争期间，阜平成了晋察冀党委、军区驻地。日军虽进行过无数次惨绝人寰的大扫荡，但始终未能在一个村庄建立起敌伪政权。直到解放，敌人从未攻破阜平这个完整的革命根据地。

“深山里面出马列。”家北村村民王强家的院落周围，曾经是 1943 年晋察冀中央局、晋察冀边区行政委员会所在地。离此院落不远，至今依然保留着当年抗日将士取水的一眼泉井。沿着泉井往山崖上攀缘，荆棘掩映之处一个洞口赫然张开。这里曾经是晋察冀边区政府抗日期间为防日军扫荡的隐蔽之所。据不完全统计，此处共有类似防空洞 300 多个。就是这些毫不起眼的大山里，掩藏着新中国的命运。抗日战争胜利后，高瞻远瞩的中国共产

史家寨晋察冀边区党政机关隐蔽所遗址

党人就是在这里，商议决定了对北京、天津等首任中共市长的任命。在此期间，阳泉建市正式提上我党议事日程，平定（路北）县委书记郭一平被任命为阳泉第一任市长，后因内战爆发而搁浅。从此，“中共第一城”走在了全新的大路上。王伟说：“在这种意义上，可以毫不夸张地说，不来阜平就不知道阳泉的历史。”

阜平县城南庄也是一张很好的红色名片。城南庄镇党委书记张彦明介绍：电影《建国大业》中 4 次提到城南庄。张彦明说，伟大的“晋察冀精神”、光荣的革命传统以及可歌可泣的红色记忆，是老一辈革命家留给我们的宝贵财富。我们应牢记历史，不忘过去，珍爱和平，开创未来。

2013 年元旦前夕，中共中央总书记习近平来到阜平慰问困难群众，并深刻回忆起与聂荣臻元帅交往的故事，为阜平县“红色福地”增添了新的内容。

王德奇：当年我们找到了牛曦

红二十四军撤离阜平后的活动，在我们现有资料中，可以说是一片空白。我们的史学顾问王伟，当年拍摄纪录片《一支红军阳泉来》，也是只拍摄到阜平就结束了。红二十四军撤离阜平后的活动，在我们所有人心中都成了盲点。在习惯于歌唱“走五关斩六将”的胜利旋律里，没有人在乎“败走麦城”的哀伤曲调，在“成王败寇”的史家传统里，很少有人耐心跟踪一支军队的生死存亡。

是的，年代久远之后，由于种种原因，历史的真相就成了谜。没有亲历者客观、忠实的回忆，历史真相就不可能为后人所知。追寻一路，我们最希望能找到红二十四军的亲历者，但这可能么？80 年过后，寻找红二十四军仍然健在的将士，对于我们这些后来的追寻者而言，无异于痴人说梦，希望实在渺茫。这一点，我们心里明镜一样。但一些年老的党史工作者却机缘巧合地有了这样的幸运。阜平县党史办原副主任王德奇无疑就是这样的幸运者。因为 20 世纪 80 年代他和同事曾在山西大同找到了苏维埃阜平县政府主席牛曦。

1931 年 7 月 5 日，红二十四军宣布成立之时，牛清明在二纵队担任政治指导员。中华苏维埃阜平县政府成立后，兼任主席的牛曦就是这个牛清明。红二十四军撤离阜平时，牛清明随部队行动，据说最后还到了陕北。

王德奇今已年过七旬。1982 年，阜平成立了党史办，在学校当老师的王德奇被调往党史办工作。关于红二十四军，虽有记载但特别简单。红二十四军到底是怎么回事？还有没有健在的亲历者？这些同样也成了初入党史行当的他和同事们急于解决的困惑。

一次去北京搞其他调查，闲聊当中，一位大学教授（或者是学院院长）出语惊人——红二十四军仍有健在者，叫牛清明，在山西大同。出差归来，他和同事当即出发前往大同。辗转联系后，他们终于见到了七十来岁的牛清明。

当时，牛清明与在医院工作的三儿子一起生活，栖身的小屋内摆了一张床，空地刚刚可以掉转身子。大儿子好像在大同矿务局工作。据牛清明介绍，1931 年，红二十四军到达阜平后，在东、西庄驻扎部分军队，政委谷雄一被诱捕、军长赫光遇害后，红二十四军一纵队在东、西庄与来犯“绿军”激战后撤往史家寨。阜平城内的部队在刘明德等人率领下也沿大派山山沟北撤至史家寨会合。红二十四军开赴陕北途中虽遭遇重重阻截，但始终坚持扩军。通过牛清明，王德奇了解了不少鲜为人知的内容。牛清明在儿子的帮助下，开始积极整理红二十四军的回忆文章。在牛清明的回忆资料基础上，王德奇和同事之后多次赴京查阅资料，多方寻找知情人。红二十四军的历史在他们的努力之下，终于浮出水面，进入公众视野。

围绕红二十四军，他们所做的工作不止于此。他们还曾远赴宁夏、陕西等地详细核查赫光的情况。由于史料的缺乏，赫光的英雄事迹在家乡宁夏固原还鲜为人知，还仅仅是国民党旧军队人员。加上地主出身，赫光的遗腹子“文化大革命”期间被打成“右派”，一直没有得到平反。赫光的妻子生前嘱咐儿子每年冲北方磕头。王德奇他们认为，尽快搜集革命先烈的事迹并大白于天下，是不可推卸的责任，要及早还赫光及其后人应有的历史公正。在详细了解相关情况后，他们带着赫光儿子的录音资料到京求助，并上书中央组织部。至此，被历史湮没、忘记的红二十四军军长赫光才郑重进入军史。

王德奇老人有“晕镜”的毛病，面对摄像机镜头就紧张得不会说话了。但历史的真相就是在很多像他这样的人的共同努力之下才逐渐还原的。历史同样也应该记住他们。

王德奇老人的出现，让我们的寻访活动峰回路转，眼前闪现出新的希望。可是，牛清明的后人能够顺利找到吗？在我们心中依然还是个未知数。

第四章

塞北苦战

红星照耀北国

/ 追 寻 红 二 十 四 军 /

龙泉关谜思

就像80年前的红二十四军一样，我们离开河北阜平向山西灵丘进发。

按照后人绘制的行军路线图，红二十四军当年从河北阜平经龙泉关到山西灵丘。我们当然也选择了经龙泉关到山西灵丘。驱车前往，道路跟盂县境内的十八盘有一比。红二十四军出阜平经龙泉关，完全采取仰攻。结合盂县境内的经验，不禁心生疑惑。这可能么？

今日的龙泉关已成河北省重点文物。虽断壁残垣、历经沧桑，但依稀可见当年烽火硝烟留下的岁月痕迹。关隘两边，仍有明长城遗迹，据说当地政府准备进行修复。

出了龙泉关就是五台县境。红二十四军当年柏兰一战后，了解到五台境内已陈兵，放弃了在五台建立根据地的计划才转而到阜平。撤离阜平后重入五台了吗？

龙泉关遗址

从龙泉关到灵丘，我们一共走了十多个小时，主要是围绕五台山兜圈子，很晚才到达灵丘。讨论当中，大家一致认为红二十四军当年取道龙泉关到灵丘的说法可疑。那么，红二十四军到底走哪里到了灵丘？从地图上可以看出，从阜平到灵丘有两条线路，向北走史家寨，向西绕龙泉关。对于阜平城而言，法华村在西边，而且龙泉关也在西边更远的地方。军长已在法华村遇难，法华村有赵海清的“绿军”26旅。明知这个方向有敌人重兵，红二十四军当年莫非“偏向虎山行”？

敌人已经开始反革命围剿，红二十四军临时军委决定率部进行战略转移，保存有生力量，按照起义之前的计划最终到陕北。取道龙泉关明显要比走史家寨更危险，而且距离也远。

联系亲历者牛清明、顾昌华的回忆，红二十四军当年经阜平的史家寨、段庄向灵丘转移。段庄在史家寨以北，再往北与灵丘接壤。也就是说，段庄是史家寨、灵丘之间的连接点。这种回忆的可信度较强。

带着这个疑惑，我们见到了灵丘县党史办主任赵洪波。这位从事党史研究多年并出过不少专著的老同志十分肯定地告诉我们：“红二十四军到过灵丘，确切地说是下关，是从史家寨方向来的，还押着阜平的大地主赵大吹。”

他说着并翻出了《灵丘县党史志》，在前言中有这么一段：

> 1931年8月，共产党领导的红二十四军在阜平建立苏维埃政权，打土豪斗恶霸，开仓济贫，对灵丘人民震动很大。红二十四军在阜平受挫后，向陕北转移经灵丘，在灵丘南山下关休整期间，不仅军纪严明，而且召开群众大会斗争恶霸地主赵大吹(从阜平城押出的地主)，宣传群众，让灵丘人民在黑暗中得到了光明和希望，不少青年报名加入了红军的行列，播下了革命的火种。

若干年前，赵洪波在下关乡任党委副书记时，无意当中听下关村里的“活字典”王志德老人说起过红二十四军。之所以记得清楚，完全是因为斗争赵大吹的记忆特别深刻。这让我们不禁想起了盂县境内东麻河驿村那个连鬓胡子的笑话。

谈到红二十四军进入灵丘的线路，赵洪波也力主史家寨、段庄的说法。我们很快与阜平的陈守兰进行了沟通。几日后，她做出了答复：查阅资料，联系历史，结合实际的山形山势，红二十四军当年是经史家寨、段庄进入灵丘。龙泉关一说，亲历者的回忆中都没有提到，持这种说法的仅有齐渭川一人。而齐渭川当时在高桂滋部担任传令兵，并被发展为共青团员，但没有直接参与平定起义，不是亲历者。至于那张红二十四军行军路线图，则是根据齐渭川的回忆而来。诸多事实表明，红二十四军当年应当未经龙泉关。

平型关下的沉思

红二十四军经史家寨、段庄，到达灵丘下关之后又发生了些什么？带着这些疑问，我们在当地党史办主任赵洪波的带领下来到下关。

初夏的下关，群山环抱，绿树成荫。赵洪波告诉我们，早在明清时期，下关即是繁华之地，浑源、阜平、涞源、曲阳、唐县等地的商贸物资往来必经此处。每逢集会，周围村民都要来此地进行牲口交易，现在这里仍然供奉着药王和马王的神位。但这些建筑经过风雨的侵蚀，早已衰败。当年红二十四军领导人住过的房屋，后来成了提供村民日常用品的供销社，也已废弃，墙壁上“发展经济、保障供给”的字迹依稀可辨。

58 岁的村民齐三元告诉我们，毗邻供销社的地方以前就是旅店，当地人称车马大店，老板姓韩。

当年红二十四军将士在此休整时，一部分住在车马大店，一部分安顿在村民家中。说到红二十四军之所以选择这里的原因，赵洪波认为：一是休整，二是补给，三是开展革命宣传，四是了解方方面面的信息。据赵洪波介绍，红二十四军当年在下关休整四天后离去。作为商贸集散地的下关，同时也是信息集散地。红二十四军在这里发动群众、宣传革命思想，无疑在当地播下了革命火种。

到了灵丘不能不提平型关。平型关已成为灵丘的一张名片。平型关古称“瓶形关”，因关前谷地形状如“瓶”而得名，为京畿、冀西通往五台、太原的古驿道，地形险要，历来为兵家必争之地。抗日战争时期，这里发生过著名的“平型关战役”。

平型关一战，尽管我军占尽地理优势，但由于与日军装备相差悬殊，战斗进行得十分惨烈。特别是在老爷庙一带，双方展开了肉搏战，我军为此付出不小的代价，不少将士壮烈牺牲。平型关大捷打破了日本军队不可战胜的神话，振奋了全国军民的抗战信心，提高了共产党和八路军的威望。平型关大捷后，毛泽东的电文是“庆祝我军的第一个胜利”，仅十个字，意味深长，寓意深刻。

在 1955 年共和国的授衔仪式上，参加过平型关战役的将士当中有 4 人被授予元帅，1 人被授予大将，11 人被授予上将，36 人被授予中将，228 人被授予少将。历史没有忘记

平型关遗址

他们！

值得一提的是，除了红二十四军和平型关大捷，灵丘与阳泉还有一段不解渊源，那就是赵武灵王。当我们问及灵丘地名的由来时，赵洪波说："赵武灵王是盂县藏山赵氏孤儿的后裔，赵国第六位国君，由于在传位问题上处理得不是很坚决，引起王位争夺，发生兵变，死于沙丘宫，因其墓冢在此而得名。"在这种意义上说，没有赵氏孤儿就没有赵武灵王，更没有灵丘。

灵丘与红二十四军将士颇有渊源。赵北村的孙大中是灵丘籍党员中最早入党的。1928年，孙大中在河北军事政治学校读书期间，经后来成为红二十四军政委的谷雄一等人介绍加入了中国共产党。

赵洪波指着平型关下的白崖台村说，红二十四军当年就是经这个村子走的。

红军过处播火种

在大同市委宣传部，说明来意后，当地宣传部门负责人说确实见过红二十四军的事，好像在一本什么书里。在这本叫作《中共大同历史人物·第二次国内革命战争时期（1927.8–1937.7）》的书里，我们看到了文章开头提到的“马镇北”，就是于 1931 年春中共山西特委派遣到高桂滋部策划起义的李志敏（当时化名马镇北）。不过，在大同，他以另一个名字“李彬”为人所知。书中，对李志敏的介绍十分详细。

李志敏，又名李彬、顺民、计成，1907 年生，山西省原平县（原崞县）储土村人，1929 年加入中国共产党，长期在国民党政府、军队中从事党的秘密活动，组织领导了 1930 年的唐山兵变。

大革命失败后，长期处在反革命势力统战之下的中共大同地方党组织的活动本已极为困难，加之以王明为代表的“左倾”冒险主义错误开始在党内蔓延，使得刚刚失去和上级党组织（张家口中心市委已遭破坏）联系的大同地方党组织在工作上变得更加困难。正当中共大同地方党组织苦苦坚持之际，中共党员李志敏、王孝慈、栗志舟等受中共山西特委的派遣，以特委特派员的身份来到大同开展革命工作，发展党员和建立党的组织。李彬等中共党员到大同开展工作，给长期坚持地下活动的地方党组织以精神上的鼓舞和工作上的支持与指导。李志敏、王孝慈、栗志舟等人，按照中共山西特委的指示，与中共大同地方党组织一起，把大同地区的革命斗争活动由大同铁路扩展到市郊、乡村和煤矿。

1930 年 5 月，在李彬等特派员和大同地下工作者、中共党员杜德海等人的组织发动下，大同工人在北门外操场隆重集会，纪念五一国际劳动节。会后，以大同铁路工人为先导，举行了声势浩大的游行。尽管大同反动当局也曾事先派出不少“便衣”混入人群中，企图扰乱和阻止，但他们惧于浩大的游行队伍和工人阶级团结一致的威力，未敢进行捣乱和破坏，纪念大会胜利召开。

这年夏天，李志敏、王孝慈等人，深入到大同煤矿，发动和组织瓮窑沟（即永定庄）的煤矿工人举行罢工，反对把头打骂工人、克扣工薪。工人们高唱“工人苦、工人苦，吃的恶（霉）高粱，穿的破衣裳，一天开不到几文钱，还得挨工头的鞭，起来，起来，结团体……”与窑主进行坚决斗争，窑主被迫撤掉把头。类似这样的罢工斗争，在大同煤矿、铁路等地频频开展，每次斗争都迫使资本家做出一定让步，以工人的胜利而告终。面对工人们团结一致的巨大力量，资本家们发出无可奈何的哀叹："与本矿工价之争执，亦时予工作进行上以不良影响。"

由于中共山西特委的直接领导，李志敏、王孝慈、栗志舟、马济民（1931 年被派来大同）等人长期深入的地下革命活动，使广大工人的斗争觉悟大大提高，大同城乡、矿山和铁路掀起了轰轰烈烈的抗日救亡运动；经过革命斗争洗礼和锻炼的积极分子和中共党员数量迅速增多，为很快在大同煤矿建立大同地方党组织奠定了基础（1933 年 6 月，中共大同特别支部在大同口泉镇正式组建）。

1930 年 10 月李志敏离开大同后，参与并组织领导平定兵变，在回太原途中被捕，被判处无期徒刑，1937 年 5 月获释。"七七事变"后，李志敏先后任中共介休县委书记、决死第一纵队三十八团团长、八路军一二九师教育科长、中共中央组织部科长、太岳区军事部长等职。解放战争时期，任太岳区第三地委副书记、书记。

中华人民共和国成立后，李志敏历任山西公学、山西行政干部学校副校长、华北纺织工业局党委书记、中共天津市委工业部副部长、中共山西省委副秘书长等职。"文化大革命"中，李志敏遭到迫害，1975 年复任原职，1977 年任政协山西省第四届委员会副主席、党组副书记。20 世纪 80 年代初，兼任中共山西省委党史资料征集委员会主任、党史研究领导组副组长、山西省地方志编纂委员会办公室主任、中国地方志学会副会长等职，在全国积极倡导编史修志。【《中共大同历史人物·第二次国内革命战争时期（1927.8–1937.7）》第13–14 页，《中共山西特委特派员李彬》。中央文献出版社，2008 年 2 月第 1 版第 1 次印刷，

杀虎口古城　史斌摄

主编马福山、景京。】

另外，大同党史研究室曾经编辑撰写了一册《中国共产党大同历史 1925-1949》。其中有这样一段话，涉及红二十四军：

> 1931 年 8 月，在山西平定县城武装起义后改编成的红二十四军，由于在阜平遭到反动军队的袭击，遂在参谋长刘明德的率领下，西进到大同地区，先后转战于灵丘、浑源、应县、代县、左云、右玉、平鲁、偏关等地，后于河曲县强渡黄河入陕。这支工农革命武装，在大同地区虽然停留的时间很短，但却在大同地区撒下了革命的火种，为后来大同地区创建党领导下的革命武装提供了有益的借鉴。

虽然仅有寥寥数语，意义却非同寻常。

沿着 80 年前红二十四军的行军路线，按照这寥寥数语提供的信息，我们重返山西境内。灵丘的收获可谓惊喜，那么接下来的行程当中会不会也有类似的惊喜在等着我们？

浑源的党史记载最早可以上溯到 1937 年，关于红二十四军没有点滴记载。但亲历者顾昌华的回忆文章中明确提到红二十四军"经灵丘的下关、营场，浑源的白马庄，应县的小石口"。

红二十四军参谋长刘明德听到军长赫光、政治部主任刘子祥一行被捕的惨剧，断定政委谷雄一所率的一行也一定遇难，当即率领部队撤出阜平，向灵丘方向转移，从浑源边界一直到应县。

在路过应县小石口的时候，听说那里有敌军驻扎，红二十四军就派出便衣侦查，提前封锁了道路。小石口是个大堡子，敌人驻扎有两个连一个营部。红二十四军连夜急行军，在天不明之前赶到这里，解决了这股敌军，部队没有受到损失。临到 × ×（原文如此）的时候，

小石口旧貌

由于长途行军,仓促应战,受到了损失。【牛清明《平定武装起义和阜平县苏维埃政府成立前后的回忆》。】

按照现有资料,红二十四军不仅经过应县小石口,而且在此还发生战事,用的是声东击西的战术,全歼守敌两个连。按照常理,在小石口应该有所收获,但实际情况却并非如此。小石口处在关外,自古就是军事要冲,至今站在村边仍可看到对面闻名山上的长城遗迹。73 岁的张占德是村里的老主任,他家的房子就依着小石口的城墙而建,据说城墙是明代建筑。山上的长城遗迹,村子的残余城墙,都在提醒后人,历史上的小石口一带曾是蒙汉民族居住区域的分界线。老人说奉军跟晋军在山上打过仗,战线很长,持续时间不短,最后奉军胜了,晋军撤走。我们认为,老人的表述内容不可能是红二十四军,应该是更早的事情。

值得高兴的是,我们通过电话了解到在阳泉市老教育工作者马成绩收藏的志书当中找到了相关内容。山西人民出版社 1992 年出版的《应县县志》"大事记"部分这样记载:1931 年 8 月下旬,红二十四军余部由河北阜平转战到应县,驻小石口一天后撤往陕北。

红二十四军经过山阴的岱岳镇。现在山阴县城所在地就是岱岳镇,1946 年迁过来的,此前县城在古城镇。查阅《山阴军事志》,一个熟悉的名字跃入眼帘——石友三。设计假投降诱捕红二十四军政委谷雄一、杀害军长赫光的刽子手沈克曾是他的部下。1926 年春,冯玉祥国民军与阎锡山晋军交战。国民军第一军军长石友三率部进驻山阴,秋季撤走。应县小石口张占德老人所说的应该就是冯玉祥国民军与阎锡山晋军交战这码事。

寻访途中,有一个感觉始终萦绕在心间:红二十四军撤离阜平之后根本不是有的人所说的溃败。红二十四军撤离河北阜平,完全是在对敌我形势研究分析之后的正确战略转移。虽然军长遇难,政委、副军长遭到诱捕,但红二十四军并未形成群龙无首的局面,而是审时而动,党组织迅速发挥了坚强有力的作用,组成临时军委,做出新的战略决策。军部及二纵队先期撤退,不仅苏维埃政府人员跟随,而且还有数百名参军不久的新兵,并在大派山下的村子休息过一夜,撤离从容有序。经过长途行军和大小数十次战役,红二十四军进入塞外依然不忘自身使命,靠着坚定的革命信念,积极宣传革命真理,不断播撒革命的火种。

据时任天津市副市长的娄凝先在 1959 年元旦撰写发表的《飘扬在华北的一面红旗》一文中说,红二十四军从阜平县撤退之后,沈克的部队才开进城内,对手无寸铁的群众大肆抢掠,搜捕 200 多名百姓。阜平百姓这回看得清清楚楚,无论白军、黑军、绿军,都是一丘之貉,都是老百姓的死对头,只有红军才是人民的亲人。红二十四军虽然离开,但自那以后,阜平群众一直在怀念着中国共产党领导之下的这支部队。

红二十四军前往陕北途中,所到之处,坚持打土豪分田地,宣传党的政策,播撒革命火种。据资料记载,1931 年 9 月初,红二十四军再返晋穿越平鲁、偏关,在河曲境内渡过黄河。至此,红二十四军将士开始了征途中的悲壮一幕。

寻找牛曦

在河北阜平县无意间得到这样一个线索：20 世纪 80 年代阜平方面在抢救党史活动中，当地史志人员王德奇曾经在山西大同市见到了中华苏维埃阜平县政府主席牛曦。他的三儿子当时好像在大同市第二人民医院急诊科工作，大儿子在大同矿务局十三矿当技术员。

听到这个情况后，我们喜出望外。根据年龄推断来看，牛曦应该不在人世了，但他的儿子们应该或多或少知道一点情况。

为什么我们对牛曦如此关注？因为牛曦是北方第一个县级苏维埃政府主席，他在阜平配合红二十四军开仓放粮、打击土豪劣绅、烧毁文书契约，做了很多工作。同时还兼任红二十四军第二纵队政治指导员。就是这样一个重要人物，我们却不知道他籍贯何处、生于何年，最后的去向也不知所终。

为了寻找牛曦后人，我们通过贴吧、论坛、微博等新媒体手段，在大同、阜平、内蒙古等地寻求知情者，但没有一点回音。

为了尽快抓住这条线索并有所收获，2011 年 6 月 9 日，我们迫不及待地赶到大同这座以云冈石窟闻名的城市。首先到大同市第二人民医院，医院人事科负责人热情地接待了我们。这位女士肯定地告诉我们，她干人事工作已经有年头了，全医院没有一个姓牛的在职员工，退休人员当中也没有。她还提醒我们，也许阜平方面记忆混乱提供了错误信息，将矿务局第二医院误记为大同市第二医院。于是我们马不停蹄地赶赴大同矿务局第二医院寻访，也没结果。只能指望牛曦的大儿子在十三矿工作这一线索了。赶到十三矿（云冈矿），眼看着下班在即，时间紧迫，我们兵分两路，一路到云冈矿宣传部，一路到工会。

工会的负责人逐一询问调度科、干部科、技术科，了解到十三矿牛姓职工共有两个。一个叫牛晋城，浑源县人，曾经当过十三矿的行政科科长，没有当过技术员，现已退休；还有一个姓牛的，朔县人，1982 年参加工作，现为矿上总工程师，从年龄推断来看，不可能是牛曦的后代。我们想查查档案，或许里面可以找到“牛技术员”的情况。但技术科人员不无遗憾地告诉我们，技术档案 20 世纪 80 年代才建成，不可能有我们想要的信息。

那么，行政科牛科长是否与“牛技术员”是同一个人呢，而且也已经退休。抱着试一试的想法，我们在十三矿公园里逐个向上了年纪的乘凉老人打探“牛晋城”的消息。最后，有知情者告诉我们，牛晋城近期不在家，到了大同市。他与靳春林、边国海是同事，关系不错，应该知道些情况。结果依然无收获。

牛曦为我们梳理父亲牛清明的情况　史斌摄

但另一路在云冈矿宣传部的沟通结果提醒了我们。宣传部的谭部长一听来意，同意次日通过电视台发布寻人启事。我们于是决定放弃这种大海捞针式的寻找，把目光投向新闻媒体。我们到《同煤日报》和《大同日报》寻求帮助，以新闻的方式发布“寻人启事”，希望能够打捞到一些有用的信息。我们怀疑阜平方面提供的信息有误，同时也为了扩大寻找范围，把“十三矿”“第二人民医院”等字眼换成“医疗卫生系统”“同煤集团”，希望能够引起牛曦后人及知情者的关注。

2011 年 6 月 11 日，《大同日报》和《同煤日报》刊登了《阳泉“追寻红二十四军足迹”采访组来同寻找革命先烈牛清明后人》的报道。

见报当天，我们已离开大同，奔赴下一个地点。6 月 14 日，奇迹出现了，大同日报社打来电话，说有个叫牛智的人打来电话，说自己是牛曦的三儿子。随着这个电话的出现，牛曦的全景印象渐次清晰呈现。

牛曦找到了！

娃娃县长

从牛智那里得知，他的父亲已经去世。他还有个哥哥，排行老大，后来曾帮父亲做过资料整理工作，20 世纪 80 年代从大同调到北京，也已退休。牛智建议我们找他大哥了解详情，并提供了具体的联系方式。

令人意想不到的是，中华苏维埃阜平县政府主席牛曦的大儿子竟然也叫“牛曦”。这个发现先令我们瞠目结舌，随之茅塞顿开。20 世纪共产党人子承父志的信念追求由此可见。

在北京，我们寻访到了牛曦的儿子——牛曦。

儿子牛曦说起老爷子牛曦的事情感慨万分。据他介绍，父亲本名牛清明，兄弟三个，老大叫牛清华、老二叫牛清玉，牛清明排行老小。父亲 1911 年出生在河北省新乐县承安铺村，出身下中农。新中国成立前用过的名字有牛清玉、牛曦、牛耀祖，其中用牛清玉这个名字的时间比较长。

牛清明

1928 年，牛清明在学校读书将毕业时，正值国民革命军北伐，学校被部队占用了，课不能上，毕业也毕业不了，无奈之下，牛清明拿了二兄牛清玉的高小毕业文凭，瞒着家里人跑到保定，考入河北省主席商震办的河北军事政治学校，后因商震投靠阎锡山，1929 年，河北军事政治学校并入山西太原守义门外的山西军官教导团内，牛清明成为太原军官教导团学员。期间，他经常与郭开第等人在一起议论时事，担心国家的前途命运，讨论自己的未来出路，掌握了一些革命道理和马列主义知识，以及江西革命根据地怎样建立人民政权、人民军队，执行哪些政策，思想觉悟有了很大提高，找到了个人奋斗的方向。1930年2月的一个星期六，由郭开第、刁从真陪着他到太原狄村的唐槐下，由已脱离本校的少校区队长谷雄一主持，宣誓加入中国共产党。

1930年，蒋、冯、阎大混战，太原军官教导团的人员被分拨到各个部队工作，牛清明被分配担任石家庄至磁州段的交通稽查员，保证人员和军需物资的运输。就工作之便，牛清明任我党石家庄、磁州的交通员，传递文件、书报、杂志、信件。

1931年4月，中共山西特委决定由谷雄一、牛清明和吴耀礼三人到高桂滋部加强党的领导，组织兵变工作。牛清明假借父亲亡故，回家奔丧，离开太原军官教导团，和谷雄一、吴耀礼以及高桂滋部党组织派出迎接的同志一起坐火车由太原到平定，被党组织安排到高桂滋部第三团掌握该团全盘工作，立足于该团二营五连，连长蒲子华负责他的安全，公开场合他是蒲子华的随从。

牛清明到部队后立即投入紧张的秘密工作，安置家属，筹备骡马车辆和其他军需物资，侦察部队起义后的行军路线，了解其他部队（主要是孙楚和李生达的部队）的态度和可能的动向。他经常向谷雄一汇报部队中士兵、军官的思想动向和各项工作的进展情况，以及部队一旦起义成功后的去向问题。

1931年7月4日夜，一团突然提前行动。牛清明所在的三团由于不清楚情况，不敢贸然行动。牛清明和蒲子华带着一部分人，假借了解情况离开营房赶往城里。这时一团早已撤离，他们在混乱中夺取了师部的马匹，追上了起义部队。因为部队提前行动，二团未能带出，原计划配合的阳泉煤矿工人暴动也未能实现。**【牛清明《红二十四军和阜平苏维埃》。】**从山西军官教导团打入高桂滋部的吴耀礼（二团）等人没能及时出来，马芳庭（一团，打入平定高桂滋部前为山西军官教导团党委书记）因病经中共山西特委批准于星期三（平定兵变为星期六晚）回太原治病，未随部队行动。获悉红二十四军从阜平撤退后，马芳庭未回高桂滋部，留下来担任中共太原市委宣传部长。**【马芳庭《发动"平定兵变"的前前后后》，1987年3月14日撰文。据马芳庭回忆，当时中共山西特委从山西军官教导团抽调入高桂滋部的除牛清明、吴耀礼和自己外，还有两人，但由于年代久远，记不清名字了。】**

红二十四军进入河北阜平后，一方面休整训练部队，一方面着手建立地方红色政权。由于红二十四军中很多人来自陕西，与当地群众语言不同、沟通困难，便决定由河北籍的牛清明兼任中华苏维埃阜平县政府主席，负责该县的地方工作。为安全起见，当时出示的各种布告，署名都是中华苏维埃阜平县政府主席牛曦。因为当时牛清明只有20岁，所以阜平群众亲切地称他为"娃娃县长"。

沈克部派人请降，红二十四军研究这个问题时分歧很大，大部分人过高地估计了自己的力量和影响，过低地估计了沈克的力量和处境，急于去受降来加强自己的力量。当时牛清明极力反对，要求先派出联络人员和侦察人员，摸清底细再做决定。结果这个意见处于孤立地位被否决,政委谷雄一和副军长窦时寻决定亲往指导受降。临出发前,牛清明极力劝阻谷雄一不要前往,但谷雄一坚决要去,并说亲自去表示欢迎沈部归降的诚意。牛清明劝阻无效要求同去。谷雄一见他正患眼疾,两眼难睁,又负责政府工作,并兼管部队,因此没有同意。

得知红二十四军中了沈克奸计的消息后,牛清明等人为了防止军心动摇,保证部队安全,研究决定组成临时军委,主动撤离阜平。

据牛清明回忆,红二十四军在应县小石口全歼守敌两个连,随后由于长途行军,仓促应战,部队受到了损失。这时候,参谋长刘明德召集纵队干部研究,考虑到由中共山西特委派出的三个人,吴耀礼在兵变时未能出来,谷雄一受骗被俘,只有牛清明一个人能和山西机关联系,决定派牛清明到太原汇报情况。刘明德说:"我写个信你带上,详细情况你接上关系后作口头报告。你走后,我带部队从大同到左云、右玉过去,咱们在府谷见面。"随后就用矾面汤写了一封简单的秘信(利用化学反应原理,用碘酒一擦就能显现出字来),让牛清明带上。当时部队的钱是十分困难的,刘明德问牛清明有钱没有?牛清明说有。实际上,牛清明在阜平领的那 8 元钱没舍得花,够买车票钱。

当时,和牛清明一起去的还有一位张姓同志,是个小学教员,阜平县苏维埃政府委员。由于情况恶化,这位张姓同志不能在阜平久留,跟随着部队撤出了阜平,要到太原找亲戚。这样,化名牛耀祖、扮作牛贩子的牛清明和这位张姓同志带着信就从小石口动身了。到太原后,这位张姓同志找亲戚去了,从此与牛清明再没有见面。

到太原后,牛清明见到了在中共山西特委机关工作的马芳庭。牛清明住在海子边的一个旅馆里,马芳庭领刘天章到了牛清明住处。牛清明向刘天章详细汇报了从平定县到阜平县苏维埃政府成立以及受到沈克假投降骗局,谷雄一、赫光、窦时寻、刘子祥等人和苏维埃政府几个同志牺牲被捕的情况。在牛清明谈到刘明德率领部队撤出、自己和阜平小学教员张姓同志来太原时,刘天章因为牛清明没有领这位张姓同志和他见面十分生气,批评了牛清明一顿。当时刘天章住在哪里,牛清明并不知道。刘天章向牛清明介绍了太原的情况,告诉他不要随便上街,行动要注意。

当时的太原确实很混乱,经常出事。牛清明在太原停留三天,每天都要接头,但都不是刘天章,仅和刘天章见过两次面,多数时候是与马芳庭、田世雄、梁子修(山东人,谷雄一遇难后的中共山西特委军委书记)接头。【牛清明《平定武装起义和阜平县苏维埃政府成立前后的回忆》。】

汇报以后,刘天章觉得问题重大,决定亲自前往领导这支部队,立即带领军委委员梁子修、牛清明和一个家住府谷的学生王宗舆(做向导)上了路。他们四人乔装成客商,雇了两个架窝子,分作两组,牛清明和梁子修在前面走,沿路做记号。刘天章和王宗舆随后跟着，经兴县、岢岚县星夜赶至保德县。牛清明和梁子修渡黄河到达府谷县后，听说红二十四军与井岳秀的部队段佑庵团正打得激烈，急于赶到部队，不料引起敌人怀疑，疑为红军探子，被抓起来吊在马棚里，牛清明眼窝、鼻孔、耳朵里叮满了苍蝇，四五天后转押府谷监狱。由于两人乔装成商人，牛清明又化名叫牛耀祖，加上党的大力营救，没有暴露身份。当时一个姓蔡的在府谷县高小担任校长，是我党地下工作人员。他受地下党委委托，以找人打毛衣为名，到监狱中和牛清明联系。通过蔡校长从中活动，牛清明于 1932 年 2 月获释，被关押约 5 个月。在被关押期间，牛清明听说红二十四军长途跋涉，缺乏后勤保障，战士饥渴劳累十分疲乏，再加上地形不熟，最后部队被打散。【关于牛清明到达府谷县的情况，有两种说法：据牛清明《平定武装起义和阜平县苏维埃政府成立前后的回忆》一文介绍，为与马芳庭一起到的府谷；据牛清明《红二十四军和阜平苏维埃》一文介绍，为与梁子修一起到的府谷。相同的情形都是自己化名牛耀祖扮作客商，营救情况大同小异。马芳庭《发动“平定兵变”的前前后后》一文中，并无跟随牛清明到府谷的记载，所以笔者选用了与梁子修一起到府谷的记载。】

牛清明获释后，从监狱出来，住在王宗舆家。中共山西特委安排牛清明和王宗舆到陕北去找一个姓朱的联系，并介绍牛清明到安边去当小学教员，和王宗舆住在相距 10 千米的两个堡子里，当了一年多的小学教员，以小学教师身份为掩护继续从事革命工作。后与地下党联系，在神木县南区协助当地组织成立了临时特务队。

据牛曦介绍，牛清明离开神木后，与陈以平等人联系，在定边等地多次领导发动兵变，用智慧和信念反抗国民党反动派的黑暗统治。

牛清明 17 岁时，父母做主给他成了家，投军之前跟前妻离婚。后与第二任妻子结婚生下牛曦兄妹 6 人。新中国成立后牛清明参加了成渝铁路建设。由于历史原因，牛清明举家到了大同，花了 40 块钱买了个小平车，靠给人拉东西过活。兄弟姊妹看着父亲辛苦，就在上课之余帮父亲拉车、推车。牛曦年纪渐长，为了减轻家里负担，放弃相对比较清闲的技术员工作，下坑打眼、放炮，只为 1 个月能领到 100 多元钱的工资补贴家用。直到 1985 年 4 月调到北京后，这种生活才告结束。

1990 年，牛清明离世。一个坚贞不屈而又平凡如斯的革命者就此走完了自己的一生。

值得一提的是，牛清明的 6 个孩子，按照年龄次序排列，名字依次是牛曦、牛曙、牛智、牛暾、牛晴、牛旭，意为“成长离不开党的太阳”。牛曦的儿子出生后，牛曦为其取名“牛子推”。说到名字的由来，牛曦告诉我们，如此取名有两个意思：“一个是他的爷爷叫牛清明，山西有个介子推，由此生发清明节。子推与清明互为照应。二是取子推这两个字的意思，取子承父业之意，希望他能前赴后继，继承爷爷的信仰与事业。”

《破晓风云》是本什么书?

在讲到红二十四军的创建历程和牛清明生平遭遇的同时，牛曦说原教育部副部长臧伯平曾经根据红二十四军的征战历史写过一本叫作《破晓风云》的书。这令我心头一震，马上在笔记本上记了下来。

通过公开资料显示，臧伯平(1913—2005年)，又名臧树棠，直隶(今河北)唐县人。早年就学于保定第二师范学校、北京民国大学国文系。1929年8月参加革命工作并加入中国共产主义青年团，1930年转为中国共产党党员。1937年8月任唐县县委书记，1941年在河北省建屏县、灵寿县任县长。新中国成立后，历任石家庄市市长，河北省建工局局长，第二机械工业部局长，北京航空学院党委第二书记，天津大学党委书记、校长，南开大学党委书记、校长，教育部副部长，全国高等教育自学考试指导委员会副主任，全国成人教育协会会长，被誉为“中国高等教育自学考试的开创者”。

在这份履历中，“直隶(今河北)唐县人”，“1937年8月历任唐县县委书记，1941年在河北省建屏县、灵寿县任县长”的经历引起了我的兴趣。因为唐县、灵寿临近阜平县，生于斯、长与斯、工作于斯的臧伯平，红二十四军阜平建政时，年龄为18岁，16岁就加入中国共产党的他，不会对发生在家乡或者身边的这一切无动于衷。

如何才能找到这本书呢？对于我来说，好像不是个难事，但前几次的失败经历告诉我，有时人生确实会开玩笑，归入碰运气的范畴。比如在大同市，购买了几本关于红二十四军的资料，其中一本就是《红二十四军军长赫光传略》(后来在宁夏固原县杨郎乡赫光纪念馆时，看到玻璃陈列柜内珍藏有一本)，结果第一段落采访结束回到单位后，其他的资料都收到了，唯独没有这一本。跑去所属辖区邮政局查问，说单位有人已经签收。于是找单位签收此书的人，也说近期工作忙乱，单位人事繁乱，实在找不到了。

更重要的是，网上看到一本由山西省军区党史资料征集办公室编辑整理的《平定兵变与红二十四军的创建》。这么重要的资料，如果能够及时找到的话，那该多好啊！但网页提示的两字是“已售”！想要购买，却被人抢先一步、捷足先登，只能徒叹奈何。

这里说一段插曲，2006年我在新浪网开通了自己的博客，不时有文章上首页什么的。随着点击量的上升和链接人数的增加，还真是学了不少知识，认识了很多文化界的朋友。目前，我的所有博客点击量累积起来，已有400多万的样子。还是因了我的新浪博客，知道了一点《破晓风云》的情况。这就是看到“唐尧彬彬”于2007年5月8日在自己的新浪博客贴出的“我的收藏：臧伯平之《破晓风云》”一文：

五一放假，好友老贾送给我一本臧伯平的《破晓风云》，这本书介绍的是新中国成立前发生在我县西连颐的故事。说起此书，颇有些来历，那得从十多年前说起：当时臧伯平他们家在城内西门里有家店铺叫益进恒，“文化大革命”时被城内村收归集体，后由村生产小队出租经营。臧伯平一个四城涧的叔父臧新才（比臧老年岁还大呢）代表他们那一大宗族三股儿，要求政府落实政策，把那宗地落实到他们名下，为此就开始了长达十多年的上访、告状。

这官司打得可热闹了，还惊动了当时的省委、市委的领导。我单位的老贾作为信访上的老专家，就接过了这宗案子。为此九年间可没少给臧伯平进京入市地跑，记得我也曾帮助下去调查过一次，这期间他和臧老接触过几次，臧老就把他写的这本书赠送给了他两三本，并签了名。后来官司终于打赢了，臧老为此也费尽了心血，总算没让臧老这个老革命带着失望离开人世。

在后来的闲谈中，我和老贾说起了马耳山上的山大王门连军的故事，他说他那儿有这本书，书中对此有比较详细的介绍。我就求他割舍给我一本，当然我也没白要，帮他刻了一方石印，了却了他多年前的心愿。他送给我的这本书上有臧伯平的签章，他还有本臧老亲笔签名的没舍得送我，不过这也不错了，人不能太贪，我心足矣。

剩下来的事情就简单多了，我一个“纸条”发送过去就可以了，留言内容也很直接，就是问唐尧彬彬《破晓风云》中有无关于红二十四军的内容。答案是肯定的。

如何弄到这本书，对于查找资料为家常便饭的我来说，根本不在话下。只要它有，无非是机缘和时间罢了。比如《红二十四军军长赫光传略》直到2014年10月底才搜集买到。

舍不得孩子套不住狼，舍不得投入学不到新知，这是我从山西学者韩石山研究徐志摩和民国

《破晓风云》书影

文人那里学到的经验教训。于是在网上一口气购买了臧伯平的两本书：个人回忆录《七月的风暴》和长篇纪实小说《破晓风云》，【《破晓风云》，臧伯平著，吉林人民出版社，1979 年 9 月印刷。】前者讲的是作者在保定第一师范学校领导闹学潮的事情，后者讲的是穷苦人出身的成仰岱如何在地下共产党人刘之楫等带领下，阶级觉悟日益提高，参加"中国工农红军第二十四军"闹革命，最后成长为红二十四军参谋长的故事。

当然，与很多正面题材的小说一样，《破晓风云》中的红二十四军，并没有中了沈克等人假投降的奸计，而是取得战斗胜利，最后针对阜平有敌人重兵集结，不宜开展大规模活动，"所以决定红二十四军暂转移到河北、山西交界地区活动。在那里继续创造根据地，并与陕北红军取得联系，向群众和敌军进行反对内战、一致抗日的教育与宣传活动，争取与愿意抗日的军队携手抗日。现在红二十四军的人员损伤惨重，应当缩编。冀西党委决定，改红二十四军为红军独立游击支队……"【《破晓风云》第 401 页，臧伯平著，吉林人民出版社，1979 年 9 月第 2 版，1980 年 3 月第 3 次印刷。】

臧伯平的革命生涯，颇有点传奇色彩。他从 16 岁起投身革命，几十年风风雨雨，历尽千辛万苦，九死一生，幸免于难。革命的大熔炉锻炼和培养了他坚定的共产主义信念和无产阶级立场。臧伯平从一个年轻幼稚的爱国学生，成长为一名坚定的共产主义者，他始终把自己的命运和祖国的前途紧密地联系在一起，把自己的一生献给了党的事业。在十年动乱中，他受到无理的批判斗争，身心受到很大摧残，致使左眼失明，肋骨被打断三根，但他始终坚信共产主义和共产党的领导，对党和国家领导人始终怀有崇高的敬意。

需要指出的是，《破晓风云》中关于红二十四军的描写，是浓墨重彩的一笔。由于是历史小说创作，加诸作者长期生活在河北唐县，对本地历史人物和风物掌故十分熟稔，所以把小说主人公的成长背景放置在河北唐县西连颐镇。书中写到创建苏维埃、假投降、平定起义等情况，与真实的红二十四军有许多相似之处，明显依据红二十四军的征战情况进行改编创作。

由于小说描写逼真，加诸出版时间较早，所以一些关于红二十四军的记述中，甚至出现了将小说文字当作历史资料处理的情况。比如在曹普女儿"老更 77"的博客文章中，出现了叙述平定兵变当晚，小说人物与历史人物共存的混乱局面：

"组织领导这场战斗的有赫光、谷雄一、刘明德等。其他同志也做了具体分工，确定由徐贵年（一营二连一排排长）带一个排去包围团部，由谷雄一带一个连去解决二营营部和几个连部，成仰岱带一个连去包围三营营部和几个连部。事成之后，到东关庙前集合，准备下一步行动。

……在举行暴动前半小时，走漏了消息，被敌人发觉，因此决定立即提前行动，以枪响为号，一齐动手，布置警卫员听到枪响先打死团长李钟毓，徐贵年带一个排跑步去包围了团部，先下了门卫的枪，冲进去缴了警卫班和马弁的枪，并朝天打响了起义的信号枪。团长李钟毓听见枪声，正问为什么打枪，警卫员即向团长开枪，但未打中，团长越墙而逃，报告了旅部。枪打响以后，陈子毅即将电话线切断，并背走了电话局的两只长枪。谷雄一和成仰岱分头解决了二营和三营，拉出了一部分部队。苏雨农带上自己的护兵，立刻下了一营营长孙金彪的枪，解决了一营。当夜十二时就结束了战斗。”【“老更77”《纪念平定武装起义暨红二十四军成立78周年》。】

在以上文字当中，徐贵年、成仰岱、苏雨农、孙金彪等人物，皆为小说《破晓风云》中的人物，这里做出澄清，希望党史工作人员在以后的研究中不要为了故事的可读性和人物的丰富性而以讹传讹，将真实的历史在叙述中变形走样。

红二十四军与共产国际有关吗?

在与牛曦的谈话中,另一个消息同样令人震惊。牛曦说,平定兵变的发生与共产国际有关系,这些资料被收录在一部叫作《苏联阴谋文证汇编》的书里。

于是马上搜索寻找,在孔夫子旧书网上找到卖家,一套6本,要价37000元。据店主介绍,这套书内收入诸多早期中国共产党文件原文及大量早期中国共产党文件图片及实物图片。这本书是张作霖查抄苏联大使馆后发行的,当时从使馆中查出了好多文件。

由于要价太高,从自身资金来看,绝对买不起,知道学者谢泳曾经看过这本书,于是在他的新浪博客留言联系,说明情况。当时谢泳已经由山西《黄河》杂志社调任厦门大学,估计工作忙的关系,一直没有回复。但对于这本书的关注,从来没有消失过。

苍天不负有心人。2014年12月底,关于《苏联阴谋文证汇编》的较为详细的说明在豆瓣网上奇迹般出现。

据豆瓣网介绍,《苏联阴谋文证汇编》由张作霖所辖的京师警察厅编译汇编,16开本,1928年由文海出版社有限公司编印出版。书前有6篇序言,首篇为张学良撰写。

关于这本书的出版缘由是这样的:

1924年,在直奉军阀大战中,冯玉祥在南方国民党和苏联暗中支持下,突然发动北京政变,掌握了政局,但由于自己力薄势单,请了段祺瑞来临时执政。不过冯还是坚持促成了孙中山北上。当时,苏联对中国建立红色政权抱有很大期望,并在军事援助上大量投入。

苏联最早授勋的五个元帅,两个相继被派往中国,一个是布留赫尔,即著名的加伦将军,后来北伐战争基本由此人指挥,另一个是叶戈罗夫,以元帅军衔任驻华武官,负责中国北方军事。从1924年起,苏联军事援助就不断支持冯玉祥,派去军事顾问团,当时邓小平就是以邓希贤的名字被直接从苏联派到冯的部队。而李大钊则是冯和苏联的最重要的联系人。冯的"赤化"倾向,引起了北方军阀的一致反对。1926年初,张作霖的奉系和吴佩孚的直系联合起来,驱逐了冯的军队,双方进行大战,而同时国民党也开始北伐,全国进入全面混战。

1926年4月,张的奉系部队控制北京,成立安国政府,作为与冯玉祥部队和南方国民党政府的重要联系人，以及中国共产党的北方负责人、苏联共产国际的代理人，李大钊当然是被抓捕的重要对象。李大钊带领全家立刻躲到了东交民巷苏联大使馆内原俄国兵营院内。

根据《辛丑条约》，使馆区中国军警不准入内，享有治外法权。以前，康有为、梁启超和后来搞复辟的张勋等，都到那里避过难，从没发生过问题。而这次，李大钊实际是把国民党和共产党在北京的机关一起搬到了苏联使馆，这在国际法上不很占理。

这种现象首先引起其他国家驻华使馆的不满和怀疑，日本使馆和法国使馆人员相继发现苏联使馆军营中国人来往频繁，夜间也经常大声争论，举行会议。他们秘密报告了张作霖的安国政府，很快京师警察厅就派来密探，装作三轮车夫等监视侦查，并跟踪相关人员，不久逮捕了重要嫌疑人李渤海。

1926 年 4 月初，“京师警察厅”司法科长沈维翰亲自出马，连续审讯了 3 个昼夜，终于发现有一个叫李渤海的嫌犯是真正的共产党员，而且就在李大钊身边工作。

李渤海是李大钊的学生。1923 年，他由高君宇等人介绍加入中国共产党。李大钊避难后，苏联兵营内的共产党组织以及李大钊同外界的联系，多由他承担。李渤海被捕后叛变的情形，直到 20 世纪 70 年代末，沈维翰在接受台湾媒体采访回忆往事时，才道出多年鲜为人知的内幕。他说李渤海“经多方劝导，颇能合作，将李大钊藏匿在东交民巷苏联使馆之情报及其他共产人员名单供出”。为避免打草惊蛇，警察厅悄悄释放了李渤海。除了当事人，此事再无人知晓。

所以，李渤海在李大钊牺牲之后还当过中共北京市委主要负责人。1927 年 10 月，他再一次被捕叛变。后来，李渤海改名黎天才，追随张学良左右。1955 年，身居上海的黎天才以“叛徒、反革命”罪被捕入狱，判处无期徒刑。1981 年上海市地方法院重新审理此案，改按起义投诚人员对待。此时，李渤海已死去 20 年。

当时南北处于战争状态，李大钊的秘密机关从事大量军事情报工作，并且藏匿了一些军火，而且苏联很深地卷入中国内战，这对北方政权威胁极大。张作霖函商外国领事团，因为苏联革命后自行废除不平等条约，所以领事团认为苏联使馆不受《辛丑条约》保护，默许张作霖的军警入内缉捕暴乱人员。

1927 年 4 月 6 日，京师警察厅派出三百余人，突袭了苏联使馆军营，李大钊等人显然在没有预防的情况下遭到逮捕。军警共获取七卡车文件档案，里面有大量苏联政府和共产国际对中国各派别的联系证据和指令。

后张作霖找人翻译编成《苏联阴谋文证汇编》，主要是“军事秘密之侦探”和“苏联在华所用经费”两项。其中，有照译 1927 年 1 月 30 日军事会议案笔录，照译苏联利用冯玉祥计划文报告，照译 1927 年 3 月 13 日军事会议案笔录，北京苏联大使馆会计处致广东军事顾问加伦函……张作霖认为取得了杀李大钊的理由：一是在南北战争期间，李参与了军事谍报工作；二是李与苏联政府勾结参与中国内战的证据；三是李和冯玉祥国民军的秘密关系；四是李作为国民党和共产党北方领导人进行的颠覆政府活动。李大钊在被捕后，对很多事实也供认不讳，“李大钊供词全份”保存在北京市档案馆中。

李大钊被捕后，由于他是北京大学著名教授，各方都有营救行动，特别是北洋政府前高级官员，如章士钊、杨度、梁士诒和北大校长等都出面说情，张作霖也犹豫不定。他为此给北方军队前方的重要将领如张学良、张宗昌、孙传芳等六位发电征询意见，除了阎锡山没有回复，其余都主张立即正法。当时报刊也记载前方来电。另有一种说法，南方某重要人物也来电主杀。张作霖绿林出身，对苏联和日本等国本都不买账，在战争状态，更是唯认武力至尊，对前方将领的意见更为重视，所以很快就下令将李大钊等 19 名国民党和共产党人员悉数执行死刑。

李大钊被杀后，张作霖曾将部分在苏联使馆搜查到的文件公开展览，并请中外人士参观，但是张作霖的政权很快倒台，翻译整理出版的《苏联阴谋文证汇编》一书，只印了极少册数，目前已经很难找到。

关于在高桂滋部发动兵变的情况，1930 年 4 月 15 日，在党中央领导下，中央军事委员会起草发布了《中央军委军事工作计划大纲》，成为全国军事工作的指导性文件。《中央军委军事工作计划大纲》指出了制定的三大原则，其中第一条就是“从国际革命危机（帝国主义大战）来看，帝国主义一致地进攻苏联，西方无产阶级与殖民地的劳苦群众的革命开展，突飞猛进地开展。”因此，“党的主要任务加重了准备暴动夺取政权的实际行动意义，特别是加重了军事政治、军事组织、军事技术的严重意义”。而且据有关资料显示，中共山西特委书记刘天章 1924 年从北京大学毕业后，协助李大钊在北京做党的地下工作。同年秋，在李大钊的领导和支持下，刘天章前往胡景翼部所在地河南开封创办学生军。红二十四军与共产国际的关系，莫非来源于刘天章与李大钊的关系？当然，红二十四军的创建与共产国际的关系，在没有看到原件之前，依然是个谜。

杨继雄是谁？

据资料介绍，平定起义原计划发动阳泉火车站工人纠察队和矿区赛鱼工人罢工，配合这次起义。由于情况有变，起义部队临时改变计划，导致工人纠察队和矿区赛鱼工人罢工功亏一篑、胎死腹中。

我们能否通过一些留下的线索，还原当初的计划呢？事实证明非常之难。在红二十四军战士和相关后人以及党史资料的记载中，这一块基本属于一片空白。

然而，在北京寻访到红二十四军第二纵队政治指导员牛清明后人牛曦，与其交谈的过程中，意外得到一本由山西省军区党史资料征集办公室1986年12月编辑整理的《平定兵变与红二十四军征战始末》的内部资料集，还有牛曦自己搜集整理的一些关于红二十四军的珍贵资料。

在牛曦提供的资料中，由其父牛清明写的《回忆中共工农红军第二十四军创建始末》一文中写道："因部队提前行动，二团未能带出，原计划配合阳泉煤矿工人暴动也未能实现。最后仅有一团全部和三团一部安然脱离了国民党反动统治。"由此看来，平定兵变计划中，煤矿工人暴动策应不是空穴来风。

除此之外，由牛曦提出的关于杨继雄的两则资料引起了我的兴趣。一则是柏玉生在1945年1月12日写的《杨继雄同志烈士小传》【中央组织部办公厅档案资料，1965年4月19日复制。柏玉生，又名白义胜，1931年任中共石家庄地区党委书记，当红二十四军进军到阜平时，他受中共华北局党委指示，前去阜平调查和指导工作。途中听到红二十四军失败后返回。1945年延安整风时期写下杨继雄传略，在传略中指出，杨继雄任红二十四军政治部主任。资料来源为邢钖麟、乔日永1986年7月10日给牛清明的来信。】简略介绍了杨继雄的生平概况。

据文章介绍，杨继雄为山西洪洞县人，因为家境贫困，于高级小学毕业后，再无力升学，在本乡充任小学教员一两年。当北伐革命军胜利的消息传遍全国各地时，杨继雄决心投身革命，于是在1926年冬离开故乡，冒着寒冷，只身奔赴太原，先参加西北革命同志同盟会，后加入中国共产党。1927年春国民党清党时，杨继雄在国民革命军第三军政治处工作，因下令通缉他，终于脱离部队，跑到井陉横西煤矿工作，化名李斌，告诉工友们起来与资本家做斗争，工人阶级改善生活、求生存的出路。1928 年春，在他的领导下，有 3000 余名工友起来罢工，要求增薪减时，罢工成功。从此以后，工友们谈起他来，没有一个不知道他的，认为他是工人们的救星，是他们最好的朋友，他们最爱戴的领袖。

1931 年，杨继雄接受党的指示，调到山西阳泉工作。当时高桂滋部队驻扎于此地，至翌年春兵变成功，改编为红二十四军，军长赫光，他任政治部主任，举起共产党的旗帜，实行土地革命，威胁了华北奉系统治者。前后几次“围剿”，都被他粉碎了，奉系军阀坐卧不安、恨之入骨，运用大批兵力继续“围剿”，终于因寡不敌众，大部分突出重围，杨继雄不幸被敌俘虏，押送北平军法处，严刑拷打，宁死不降，被奉系军阀枪毙牺牲了。

从这份传略来看，杨继雄确实参加了红二十四军，具有一定的工人斗争经验。从被俘和处决的情况来看，应为跟随政委谷雄一、王快镇接受“绿军”投降时被捕。从现有资料来看，谷雄一带领的红二十四军领导为六人，除谷雄一和副军长窦时寻有名有姓记载外，其他四人具体为谁不得而知。

在柏玉生撰写的《杨继雄同志烈士小传》之外，牛曦还为我们提供了另外一份由邢钖麟、乔日永、常士蕊等三人合作撰写的《杨继雄烈士传》。

据该文介绍，杨继雄又名杨爱堂、李斌、梨花、李春华、杜文斌，山西洪洞县北段村人。1907 年 10 月 10 日(农历九月初四)出生在一个农民家庭。父亲、母亲、他和弟弟一家四口住在两孔夏不避暑、冬不遮寒的破窑洞里。家里虽有几亩薄地，但被大地主邓家夺去，所以只有靠租地维持生活。他的父亲杨光庆是一个勤劳、正直、受尽了牛马之苦的农民。杨光庆把翻身的希望寄托在杨继雄的身上，决心让他上学读书，期望他长大成人，好为穷人争口气。但是，一个贫苦的家庭哪里供得起儿子上学呢？所以只有求助他的伯父一起供杨继雄读书。14 岁时，杨继雄考入洪洞县第一高小。在学校里，他发奋学习，刻苦攻读，各科成绩优良，并写得一手好毛笔字，每次考试都名列前茅。17 岁时，高小毕业，由于家穷，再也没有办法供他读书，只好在本村小学一边教书，一边帮助家里劳动，就这样艰难维持一家人的生活。

这时，中国共产党成立后，马克思主义开始在山西传播。杨继雄听说共产党为劳苦大众谋利益，为了寻找共产党、寻求真理，他告别父母，离开家乡到外地。1924 年冬，他来到山西榆次，进晋华纺织厂当了工人。

杨继雄进厂不久，即 1925 年，地下党派人到晋华纺织厂组织工人运动，开始建立党的组织。同年冬天，中共太原地委宣传部长王瀛来厂传播马列主义，又建立了共产主义青年团。杨继雄于 1926 年 4 月加入中国共产党，成为晋华纺织厂第一批共产主义战士，开始踏上革命的征途。

晋华纺织厂是山西省机械纺织业历史较久的工厂之一，全厂有1000多名工人。工人每天工作在12小时以上，而工资却十分低微。如果按照平均数计算，每个工人一天创造劳动价值为15元，而所得工资却仅为5角钱，根本不能维持一家人的基本生活。为了养活妻儿老小，工人们只得加班干，有的下了工再去拉洋土、卖烧土，有的到车站扛麻袋，到栈房打杂活，过着半死不活的日子。不仅如此，工人还要在工厂里受到监工、把头的种种欺压。一进厂，就不准说话，更不准谈论国事。如有违抗者，轻者遭到打骂，扣发工资，重者被开除，送交政府查办。

面对这种在经济上受剥削、在政治上无自由的现实，杨继雄认为，只有把工人发动起来，密切结合自身的实际利益，不断开展大规模斗争，才能摆脱这种现状。于是，1926年7月16日，在工会领导人籍中发（党支部书记）、杨继雄（党支部委员）的领导下，工人们在同蒲铁路西站宣布罢工大会开始，山西工人罢工在晋华纺织厂拉开序幕！

罢工斗争坚持了40多天，资本家在经济上损失巨大，在政治上狼狈不堪，为了挽救这种局面，曲佩环【曲佩环，晋华纺织厂经理、阎锡山的妹夫。】与军阀相互勾结，开始对罢工工人进行武装镇压。8月26日，学兵团趁工人纠察队外出宣传的机会，发动了突然袭击，包围了工人宿舍，逮捕了十多名共产党员、工人代表和积极分子。听到消息后，杨继雄来到太原找王瀛汇报情况，研究对策，营救被捕的同志。

这次罢工虽然暂受挫折，却大大提高了工人的思想觉悟，锻炼了革命意志。这次斗争，也为杨继雄以后成功领导井陉煤矿工人罢工提供了宝贵经验。

杨继雄到太原向王瀛汇报了晋华纺织厂的罢工情况后，党组织安排他到西北革命同志同盟会工作，由此他结识了共产党员柏玉生。1926年11月，杨继雄、柏玉生等受中共山西省委和太原市委的指派，从太原到了陕西，参加了国民三军（冯玉祥的部队），并在政治处工作，任政治员。期间，继续传播马列主义，发展党的组织，杨继雄当时负责三团的工作。同年5月，部队进驻河北井陉县，这时国民三军中共产党的组织力量比较强，柏玉生负责的教导团里80%都是共产党员。杨继雄在三团工作的三营，从营长到排长都是共产党员担任。整个部队纪律严明，秋毫不犯，军民关系比较融洽。由于军队倾向革命，党的力量较强，对井陉共产党的发展壮大起到重要作用。同年7月，汪精卫公开宣布与共产党决裂，背叛了革命，在各地大肆捕杀共产党员和革命群众。当时反动势力尚未深入到井陉县，井陉县党组织在国民三军的协助下，成立了中国国民党井陉县党支部。我党利用国民党这一“合法”招牌，掌握了领导工农革命的主动权，从而为工农运动的蓬勃发展打开了新的局面。杨继雄、柏玉生等通过国民党党部，不断地与当地党组织取得联系，支持当地党组织的工作，在工农群众中灌输革命思想，培植党的力量，扩大革命影响。

同年秋，阎锡山开始在三军清党，杨继雄、柏玉生受部队党组织的指示，到井陉县党部负责兵委工作，并参加县委。不久，因怕引起人们的怀疑，杨继雄到井陉县横涧领导井陉煤矿工人运动和附近的农民运动。

井陉煤矿 1903 年获得清政府批准，由封建地主和德国合办而成，煤矿的实权完全控制在德国人手中。1911 年，绅商勾结封建军阀段子犹（段祺瑞之弟）又开办了正丰煤矿，后来也被德国控制。

这里的工人深受帝国主义、封建主义和官僚资本主义的三重压迫，军阀混战又连绵不断，矿工的生活难以为继，生命没有保障，经常发生塌陷、出水、爆炸、冒顶等事故。据 1925 年官方的不完全统计，工人死亡 27 人，伤 6469 人。工人每天下井工作 12 小时以上，却只能挣两角多钱，童工仅 100 个铜钱，挣扎在死亡线上。

1927 年秋，杨继雄来到井陉煤矿。他住在矿工家里，与工人促膝谈心，了解工人情况，关心工人疾苦，经常把自己挣下的钱，接济生活困难职工，利用劳动机会向工人讲解帝国主义侵略中国的罪行、资本家剥削工人的本质，不断启发、提高工人的阶级觉悟。这年秋天，在杨继雄的具体指导下，井陉煤矿工会成立。为了保卫工会和工人阶级利益，工会还组织了 60 余人的工人纠察队。

1928 年 1 月初的一个深夜，在杨继雄的主持下，召开了矿区党员秘密会议，制定了罢工的九项条件：发给欠款，增加工资；每月发煤；住工房不掏房租；歇礼拜天；工伤看病不收费；给矿工探亲假；养老金按照工资的 50%发放；婚丧大事给假期；安装电灯、自来水。会议决定了斗争的方式：先由工会会长代表矿工向矿局提出上述九项条件，如不答复，全矿罢工。

第二天由工会会长向矿局提出九项条件，可是矿长和德国资本家克里马借口局长不在、负不了责任（当时局长在天津）拒绝答复。

两天后，在杨继雄的领导下，2000 名矿工开始罢工。罢工开始后，每个矿区电线被割断、电闸被关闭、水闸被卡住、机器停止转动、电灯熄灭了、运煤车瘫痪在轨道上……矿工们纪律严明、行动一致，积极投入斗争的洪流，纠察队员严密监视着煤师、监工、把头的活动，矿区的墙壁上、电线杆上贴满了写有“劳工万岁”、“答复九项条件”、“不答复、决不复工”的标语和传单。

矿局在工人罢工后，一面施展诡计，让工人先复工，后发薪；一面却在策划新的阴谋，企图借用国民三军镇压罢工。但是，由于国民三军地下党的多方活动，矿局的这一阴谋未能得逞。在这种情况下，矿区被迫请来国民三军和井陉、获鹿两县的县长出面调停。哪知国民三军的代表就是地下党员杨继雄，他事先安排工人“九项条件必须答复，不答复就坚持罢工，决不动摇”。在谈判中，他以调停人的身份建议矿局一定要答应矿工的九项条件，矿工也要早日复工。反动当局知道，如果罢工继续下去，后果不堪设想，为了暂平民愤，终于在声势浩大的罢工面前，被迫接受了杨继雄的这一建议，答应工会提出的九项条件。井陉煤矿工人在杨继雄的领导下，英勇地战斗了三天，终于取得了第一次罢工的胜利。

在领导煤矿工人斗争的同时，1928 年 1 月 26 日（农历正月初四），杨继雄又领导了农民痛打横涧区官（警察分局局长）霍纯喜的斗争。

来到横涧以后，杨继雄一面领导工人罢工，一面又领导农民运动。他先后在农村发展组织，建立党的支部和农民协会。1928 年正月初，他在横涧召开附近各村支部负责人会议，传达了县委关于发动群众斗争霍纯喜的指示和计划。会后，党员在各村进行了周密的布置和发动，杨继雄也迅速到各村通知农民协会，发动群众和煤矿工人，挑选有经验、会武术的同志领队，每十人编为一小队，并整理好账目，搜集霍纯喜的罪恶。准备工作就绪后，正月初三晚上，他又召集附近各村支部负责人会议，对第二天斗争霍纯喜做了具体的布局。

正月初四的早晨，横涧一带的 1500 多农民，冒着风雪严寒，从四面八方阻击在横涧警察分局门口，农民协会的代表在县委委员董希儒带领下，闯进警察分局，找到了霍纯喜，向他说明来意，要求他退出贪污款。狡猾的霍纯喜一面“殷勤招待”代表，一面却暗地派人监视。随后，他溜了出去，向县公安局和国民三军打电话，要求马上派武装前来镇压。霍纯喜这一行动，已被杨继雄派进警察分局的杨青得知，杨青马上把这一情况传递给杨继雄。

在这万分紧急的关头，杨继雄分析了当时的情况，认为斗争只有前进，而不能后退，要将计就计，借“两国交兵，不扣来使”为理由，闯进警察分局。杨继雄一声大喊：“不放代表，我们就冲进去，把代表抢回来！”人们像潮水一样涌进院子里，冲散了警察，救出了代表。这时，霍纯喜立在台阶上，朝天空打了一枪，群众不但没被吓退，反而更加激起了人们的愤怒。代表们按照计划和群众一起下了警察的枪支，霍纯喜乘机从后院越墙逃跑，躲进了一家农民的厕所里。当群众找到他时，他已经吓得魂不附体，龟缩一团，在愤怒声中，群众把霍纯喜扯到大街上，按在地上痛打一顿，打得霍纯喜鼻青脸肿，广大群众无不拍手称快。这时杨继雄看到人们出了气，就劝大家不要打了，叫群众把霍纯喜带到老君庙前斗争控诉。在“打倒贪官霍纯喜”、“打倒土豪劣绅”的口号中，群众纷纷控诉霍纯喜的罪行，直到天黑，反动当局才赶来解决。杨继雄、董希儒向反动当局提出把霍纯喜带到城里处理，反动当局看到眼前的形势，只好接受群众的要求，将霍纯喜带回县里。

第二天，杨继雄、董希儒和群众推选的农民代表，拿着早已写好的一百多份状子进城，与县公安局局长谈判，代表提出处理霍纯喜的三个条件：退出赃款、撤掉官职、驱逐出境。公安局长虽与霍纯喜是一丘之貉，但在群众的压力下，被迫答应将霍纯喜撤职、驱逐出境的条件。痛打霍纯喜的斗争在杨继雄领导下取得了胜利，扩大了党在群众中的影响，积极推动了井陉县的工农运动。

1928年4月，形势发生了巨大变化，晋奉大战爆发，奉系军阀进占井陉，大肆逮捕共产党员和进步人士，疯狂镇压工农运动，红色工会、农民协会被武力解散，党的组织遭到破坏。同年冬，迫于形势，杨继雄被调到国民三军运输队，在中共顺直省委领导下工作。1930年初，中共顺直省委派杨继雄到中共太原市委工作。1931年春，又被派往平定县高桂滋部进行兵变的组织工作。平定兵变后，红二十四军成立，被任命为军政治部主要负责人。后随部队移防到河北省阜平县。反动军队石友三的师长沈克玩弄假投降的手段，声称要向红军投降。红二十四军军长赫光率领杨继雄等八名干部前去谈判，在阜平县法华村遭暗算被杀害，年仅24岁。

从两则资料对照来看，杨继雄化名较多，有丰富的工农运动经验，"红二十四军政治部主任"和"红二十四军政治部主要负责人"略有出入。柏玉生提供资料显示，杨继雄跟随谷雄一在王快镇被捕，随后在北平军法处被杀害；邢锡麟等人提供的资料显示，杨继雄在跟随赫光谈判时，在阜平县法华村遇害。

柏玉生1931年任中共石家庄地区党委书记，当红二十四军进军到阜平时，他受华北局党委指示，前去阜平调查和指导工作。途中听到红二十四军失败后返回，知道红二十四军的一些情况。1945年延安整风时期写下杨继雄传略，传略中指出，杨继雄任红二十四军政治部主任。

从牛曦提供的两份资料来看，邢锡麟、乔日永曾经来信问过牛清明关于杨继雄的情况，而且特意就柏玉生所写的传略中指出，"杨继雄任红二十四军政治部主任，你是如何看这个材料？"【资料来源为邢锡麟、乔日永1986年7月10日给牛清明的来信。】

如此说来，邢锡麟、乔日永、常士蕊三人合作撰写的《杨继雄烈士传》，是在征求牛清明的意见之后。牛清明究竟是否回信，回信中说了些什么，由于资料缺乏，我们不得而知，但从邢锡麟、乔日永、常士蕊三人合作撰写的《杨继雄烈士传》中，我们看到前面柏玉生文章中的杨继雄为"红二十四军政治部主任"，变成了"军政治部负责人"，牺牲时也由跟随谷雄一去王快镇被俘变成跟随赫光到法华村谈判时被害。

牛清明当时为红二十四军第二纵队政治指导员兼任阜平县苏维埃政府主席，如果真有杨继雄参加红二十四军的话，必然十分清楚。那么，他在收到邢锡麟、乔日永的来信后，究竟回复了些什么，就显得特别重要。可惜由于后来牛清明的种种人生境遇，导致很多资料没有及时保存下来。据牛曦介绍，父亲曾经写过一些回忆录性质的东西，后来因为各种运动的发生心灰意冷，付之一炬。

杨继雄真正参加过红二十四军吗？政治部除刘子祥外，还真有另一个"副主任"吗？谜底有待进一步揭开。

红二十四军在右玉

红二十四军主动撤离阜平后的情况，文字记载十分少，寥寥数字或者一笔带过。有些地方史志上压根就没有关于红二十四军的记载。正因为资料稀缺，所以每找到一点都弥足珍贵。在右玉县，我们就遭遇了由忧变喜、豁然开朗的一幕。

据陈子毅回忆：红二十四军由于事变突然，失去了两位领导人，主动地撤出阜平，顺着史家寨、段庄向灵丘转移了。县苏维埃政府人员和城关一批青壮年也跟着红军一起撤走。在刘明德的带领下，经繁峙、代县、朔县、平鲁、右玉，出杀虎口，到绥远的清水河县。【陈子毅《红军第二十四军的片段回忆》《平定兵变与红二十四军创建始末》第 92 页。】

2011 年 6 月 13 日，我们到达右玉县城。右玉县地处晋西北的黄土高原，邻近内蒙古，长期以来生态环境恶劣。杀虎口是“称雄世界五百年”的晋商“走西口”的必经之路，也是著名的边疆古关隘和汉族与少数民族交战、贸易的重要通道。

新中国成立 60 多年来，右玉县历届县委、县政府团结带领全县党员干部群众，坚持植树造林，改善生态环境，全县森林覆盖率由不到 0.3%提高到 52%以上，创造了令人惊叹的奇迹，有力促进了全县经济社会发展，在艰苦的探索实践中铸就了以“执政为民、尊重科学、百折不挠、艰苦奋斗”为核心的“右玉精神”。

据后人绘制的红二十四军行军路线图显示，红二十四军当年曾经右玉梁家油坊、杀虎口。梁家油坊在哪里？据介绍就是现在的右玉县政府驻地，1972 年迁过来的。

经当地宣传部门牵线搭桥，我们找到了史志部门，希望在方志上打捞一些蛛丝马迹。按照习惯思路，我们首先找军事部分查阅，遗憾的是关于“民国二十年”红二十四军的情况空白一片。虽然这样的情况在想象之中，但大家的心情不免沮丧。

正当大家准备打退堂鼓的时候，《大事记》中的一段文字跃入眼帘：

民国二十年九月，中国工农红军第二十四军一部，途经右玉时向沿途群众宣传革命道理和共产党的主张。

短短 40 余字令我们一阵兴奋。关于红二十四军的活动很多记载呈现片段式存在，使得记载没有一个清晰、完整的脉络。从目前全国研究红二十四军的资料来看，很多人把关注点聚焦在平定起义、盂县成立、阜平建政的“三段论”中，红二十四军撤离阜平后的活动，都是草草记载。

为此，在追寻红二十四军足迹的活动中，我们想把调查重点放在红二十四军撤离阜平城之后。因为我们深知，咬别人嚼过的馒头没有味道，要做到有所超越，必须下一番苦功夫才成。通过在右玉的发现，我们得出这样一个结论：红二十四军是一支战略定位准确、经过精心组织的武装起义队伍。在平定起义当夜，虽然没有攻打下上城最后撤离，但他们并非“逃兵”，沿途坚持宣传共产党的主张与革命道理。柏兰一战后，并没有因一时的“小胜利”而冲昏头脑，而是根据实际情况，果断地放弃在此建立根据地的想法，按原定计划向阜平挺进。阜平建政后，在先后失去政委、军长的情况下，立即组成以刘明德为政委、蒲子华为参谋长的临时军委，积极抵抗反动派围攻，主动有序撤离县城，向灵丘方向前进，并在应县小石口歼敌两个连。虽然红二十四军上过沈克师“假投降”的骗局，但整体上说，并不像人们想象的那样“仓皇而逃”。在后来的寻访过程中，事实越来越证明了这一点。

从阜平有序撤离，经过长途行军和大小数十次战役，红二十四军进入塞外依然不忘自身使命，积极宣传革命真理。右玉如此，在繁峙、代县、朔县、平鲁等其他地方的活动，也可想而知。这种为了追求革命真理而前赴后继、一以贯之的战斗精神，与右玉 18 任县委书记不改初衷、连续不断种树的发展观何其相似。

右玉绿化纪念碑

红动陕北 红星照耀北国

/ 追 寻 红 二 十 四 军 /

第五章

八百将士过黄河

晋北地区的国民党部队，一时也没有放弃对红二十四军的围追堵截。在右玉一带，赵承绶的骑兵一直追在红二十四军身后。【北京《益世报》1931 年 8 月 26 日 2 版。】红二十四军在一边沿路宣传扩红、一边作战的情况下，来到保德县、河曲县境内。

此时，盘踞陕北多年的军阀井岳秀接到陕西省政府主席杨虎城的密电【北京《益世报》1931 年 9 月 8 日 3 版。】已经加强了对渡口的戒备，将沿河船只都强令集中到了黄河西岸。后有晋军追击，前有黄河挡道，摆在红二十四军将士面前的首要问题是如何安全、迅速渡过黄河，并避免与井岳秀部队正面交锋。

红二十四军在河曲、保德之间沿河一线转移徘徊，但始终无法确定渡河地点。参谋长蒲子华决定带两名同志偷渡黄河，到对岸的府谷、神木联系地下党组织。

柴汗生(柴浩)是陕西府谷人，早年参加革命，一直从事地下工作。新中国成立后，先后在西北贸易公司、新疆商业厅等处任职。据府谷县党史部门提供的资料显示，蒲子华等过河后便是与柴汗生取得的联系。柴汗生是蒲子华在榆林中学读书时的同学，彼此都很熟悉。

当时，柴汗生建议红二十四军从保德渡河。但侦察后发现，保德对岸渡口附近有井岳秀重兵把守，红二十四军一旦渡河势必与敌接火，会引来更多的敌人围攻。出于安全考虑，蒲子华否定了这个提议。

接着，蒲子华又对河曲对岸的渡口进行侦察，最后决定从河曲楼子营、娘娘滩渡河，在太子滩、榆树湾(今属内蒙古自治区准格尔旗)一带登陆，然后到十里长滩(当时属河曲四区，今属内蒙古自治区准格尔旗)附近休整。

就在蒲子华过河侦察时，一些士兵由于参军当兵仅仅是为了活命吃粮，加上又要过黄河，感觉前途未卜，提出要离开部队。

河北阜平史家寨乡家北村的张渭昌是红二十四军从阜平撤离时参军的。我们在家北村采访时遇到了张渭昌的二儿子张泽荣，他说："父亲活着的时候说，由于红二十四军中的个别人对革命前途失去了信心，过黄河前，不少人领了路费回家，队伍剩下了 800 多人。我

河曲境内黄河现貌

父亲是在那个时候回了家，顾昌华也是那个时候回来的。”

确定了渡河地点后，蒲子华请柴汗生等地下党的同志帮忙寻找船只，并约定 9 月 4 日将船带到河边后返回了河曲。

还有一个人物叫蒲政平，不得不提。蒲政平原名蒲正平，1928 年到河北参加高桂滋部，同年入党。1929 年，高桂滋部移驻济南，下辖四个团。蒲子华、蒲正平就是四团的党组织负责人，后一块随部队撤到平定。1931 年 6 月，他被组织安排到中国工农红军晋西游击队。蒲正平说，像他一样从高桂滋部被调往晋西游击队的还有拓克宽、杨重远、胡廷俊、吴岱峰等 18 人。7 月，蒲政平在山西孝义县楚家墕遭遇战中受伤后被送到太原养伤。新中国成立后，蒲政平曾在陕西省干部招待所、陕西省政府等处任职，1990 年 6 月在西安病逝。红二十四军过河在十里长滩休整期间，蒲子华曾到太原向中共山西特委汇报工作并要求增派干部，以加强红二十四军的领导。这是红二十四军撤离阜平、往陕北进军途中第二次派人向中共山西特委汇报情况。蒲子华到太原后遇到了蒲政平，并将红二十四军过黄河的情况告诉了他，同时得知刘天章等已赶往陕北去寻找红二十四军。特委要求蒲子华立刻返回部队。没有路费，怎么办？蒲正平把自己的毛衣当了几块钱，给蒲子华做了路费。

据蒲政平的回忆文章记载，过黄河时，蒲子华带领 60 多名骑兵先到岸边，将对岸的船只押过东岸，用了大约两个小时，800 多人全部渡过黄河，进入府谷东北的十里长滩（今内蒙古准格尔旗长滩乡境内)。第一纵纵队长靳澍生在山西境内的战斗中身负重伤,也被抬着过了河。

史学顾问王伟说:“一直以来,人们认为红二十四军从河北阜平出来后就是一支溃逃的部队。但从目前情况来看,事实并非如此,红二十四军不仅不是溃逃,还发展壮大了不少,进阜平城时骑兵只有十几名,一路转战晋绥边,到河曲渡河之前,骑兵已发展到了60多名,而且沿途并没有打过败仗。”

榆树湾,国民党统治时期属于河曲四区。榆树湾有个龙口镇第二门诊部,大夫周焕锁告诉我们,黄河在此由东向西流,不少外地人到此都转了方向。新中国成立后,榆树湾划归内蒙古准格尔旗,设立了榆树湾乡。后来,这里建起了龙口水电站,成立了龙口镇,榆树湾也由乡变成了龙口镇的一个村子。

离开榆树湾,向西北方向行数十里路程,我们第二次来到了十里长滩。驱车继续西行,到了一个只有几户人家的村庄,这是长滩九个自然村中距离黄河最近的一个村庄,名叫台子梁。

王顺马83岁,是台子梁年龄最长的人了。在他的记忆里并没有红二十四军的印象,也从没有听老人讲过。既然这里曾发生过战斗,为什么一点儿痕迹都没有呢?

王顺马说:“以前这里十分荒凉,走半天都很难看到人家。十里长滩当时并没有几户人家,而且大多以游牧为主,我没有记忆很正常。80年前也没有台子梁这个村,我也是30年前才搬到台子梁的,我来的时候也只有一户人家。”

80年前的河曲一代,究竟是什么样子呢?在这次“追寻红二十四军足迹”出发之前,我的身边一直带着几本书作为参考,一本是《中原大战内幕》,一本是范长江的《西线风云》,还有一本是山西籍学者谢泳选编的《旧时光》。其他两本不说,单说《旧时光》,收录的全是民国时期外省籍专家、学者写的关于山西的文章,对于外界客观了解民国时期的山西极具参考价值。根据谢泳的这个选编思路,2013年8月,三晋出版社出版了由苏华、何远选编的《民国山西读本》,包括《旅行集》《考察记》《政文录》三册。由于《旧时光》的难忘印象,《民国山西读本》出版后,我及时在书店买了一套。

在《旅行集》中,有东亚同文书院学生加藤真一(日本)1925年写就的《山西纪行》一文,恰好写到偏关、河曲一带。在“百十里外的河曲县”一节中写道:“在三十里地处,出现了一个只有四五户人家的小村。所有的房屋都建在山冈上。由于地势高,无法耕种,小米便成了他们的主食。没有水源,村民们就用一个大瓦罐放在露天积存雨水作为饮用和生活用水。我们请一户人家做了小米粥充饥,每人只花了一份七厘,很是便宜。离开这儿后,大约又走了十里,来到了黄河岸边,一连几天行走在深山里的我们,不由得欢呼起来。这里的黄河两岸都是几十丈高的断崖峭壁,混浊的黄河水卷起一个个漩涡,发出轰隆隆的巨响飞泻向河底。河对岸是陕西境内的平原，色彩单调且凸凹不平的荒野一望无际，仅有几群牛羊为寻找野草而在各处奔跑。……接下来要去的河曲县，正好与前面的高原相反，是一马平川的草原。……河曲是一个较大的集镇，还有个像样的菜场，可以买到好久未吃过的蔬菜类，以及豆腐、肉类等可作美味饭菜的材料。"

与河曲县境波澜起伏的黄河不同，保德境内的黄河在加藤真一笔下变得柔和起来："漫步来到黄河边乘凉。此时，一轮弯弯的月亮挂在静寂而典雅的保德城上空，黄河那浑浊的河水泛着银光从眼前流过，河对岸山脚下静静沉睡在黄昏中的村庄，这一切，把我们的思绪带回到遥远的故乡，带回到故乡的夏天。'昂首眺望苍天……'脑海里浮现出阿倍仲麻吕的诗句。夜幕徐徐降临，万物都安然睡去。就在这时不知从何处飘来二胡凄婉的旋律，就像在为我们抒发旅途的忧愁与寂寞。"【加藤真一《山西纪行》，苏华、何远选编《民国山西读本·旅行集》)第144-147页，三晋出版社，2013年8月第1次印刷。】

从加藤真一的文字来看，80年前的偏关、河曲一带，人口不多，饮食困难，这里黄河奔流湍急、惊心动魄，与保德县境内黄河的舒缓截然不同。河曲对岸，是陕西境内一望无际的平原。通过一些资料来看，红二十四军渡黄河时，也有从保德渡河一说。但从1925年加藤真一的文字来看，6年之内黄河格局不会发生较大变化，从"进入府谷境内的十里长滩"的记录与当时河曲境内的黄河水文、地理特征来看，红二十四军从河曲渡河无疑。

塞外人烟稀少，加之敌人反动宣传，红二十四军所到之地群众逃跑一空，吃住都成了问题

塞外人烟稀少，加之敌人反动宣传，红二十四军所到之地群众逃跑一空，吃住都成了问题。9 月下旬，塞外天气忽冷忽热，晚上开始转凉，红二十四军将士们衣着单薄，长途跋涉，部队困难重重，士气低落。加之长期转战晋、冀、陕三省，沿途不断遇敌袭击，得不到休整和补充，给养失去来源，部队疲惫不堪，军心有所涣散。【齐渭川《红二十四军的诞生与失败》。】在这种情况下，军党委决定部队在十里长滩休整，同时派蒲子华前往中共山西特委汇报情况并要求增派干部。接下来也就出现了蒲政平回忆当中的那些内容。

兵不血刃进木瓜

就在参谋长蒲子华星夜兼程赶赴太原向中共山西特委汇报时，红二十四军神速西渡黄河的消息也不胫而走，迅速传遍神府地区，人民群众奔走相告，偷偷传递消息：原来共产党在北方还有一支正规军，已经到了陕北。陕北“土皇帝”井岳秀和绥远省主席傅作义则非常惊惧。井岳秀急忙从延安调回了在他看来战斗力最强的高双城部加强榆林防务，并命令其余部队进行堵击围剿；另一方面，傅作义也派出骑兵、步兵，对红二十四军进行追剿。

蒲子华离开部队时就与继任军长刘明德约定，一旦遭遇敌人追击，部队就边打边撤，向榆林方向迂回，等待时机一举攻下榆林建立根据地。蒲子华走后不久，傅作义的骑兵就向十里长滩扑了过来。按照原来计划，刘明德等率领部队迅速撤离十里长滩。

据府谷党史记载，红二十四军刚离开十里长滩，就遭到了井岳秀部驻府谷的段佑安（另说也叫段幼庵、段振西）团的阻击，战斗不到半个小时，红二十四军就打败了敌人的阻击，歼敌两个连；部队进至麻地沟梁龙头时（今府谷麻镇）又遭到了段部赵保山连与蒙地韩静山自卫队的袭击，也同样被红二十四军击溃。随后部队经府谷的皇甫、清水到达了木瓜堡附近，从太原汇报情况返回陕北的蒲子华在此期间也回到了部队。我们此前掌握的资料当中关于红二十四军入陕之后所过之处的记载，相比之下就要简略得多，就没有麻地沟梁龙头和皇甫的内容。

红二十四军一路从冀经晋过绥入陕的消息，当时北京《益世报》都进行了报道。1931年8月24日，该报称红二十四军“窜入绥境”，“电令驻绥各部队分别堵截”；8月26日，该报称“高桂滋部叛兵现已至左云、右玉地方，业经责成骑兵赵承绶部负责剿匪”；9月8日，该报第三版刊出“高部变兵窜经陕北……杨虎城电令井岳秀严密堵防”。

当时府谷县的地下党组织已遭到破坏，木瓜堡地下党组织从敌人的报纸上看到了红二十四军的活动情况。红二十四军还未到达陕北时，木瓜堡地下党组织就分析红二十四军很有可能会到陕北。红二十四军进入陕北后，区党支部书记傅可成多次召集宣传委员孙计一、组织委员张文玉等召开支委会，研究迎接红二十四军的问题。会议决定，首先做好迎接红二十四军的舆论宣传工作，主要宣传红二十四军到达陕北的重大意义和深远影响；其次做好木瓜驻军王国安连长的思想工作，为红二十四军不费吹灰之力进入木瓜创造条件。

说服王国安的工作交给了孙计一。孙计一在木瓜堡学校当老师，王国安的小儿子正在该校上学。孙计一利用师生关系，多次与王国安进行交涉沟通，叫其在红二十四军路过时不要阻击，经过交谈，还真是起了作用，最终王国安同意让红二十四军进入木瓜堡。

当红二十四军经麻地沟、皇甫、清水到达木瓜堡时，正值学校秋季开学不久，果然王国安的部队没有堵击。但为了对井岳秀有所交代，防备自己被吃掉，王国安命令士兵在红二十四军进入木瓜堡时在两边山上打了一下应付了事。就这样，在木瓜堡地下党组织的帮助下，红二十四军兵不血刃进入木瓜堡。【《孙计一回忆红二十四军进入府谷的情况》《红二十四军创建及转战神府的活动情况》第22页，中共府谷县委党史办1990年8月2日编印。孙计一，陕西府谷县钱石畔村人，曾为中共党员(后自首)。新中国成立后，在内蒙古包头市第二十四中任教。】

重兵夹击，兵分三路

在当地人指点下，我们抄小路前往木瓜堡。道路颠簸坎坷，不时给人“此路不通、陷入绝境”的错觉，只有坚持走到近前，才能发现别有去处。

日近黄昏，我们终于来到木瓜堡村。村口两位老人正在拉家常，一位叫李军，71岁，一位叫王伟，75岁。从言谈举止来看，王伟肯定是村子里的“体面”人物。

据王伟介绍，他1953年在木瓜小学入党，“1000多名学生入党的就我一个”，从话语中能看出他的自豪和得意。1955年参加工作以来，王伟先后在公安局、税务局任职，后来为了方便照顾家里，回到乡里当了公安特派员，还做过一段基层乡镇工作，经历可谓丰富。

明白了我们的来意后，王伟顿时精神一振，来了兴致。他说，木瓜堡是乾隆年间建堡。20世纪30年代初，木瓜堡有三个城门：南门、西门和北门。木瓜堡形似桃状，北门是桃尖。如果红二十四军是清水镇方向过来，从方向上判断应该走的是北门。

说起城门，王伟忽然若有所思，带我们回到他家。推门进去，不同的感觉立刻出现。墙壁上张贴有他自己画的《毛主席在延安》《毛主席同周总理共商国事》《孙中山画像》等。书桌上是王老爷子未完成的书法作品。书桌墙壁上有一幅他自己写的书法作品：“活到老，学到老，永不服老；书亦精，画亦精，精益求精。”

在王伟印象中，积累资料的本本上曾经有当时三个城门上的文字。翻箱倒柜找了半天，终于找见了。西门上正面文字为“崇义”（府谷县知县郑居中书），背面为“天庚应象”（榆林府知府陈业远书）；南门正面为“迎薰”，背面为“巽光农照”。可惜的是没有找到北门的文字。

刘长健，1912年出生于神木县沙峁镇刘家坡村，是神府地区早期共产党员之一，也是神府革命根据地的重要领导人之一，从事革命60余年。20世纪30年代，他曾先后担任神木南乡区团委书记、神府特区政府秘书长兼文化教育部部长。新中国成立后，从事政法工作40余年，参与了我国第一部宪法草案和第一部刑法草案的研究、讨论、制定。

据刘长健文章回忆，红二十四军进入神府地区木瓜、清水一带，与当地党的负责人刘天民（明）取得联系，准备建立革命根据地。到此不久，陕北军阀井岳秀便派刘庶滋、高双成两个旅,傅作义又从绥远派一个骑兵团和一个步兵营前来围剿。

红二十四军在木瓜堡与敌人进行激烈战斗后，果断决定分兵三路，一路向西走内蒙古,一路沿长城行动,一路向南入内地,分散行动,使敌人的夹击“围剿”阴谋流产。【《刘长健同志回忆红二十四军进入神府的活动情况》,《红二十四军创建及转战神府的活动情况》第 22 页,中共府谷县委党史办 1990 年 8 月 2 日编印。】突围后,更大的挑战正虎视眈眈地等待着他们。

突围途中，军纪亦严明

1928 年 6 月，傅作义被委任为国民革命军第三集团军第五军团总指挥及天津警备司令，率部进驻天津。1930 年，“中原大战”中，傅作义指挥晋军沿津浦线与敌作战，傅部战败，晋军退过黄河，阎锡山特派傅作义去沈阳联络张学良，未果。傅作义从沈阳回到天津，灰心丧气，茶饭不思，精神恍惚。外界多把战败责任归咎于他。傅作义愤恨交加，痛不欲生。有一天晚上，他举枪准备对着自己的太阳穴开枪，由于妻子刘芸生及时发现，在旁把他的手猛力一拉，“砰”的一声枪响，子弹只射中左臂，未伤及要害。

1930 年 9 月，张学良再次入关，掌握华北军政大权，首先着手改编阎锡山的部队，由于和傅作义之间有相当深厚的旧谊，因此在改编晋军时，张学良首先想到的就是傅作义。1931 年 1 月，张学良在天津召开军事会议，将晋绥军编为四个军，任命傅作义为三十五军军长，后又经张学良推荐，同年 8 月 18 日国民政府行政院第 30 次国务会议决议，任命傅作义代理绥远省主席（同年底任主席），率部进绥。从此，傅作义坐镇塞外，集军政大权于一身，逐渐形成该方面的一股势力。**【《傅作义传》第 34-35 页，张新吾著，团结出版社，2005 年 7 月第 1 版。】**

四处征战的红二十四军在大昌汗等地，与坐镇绥远的傅作义有了交集。

“当时天旱得很，河里没有水。奇怪的是，尽管河里没有水，这支部队也光在路上走，不进老百姓家里，接的喝马尿呢！”大昌汗村李怀志老人的话令我们一振，但也几欲泪下。

81 岁的李怀志说，大昌汗原属内蒙古管辖，处于边墙以北。“昌汗”是“白色”的意思，蒙古人起的名字。他所住的村子是大沟，叫大昌汗沟，还有一个村叫小昌汗沟。七八岁时，他听村里的老人们说过当时大昌汗沟“过三军”的事，离现今也就是 80 年。

当时村子里人不多，只有二三十个，几户人家。当时经过的那支部队具体是哪里来的，多少人，都不清楚。只记得老人们说当时是农历八月，河里没有水。

我们问有没有其他过兵的情况，老人说大昌汗非常偏僻，部队来的很少，国民党部队基本不过来。除了那次“过三军”，1929 年因地方上闹土匪强盗，国民党部队来过一次。

老人说的这支“三军”应为红二十四军无疑，一是时间吻合，二是当时没有其他部队来过，记忆确凿，没有混乱印象。

现在，当地60岁以上的老党员政府每年给1000块钱。除此之外，一年还给他们老两口四五千元的养老补贴，日子过得很滋润。说起这些，老人归结为一句话："共产党的好处说不完。"

据资料记载，红二十四军在木瓜分兵三路突围后，在陕西与内蒙古交界的杨淝峪、哈业乌苏(素)、大昌汗沟、王子旗、新庙等地与敌军进行了多次英勇顽强的战斗，有力地打击了敌人的追击部队。

说起这些地名，李怀志说，杨淝峪这个地方没听说过，哈业乌苏(素)、新庙在大昌汗以北。至于王子旗，没听说过，撤乡并镇后消失了也不一定。

在府谷县庙门沟镇郝家沟村问路，回答我们的刘义是个识文断字的人。他肯定地说，本地没有叫杨淝峪的地方，估计是抄写资料的人在转抄过程中弄错了，或许是"羊市塔"吧。至于哈业乌苏(素)，有两个，一个是附近的大哈业乌苏(素)，另一个则在准格尔旗境内，现在叫纳林庙。

在抄录、转述过程中因为谐音而把人名、地名弄错，在我们寻访红二十四军过程中不止出现过一次。旁听的女主人高三女(53岁)补充道，她娘家就是纳林庙一带羊市塔人。她听父亲讲过(活到现在90多岁了)，说以前在羊市塔打过一仗，早晨打的，打死了好多人。

于是我们驱车前往准格尔旗纳日松镇羊市塔村。羊市塔村以前是当地一个重要的集镇，贩卖蔬菜、水果的人很多，市场十分繁华。据当地老百姓介绍，羊市塔原是一个交易羊

神木草原荒漠地带

的地方,没有听说什么红军来过。

在大、小哈业乌苏(素),我们同样无功而返。

这天,我们在神木、准格尔旗三进三出。

联系此前在榆阳区岔河则乡岔河则村三组采访时,59岁的罗玉林说井岳秀时期,这里全是沙漠,全村仅有两三户人家,不用说吃饭,就是解决喝水问题也不是一件容易的事。

据府谷县党史办人员介绍,由于敌众我寡,粮食弹药缺少,当红二十四军将士到了神木县的渡口、窝兔采当一带后又陷入重围,致使住宿、吃饭都成了问题。这与我们采访到的内容一致。

红二十四军在艰苦的环境中仍然坚守纪律,军纪严明,其行为令人敬佩,不由得令今天的我们肃然起敬。这也是中国共产党之所以得民心、得天下的重要原因之一。但这样宁愿喝马尿也不进百姓家中的做法,从另一个角度也说明,红二十四军无形当中脱离了与当地群众的有机联系,得不到群众的及时支援,也为以后的失败埋下了种子。

扑朔迷离的两岔河

红二十四军到达陕北之后的最终结局，此前我们所见到的资料都是这样的简单表述：(红二十四军)在内蒙古河口、“王免、彩当”一带身陷重围，最后兵败两岔河。再没有其他内容了。寻找两岔河对我们这次活动无疑具有极其重要的意义。那么，两岔河到底在哪里？

一说河口，内蒙古人习惯性地就想到了托克托县的河口。据内蒙古人介绍，那是黄河上中游的分界地点。但托克托县并不紧挨陕北，中间隔着准格尔旗。红二十四军要到托克托县的河口必须跨越准格尔旗。这可能么？隐隐约约有疑惑，但还不敢最终排除。

“王免、彩当”是一个地方还是两个地方？彩当是典型的蒙语，译作“柴达木”，意思是盐碱度很高的草地、碱地。按照蒙语一般习惯，彩当很少单独使用，前面应该还有修饰成分。大家比较倾向于“王免、彩当”是一个地方。但王免彩当具体是在内蒙古境内还是在陕北境内，心里都没底。根据此前所了解到的情况，陕北神木境内类似于王免彩当的地名有好几个，比如纳林彩当，意思就是细长碱地。那么王免彩当可不可能也在神木境内？而且联系用方言口语表述、转述过程以及资料的抄录、转录当中的经验，王免彩当会不会是一个以讹传讹的结果？

这些怀疑伴随了我们一路。但到陕北之后，事实证明了我们当初的分析判断是正确的。其实红二十四军当年并未到内蒙古托克托县的河口，所谓的王免彩当就是在神木境内。据府谷的准确说法，红二十四军当年身陷重围的真实地点应该是在神木的渡口、窝兔彩当。那么窝兔彩当是如何以讹传讹变成王免彩当的？联系方言交流当中经常出现令人啼笑皆非的情况，窝兔彩当首先成了王兔彩当，然后有人在抄录、转录这个地名时，由于粗心或者笔误，王兔彩当又变成了王免彩当。

渡口和窝兔彩当的问题虽然解决了，但两岔河的复杂却大大超出了我们的想象，最令人挠头，几乎要把我们愁疯了。到了陕北之后，无论是在车里，还是在采访间隙，挂在嘴上频率最高的一个词语就是“两岔河”。甚至在问路时，随口而出的一句“有没有两岔河”就让当地人不知所云。

首先是两岔河的出处问题就疑窦丛生。神木、府谷方面绝口不提两岔河。力挺两岔河的史学顾问王伟一路上相当纠结,因为他实在一时找不到两岔河一说出自何处。

那么兵败两岔河一说到底从何而来?山西省军区党史资料征集办公室的《平定兵变与红二十四军创建始末》合订本资料让我们似乎看到了希望。因为在这里我们看到了明确的记载——(红二十四军)在榆林以北两岔河最后被敌人打败。这让大家松了一口气。但围绕两岔河,我们至此所掌握的信息仅有四个字——榆林以北。如此笼统的信息几乎要将我们逼入绝境。难道要大海捞针似地进行地毯式搜索?榆林以北何其广阔,而且又是人烟稀少的毛乌素沙地!而且继续顺藤摸瓜,这个说法来源于齐渭川的《红二十四军的诞生与失败》。仔细查看同样一本合订本资料中齐渭川的《红二十四军的诞生与失败》一文,我们沮丧地发现其中并无两岔河的记载,甚至也没有渡口、窝兔彩当。联系此前掌握的资料,红二十四军继任军长刘明德是在红二十四军打散后被俘押往榆林途中逃脱,后来经组织介绍到达西安,并在齐渭川处住了三四天,白天躲在床下,只有夜深人静时分才可以出来活动。齐渭川当初并未随起义部队出来,关于红二十四军兵败两岔河的说法就是在这三四天中从刘明德那里得知的。

除此之外,兵败两岔河到底还有没有其他出处?我们不得不扩大搜寻范围,将目光投向与红二十四军将士同时代的其他革命者的传记和回忆。晋西游击队中几个似曾相熟的名字引起了我们的注意。晋西游击队 1931 年 4 月下旬在吕梁山区成立,其中的杨重远、吴岱峰、胡廷俊、蒲政平等先前就是高桂滋正太护路军第一师中的地下党员,既是战友,又是同乡,比如杨重远、胡廷俊、蒲政平和红二十四军参谋长蒲子华就都是绥德人。新中国成立后吴岱峰曾在中央组织部工作,与其他人一起合作,为早在 1933 年牺牲的杨重远写了传记,其中明确提出杨重远率晋西游击队北上长城沿线,接应红二十四军,不料红二十四军在蒙地两岔河失败。

与此同时,我们在《解放军高级将领传》中阎红彦的传记当中也发现了重要线索:1931 年 9 月中旬,晋西游击队进抵靖边蒙汉边界沙漠草原地带。大队长阎红彦派胡廷俊化装去神木、府谷一带探听红二十四军的消息。不久,胡廷俊带回了不幸的消息,红二十四军在榆林以北两岔河被井岳秀军包围,全军覆没,党员 70 余人惨遭杀害。胡廷俊当时是晋西游击队中的中层指挥员,军事斗争实践经验丰富过硬,侦察结果可信度高。胡廷俊后来在战斗中受伤失去右腿,在上海治疗后被组织安排到中央军委特科负责情报工作。1935 年在南京就义,牺牲时年仅 23 岁。几年前,十多家媒体联动,曾组织给雨花台烈士寻找亲人活动。家人才知道他早已牺牲的消息。红二十四军兵败两岔河的出处至此清晰。

出处虽然搞清楚了,但两岔河依然是个谜,可能性有很多。两岔河可能是个实际存在的地名,或者是行政村庄,或者就是个仅有一两户人家连地图也上不了的自然村庄,直到现在这个地名还在用。假如是这样,寻找两岔河相对就容易一些。还有另一种可能,两岔河是当地人口中的俗称，这就需要更加严密地确定一个比较准确的范围，然后进行地毯式搜索。第三种可能就是外来人诸如亲历者刘明德和晋西游击队中被派往侦察的胡廷俊表述的地名，不清楚当地的实际地名，仅是根据周围实际环境起了这样一个地名。假如是这种情况，则多半和河流有关。第四种可能我们最不愿看到，这个地方以前确实存在过，但现在已经消失了。持这种担心的不仅是我们，齐渭川在关于红二十四军情况的谈话纪要中也提到了这一点。他说以前文章中提到的地名是有的，现在地图上找不着也可能是迁移了。内蒙古沙窝子，不像内地一样村庄是固定的，没有水就得迁移，游牧生活使然。

赵润生根据多年来从事文史调查积累的经验提醒说，最后一个出现的地方假如不好确定，就要从倒数第二个地方着手。一句话提醒了我们，既然最后失败地点两岔河没确切信息，那么何不以窝兔彩当、渡口为中心圆点向周围辐射寻找两岔河呢？

再图府谷，为时已晚

1931 年 9 月、10 月之交的某一天，虽然经过沙漠无人区的艰苦行军，红二十四军将士还是依然按照原定计划来到窝兔彩当、渡口一带会师，准备南下出其不意攻打榆林，然后建立根据地。

80 年后，我们也驱车来到了这里。锦界镇的窝兔彩当、尔林兔镇的渡口都在神木北乡。明代长城遗迹隐约可见，由东北向西南贯通神木县境。长城以南的地名均为汉语，长城以北的地名则有汉语地名、蒙语地名、蒙汉语合用地名，像窝兔彩当、尔林兔就是不折不扣的蒙语地名。蒙语中的窝兔彩当是长形碱地之意，尔林兔则是容易使人迷路的地方。

我们在窝兔彩当二队热心村民王双喜的带领下，找到了当地年纪最长者——三队 94

"渡口就是前面的白泥圪堵么！"段白蛇老人拐棍所指方向，令我们眼前一亮

岁的段白蛇老人。按照我们的习惯性理解，窝兔彩当就是个行政村，至于一队、二队则相当于自然庄，有的队仅有一两户人家。这里的地广人稀超出了我们的想象，80 年前应该比现在还厉害。老人十七八岁时才随丈夫搬到这里，因此关于红二十四军当年的活动一丁点儿记忆也没有。

老人的三儿子高侯宽 65 岁，也是个热心人。他不仅在我们与老人之间充当传话、翻译的角色，而且戴上眼镜在地图上仔细查找相关地点。在他们母子俩的帮助下，渡口出现了，距窝兔彩当并不远。但奇怪的是在我们的地图上并没有渡口这个村子。段白蛇老人说就是白泥圪堵么。

我们希望高侯宽给带带路，他二话不说就同意了。渡口村里的老村干部张课义今年整整 80 岁。他说国民党那会儿，村不叫村叫甲。之所以叫渡口，是因为村前有秃尾河。以前两个渡口，一个叫大渡口，一个叫二渡口，新中国成立后合并统一叫渡口了。

那么 80 年前，红二十四军在此到底发生了什么？此前，个别部队领导在分路突围途中不是积极设法突围，甩掉敌人，转入有利地区继续和敌人战斗，而是擅作主张，把希望寄托在谈判上，企图通过谈判取得敌人的让步。而且在谈判当中，谈判代表被收买。这一切当发生在三路会合之前，而其他两路并不知情。当会合一处后，被收买的谈判代表竟然策反其他部队领导人，劝说大家向敌人投降。蒲子华、刘明德、王子固等坚决反对，断然拒绝。这个谈判代表见劝降不成，竟然离队而去。部分战士见此情形，也萌生退意，而且有人离开。军心动摇，部队无法控制，红二十四军面临严峻形势！

府谷木瓜堡突围时，刘明德奉命寻找已到神木、府谷一带的刘天章汇报部队突围以及攻打榆林等计划，此时也已返回部队。面对严峻现实，蒲子华、刘明德、王子固等不得不反思此前的作战计划，发现攻打榆林的计划显然不切合实际，而且行军过于艰苦。那么队伍接下来该到哪里去？一个早就应该付诸实施的作战计划随之产生——再图府谷，但可惜为时已晚。为了保证新计划的实施，蒲子华决定像跨越黄河时一样亲历险境，独趟府谷，一探虚实，进行正确有效的军事侦察。但他没有想到的是，自己与红二十四军将士就此永别，再没有会面的机会了。因为此后不久，红二十四军就被打散了，而且他自己也在府谷被捕。

两岔河现身

按照赵润生的建议，实地寻找两岔河当以窝兔彩当、渡口为圆心，向周围辐射。假如这个方案失败，还有没有其他可行方法？

据新中国成立后曾担任四川省人民检察院副检察长的刘长健回忆，中共山西特委书记刘天章赶到陕北神木南区，参加了南区党委召开的紧急会议，决定由府谷县的高宏轩和神木的刘心田（刘北垣、刘长德）、王宗光等协同刘天章追赶寻找红二十四军，计划找到部队后带回党组织基础较好的神木南区一带建立革命根据地。他们昼夜兼程，追至榆林以北的石板太等地，从当地老百姓口中得知红二十四军因寡不敌众，在战斗中伤亡过重而失败。【《刘长健同志回忆红二十四军进入神府的活动情况》，《红二十四军创建及转战神府的活动情况》第26页，中共府谷县委党史办1990年8月2日编印。】

又一个地方闯入我们的视野——石板太。刘天章既然是在石板太等地得到红二十四军的兵败消息，那么兵败地点两岔河应该也在石板太周围。结合红二十四军的南下计划以及行军路线，如果石板太是在窝兔彩当、渡口往南，那么这个两岔河多半应在石板太和窝兔彩当、渡口之间。假如石板太和窝兔彩当、渡口的地理位置关系不是南北，那么作为备用办法就该以石板太为圆心向周围辐射寻找两岔河了。有了第二套方案，大家多少有了底。

但事实往往并不像我们考虑的那样复杂。生活中也经常有这样的情形，事前计划周密严整，各种可能性都充分考虑到了，备选方案也制订了好几套，但随着发展情势一下子豁然开朗，突然就变得容易了，备选方案都不用了。

还是在窝兔彩当，既然段白蛇老人知道渡口，那两岔河呢？顺便提及两岔河，老人的儿子高侯宽马上就说，沟岔那一块嘛，两条河交叉会合的地方。段白蛇老人接着说，可不是么，圪丑沟河并到秃尾河里了。我们赶紧请高侯宽在地图上找这个地方，满打满算，离窝兔彩当不到10千米。

夏日正午的阳光火辣辣地炙烤着大地，秃尾河水波澜不兴，沉默无语，缓缓向南流淌，汇入瑶镇水库。支流圪丑沟河由西北向东南汇入秃尾河。像我们此行所寻访的其他村子一样，锦界镇乌鸡滩四队也不大，人口不多，在两河中间，紧挨两河交汇处。由于有一段是松软的沙土路面，普通车辆根本无法前进，所以我们的其中一辆车只好原地等候。接到电话后，绕了几十里路也赶来了。

为两岔河伤神了一路的史学顾问王伟静静地坐在河边，任由灼热的太阳炙烤。其他人兵分三路。摄影记者跋山涉水，寻找最佳拍摄角度。乌鸡滩村委会主任常根劳带领一路，到了秃尾河东岸的乌鸡滩三队。81 岁的刘生有印象中此地确实打过一仗，至于交战双方、时间则茫然不知。

而我们两个文字记者则比较幸运，在村子里遇见了 53 岁的村民常对生。常对生在乌鸡滩是个能人。他家门前树下拴着一头骆驼，不仅用来耕地，而且农闲时还拉着骆驼走集过镇给人照相，所以见多识广。他告诉我们，这个村子早在明朝时就有了，以前归瑶镇乡，前几年撤乡并镇时又归了锦界镇。他听村里一个老人说过红军的事情，如果这个老人活到现在也应该有九十大几了。印象里那个老人说，乌鸡滩这里确实有过红军活动，晚上从沙漠窝子里过来，不走大道专走小路，人数不少，后边还有国民党大股部队穷追不舍。老人当初说过的话如今只记得这么多了，至于那支红军是不是在这里被打散，就不敢确定了。将这些可贵的记忆碎片拼接起来，加上此前我们所掌握的情况，常对生口中的红军可以肯定是红二十四军的将士了。

两岔河　史斌摄

一个村民从王伟身边经过，他主动和村民聊了起来。那村民说，到了一九四八年的时候，共产党、国民党的部队在一边打仗，老百姓在一边看。王伟说，这是一个信息，一九四八年了，我们党在这一带的群众工作基础仍然很薄弱，充分印证了刘长健回忆文章中的内容。

两岔河终于现身了！

激烈枪声传至石板太

两岔河的出现如此容易，让人出乎意料。既然刘长健回忆文章中提到刘天章在榆林以北的石板太一带听说红二十四军兵败，【《刘长健同志回忆红二十四军进入神府的活动情况》，《红二十四军创建及转战神府的活动情况》第 26 页，中共府谷县委党史办 1990 年 8 月 2 日编印。】那么何不到石板太走一趟呢？也许在那里同样会有令人意想不到的更为肯定的答案。

石板太在蒙语中是“泥地”的意思。在乌鸡滩村民的指点下，2011 年 7 月 10 日，我们驱车前往尔林兔镇的石板太。原以为石板太在窝兔彩当、渡口以南，没料到几乎就在同一条线上，都属于毛乌素沙地，只不过石板太更西更偏远一些，南连榆林市的榆阳区，北邻内蒙古自治区的伊金霍洛旗，西南角上挨着乌审旗。也就是几十里，时间不长就到了。

石板太共有五个队，请一队村口小卖店店主帮忙拨通了村里统计员的电话，记录了村里几个高龄老人的名字，然后挨个去找。遗憾的是老人们说法一致，没有一点印象。

在石板太五队，碰上袁家圪堵村的王买华，他说自己好像听父亲说过红军的事。我们马上赶往袁家圪堵，可惜王买华的父亲放羊去了，具体在哪里也搞不清楚。但村里 81 岁的米玉生老人明确告诉我们，那时瑶镇（现归锦界镇）往南才有共产党的活动，瑶镇以北没有，所以当地人几乎不知道共产党。而乌鸡滩就在瑶镇以北。

在偏僻的石板太，城镇化的推土机也开到这里。当天下午，村边不远的土豆地里，行动不便的米玉生的老伴依然一个人挪移着除草。老婆婆说，自己患过脑溢血，她的两个儿子，一个在大柳塔，一个在神木工作，没有时间照顾自己，只好雇了一个保姆为自己做饭，上午九点一顿，下午四点一顿，一年给保姆 2 万元费用。在自己居住的两间老屋旁边，是新盖的三间椽搭梁房，以便孩子们回家后居住。

次日，我们来到神木县史志办求证。在翻阅《神木县军事志》时，发现其中有“红二十四军在石板台（当为“石板太”）全军覆没”这么一段。很显然，编写人员在撰稿当中，错把刘长健回忆中“在石板太等地听说红二十四军被打散”的信息弄成了“红二十四军在石板太等地被打散”，于是就出现了“红二十四军在石板台全军覆没”之说。

在《神木县军事志·大事记》中，还有这么一段：

民国二十年(1931年)9—10月，红二十四军由陕西转战神府一带，遭国民党井岳秀部追剿，后失败。陕西特委派来联络红二十四军的梁子修、牛清明亦被捕入狱。不久，梁、牛获释，来神木南乡隐蔽并协助中共南乡区委开展工作。根据他们的建议，神木南乡区委组织了一支10余人的临时特务队。【《神木县军事志》，陕西人民出版社，2008年10月第1版。】

我们再三约见已经退休的原神木县史志办主任焦拖义。老焦谦虚地说，自己对红二十四军并无多少研究，提出要带我们去见熟悉红二十四军情况的杨文岩，说他曾经是《神木军事志》的编写人员。听到焦拖义的引荐，我们当然高兴。一听我们的来意，杨文岩张口就说在陕北这块黄土地上，最早来到的共产党领导的正规军队就是红二十四军。1994年，他从革命前辈马文瑞、王兆相口中第一次听到红二十四军的事情。当时两位老革命不无遗憾地说，1931年没能和红二十四军接上头，要不神府地区早就解放了。从此，他开始有意识地搜集了解红二十四军的情况。

据杨文岩介绍，当年他曾到石板太一带寻找亲闻者了解情况。此外，他还说国民党二十二军敌伪档案里可能也有记载。而国民党二十二军的班底就是当时井岳秀的部队八十六师。

杨文岩同意我们的看法，认为刘明德、胡廷俊口中的两岔河至少当时应该存在两条河，或许当地人并不这样叫。而这个两岔河应该距离石板太不算远，否则石板太一带的人不可能知道红二十四军兵败的事情。乌鸡滩四队所在的两岔河与石板太之间的距离事实上也不远，两岔河发生激烈战事，石板太完全可能知道，尤其是两千来支枪接火的声音绝对能传到。有过行伍经历的人说，单兵射击，如果中间没有山脉等障碍物，枪声可以传到两千米左右的地方。更何况，据说红二十四军将士最后那次战斗持续时间并不短。

那么，红二十四军将士最后一次战斗在什么时间？1931年10月上旬。只要仔细分析刘天章的活动即可推断出来。刘天章在石板太听说红二十四军失败，后来为了探听军长蒲子华等同志的下落，又冒险深入井岳秀的老窝榆林城内。

刘天章发现敌旅长刘滋庶(刘润民)在大街上巡逻，而且不断注视自己，赶忙躲进一个饭铺。因为他们曾是同学。刘天章等随即迅速撤到榆林城外二三十里的海会寺村。次日得知榆林城城门紧闭，街上断绝行人，枪杀了一个姓蒲的红军领导人。

随后，刘天章怀着无比悲痛的心情回到神木沙峁镇，参加了神木南区区委召开的紧急会议，分析总结了红二十四军失败的教训。会后离开陕北，返回太原，次日也就是1931年10月21日因叛徒出卖第四次被捕入狱，不久牺牲。从刘天章被捕时间倒着往回推，蒲子华遇难时间最晚在1931年10月中旬靠前，红二十四军失败当在同月上旬靠后。

牛清明化名牛耀祖，渡过黄河进陕北寻找红二十四军被逮捕。经中共山西特委书记刘天章设法营救，5 个月后出狱。出狱后，在神木南乡协助当地党组织成立了临时特务队，继续开展革命斗争，播撒革命火种。

临时特务队因为势力薄弱，在搞枪械武器的过程中失败。牛清明幸存下来，不久后离开神木，以教师身份"潜伏"于三边地区。1945 年，牛清明与国民党军队中的共产党人陈以平等在国民党新编第十一师中从事兵运工作，发动了声势浩大的"定边起义"。这是国共内战中国民党第一次大规模的"投诚"活动。

塞上血影

在杨文岩家中与其交谈过程中，知道杨文岩的个人经历和对神府红军研究的痴迷。

杨文岩，1935 年 5 月出生于陕西省神木县县城，榆林师范毕业，一生命运坎坷，虽在神木南区一带当过教师，但后来的职业一直是油漆工人。20 世纪 80 年代开始，他根据自己在神木南区一带当教师时听到的故事和收集回来的资料开始尝试写作。木匠写书，遭到亲人和朋友的激烈反对，认为太不靠谱。然而，正是在这样的条件下，他的创作一发而不可收，写出了名堂，成为研究当地历史的权威。至今，他已出版《神府煤田故事集》《塞上血影》《黑狸虎传奇》《山汉集》《古麟州与杨家城》等 5 部。现任中国民间文艺作家协会会员、榆林市民协理事、神木黄土文化学会常务副会长。

据杨文岩在《塞上血影》一书中介绍，神木南乡区委成立时，正是陕北农村“闹红”的烈火开始燃烧之际。国共两党，在大革命中决裂。大革命解体之后，成千上万的共产党人遭到了国民党反动派的残害。在这场白色恐怖中，陕北的井岳秀不愧为国民党地方军阀行列中的一员“铲共”名将，受到蒋介石的特别赏识。就在“四·一二”大屠杀开始的日子里，蒋介石居然行令委任，把一顶“国民革命军第二集团军第九路军总司令”的“桂冠”加在井岳秀的头上。不过，尽管井岳秀按主子的意图，穷凶极恶、不遗余力地对付共产党在陕北的活动，决意要把陕北农村“闹红”的人全部铲光杀尽，以延缓他那陕北“土皇帝”的宝座寿命，怎奈“苍天已尽”，民意不容，人民革命的“闹红”烈火反而由于反动派的“铲共”不断引爆，在陕北更加猛烈地燃烧起来。正在这个时间，红二十四军西渡进入陕北，来了个火上浇油。

杨文岩说，兵家争锋，说到底是为了夺取政权。中华民国十九年（1930 年）10 月，中共北方局在天津召开会议。会上一位领导同志在综合性的发言中提到搞兵运工作时说：“南昌起义宣布了我们党正式有了自己的军队。今后，我们更要抓紧兵运工作。此次会议决定，在山西条件可行的地方也发动革命兵变。特派刘天章同志去加强兵运工作。”会后，刘天章被北方局任命为山西省委书记来到了太原。当时那里的局势是十分严峻的，原在山西负责工作的一些重要同志，汪铭、王瀛等先后遇难，省委几遭破坏，上下联络也非常困难。所以刘天章来到后首先是恢复组织，组建起山西省的特委来开展工作。

也就是这个时候，被调回陕北特委的王兆卿也被派来山西搞兵运。可是，他到太原住进榆林会馆不久，就遭到国民党的搜查和拘捕。多亏他随机应变，沉着应对，使敌人找不到任何可以扣押他的理由，他才被释放脱险。经此周折，他不便与山西省委及时联系，只好返回陕北特委。

中华民国二十年(1931 年)7 月 4 日，在山西特委的组织和领导下，山西平定县高桂滋部发动兵变。起义部队在谷一雄和赫光的带领下，宣布按中共中央决定成立红二十四军。后来，红二十四军因为受挫，军长赫光、政委谷一雄都牺牲了，部队由刘明德和蒲子华带领，转战到晋西北，打算西渡黄河到陕北建立根据地。所以陕北特委再次指派王兆卿过山西，前来接应红二十四军。

可是当王兆卿赶到晋西北时，红二十四军已经过河入陕。后来他在河曲县的乡下找到一个伤兵。伤兵所在的那个排驻扎在山西保德县和陕西府谷县城之间的黄河中滩水寨寺。一个月前，府谷县的党组织也是为了接应红二十四军，特派县委的韩锋同志发动了水寨寺兵变，打死了排长高学同。他们就跟随韩锋过河东来，一直转战在河曲县境内等候红二十四军的到来。可是没有等到红二十四军来，他们就被晋军以优势兵力在河曲县的雄家寨寺山梁上包围起来给打散了。这个伤兵在群众保护下再没挪动，韩锋在什么地方？伤兵说他也不知道，只在前几天听人说红二十四军已经安全地渡过黄河到了府谷县的北乡。

王兆卿听了这位起义战士的话，觉得红二十四军只要过了黄河处境就会好起来，因为陕北特围和神府两县的党组织一定会及时接应好他们的。此时，天寒地冻，王兆卿便转程去太原找山西省委，向组织汇报这个情况。可是当他到太原后，组织上告诉他，山西特委书记刘天章同志已经亲自过河到府谷去追赶红二十四军去了。于是王兆卿冒着寒冬腊月的天气，随即返回神府追赶红二十四军。

王兆卿过河以后，直奔府谷。一打问，红二十四军早已西行离去。

原来，红二十四军在府谷县的地下党员柴汉生等人的接应下，800 多人全部用小船渡过黄河。只是过河后刚入十里长滩，就跟国民党段佑安团打了一仗，然后经皇甫、清水，到了木瓜小镇，又和那里的地下党负责人刘天明取得了联系，平安地进了木瓜镇，才缓了一口气。在这个时候，最需要冷静地分析一下大局，讨论好下一步行动，定出一条正确的进军路线来。可惜，本来已经赶到府谷的刘天章同志，为了营救同行来到府谷、被敌人怀疑扣押的山西省特委委员牛清明和梁子修两位同志，耽误了时间，没有能追上部队，致使红二十四军一直处在盲目的行动中。

与此同时，陕北的井岳秀却及时地发现了他的不佳形势。因为红二十四军过黄河来到陕北，本身就跟陕北红军成为犄角之势，他们一旦立住脚跟与陕北红军相呼应，那么榆林势必危在旦夕。所以，他马上把所部最精锐的高双成旅从延安调回榆林城防，把反共最出力的刘润明旅急派神府驻防，并联络绥远伊盟的国民党军队来协防阻拦这股红军。他特别告诫神府二县驻军，绝对不能让这只红军沿河南下。如果让其南下与沿黄河畔的神府南乡红军一结合，那就等于放虎归山、鱼入大海，别再想撞动他们。

事实也如此，当时在红二十四军面前有三条路。一条是打开府谷县城，阻住神木来敌，及时沿河南下，凭着神府南乡党和群众“闹红”的基础，先立住脚跟，然后向陕北红军靠拢，谋取临近小县城镇，建立巩固的根据地。这是当时红二十四军力量完全可以实现的。一条是跨出长城进入伊盟，虽避开了井岳秀的正面强攻，可是长期流动作战，而且所过之地人烟稀少，补给困难。一条则是沿长城西进，正面作战，去打榆林。这虽有明确的目标，可当时的红二十四军，接连行军打仗，久已疲于奔波，失去补充，不论武器弹药还是战斗人员，再继续与强敌正面战斗，力量上根本不能支应。然而，红二十四军领导方面对敌我力量估计错误，偏偏选择了最后这一条没希望的路。所以，不仅没有躲开正面敌人的阻击，反而孤军深入，朝着敌人设置下的口袋里钻去，企图打下榆林来定大局。这就把部队带向绝路！

王兆卿返回河西，了解到红二十四军在府谷的情况之后，觉得问题十分严重。他马上回到神木南乡的沙峁镇，跟设在沙峁的南乡区委接头后，才又知道刘天章从府谷下来已到过沙峁了。神木南乡区委为此专门召开了紧急会议。刘天章在会上已经把红二十四军的情况向大家谈过了，按照会议决定，刘天章又带了府谷的高宏轩和神木的刘北垣、王宗光等同志赶赴神木北乡去继续追赶红二十四军。刘天章打算把这支革命队伍带到南乡来开辟革命根据地。区委还告诉王兆卿，陕北特委又派常学恭来神木迎接红二十四军。可是常学恭去找寻红二十四军后，也无下落。于是，王兆卿没敢停留，立即又朝神木北乡来追红二十四军。

过了高家堡城，顺着秃尾河北上就是瑶镇。再北行，就到了神木西北草原地带。这里就是人烟稀少的明长城外，当时环境十分荒凉。

一天，王兆卿望见前边沙蒿林里有两个裹着不合体的破皮袄、烂衣服的人在风雪里挪动着。他正想过去打问一下路径，可是，转眼之间，他们突然闪进沙丘蒿林的雪窝中不见了。王兆卿便趴上一个高点儿的沙圪堵上，向四面打量，左右前后都再没发现他们。当他正要走下沙圪堵时，忽然背后被人扭住。原来正是那两个人，他们一齐扑上来把他压倒在雪地里。

“你是干什么的？”一听就听出这是个山西口音。

“你四顾张望，搜寻什么？”显然这一个也不是老百姓的出腔，口音似乎更远。听来他们都是外地人。

“你们问我干什么？请问你们见我怕什么？”王兆卿也毫不客气地反问他俩。

“我们干什么，与你何相干，现在是我们问你，你到底是什么人？为什么要对我们注意？

不说真话，你就休想再活着……”

“哼！你们好好走着，忽然不见，能不让人注意吗？都是行路人，相遇是有缘，怎就不能相互问个路径前程。你们两个人反倒怕起我一个人来，这是什么原因？凭你二位这两套拳足功夫，为什么反而怕起我这当地老百姓来？我倒想要问问你们为什么注意着我的举动？”

经过一阵口斗之后，看来双方都不把对手当坏人了。

“好吧！既然你不是坏人，那我们就实说了吧，我们是开小差跑出来的逃兵，我们要回自己的家里去，神木南乡有我们的亲戚，我们想到那里搞些盘费过山西。那你就告诉我们怎么走吧，还有多少路程？”说着他俩都放开手，同时把王兆卿搀扶起来。

王兆卿立即被他们提到的“南乡”二字引起了更大的兴趣。于是就试探地说：“这里从来也不是驻扎大兵的地方，即使有当兵的来，也很少外地人，怎么会有你们二位这样的‘逃兵’？至于你们问的神木南乡，南乡那么大，谁知道你们的亲戚在哪里？何况要过山西，为什么就非要走南乡不行？像你们二位这个样子，莫说回老家，就是走遍天下我看也不需要什么盘费！”

“你这是什么意思？”他俩一听王兆卿的话对他们怀疑，马上又有点儿紧张。

“讨吃要饭的出门，哪个带着盘费？老实告诉你们，我就是南乡人。那里可是个‘闹红’的地方。你们想到那儿？就不怕碰着共产党吗？”

那两个人听说王兆卿就是南乡人，一下子异常兴奋。看来他们不但不怕共产党，反而很想知道神木南乡共产党的活动。他们同时很警觉地盘问起王兆卿的身世来。王兆卿也感到他俩很像自己的同志，便用马列主义的阶级斗争道理，对这两个人试做宣传，进一步察看他们的态度和反应，只见他们俩听了后，多次交换眼色，最后终于说出他们就是山西过来的红军，希望王兆卿能帮助他俩到神木南乡去找到共产党。王兆卿这才也把实话告诉他俩，说自己就是陕北特委专门派来寻找红二十四军的。当那两个人听说王兆卿就是来寻找他们时，竟然在这风雪地里像小孩子一样，往王兆卿身上一扑，抱住王兆卿放声大哭起来。

他们说，红二十四军自从府谷激战之后，便兵分三路，一路从伊盟绕道西行，一路沿长城直接到这里，另一路由于是行动不便的伤号，就隐蔽入乡村慢慢绕道迂回推进。三路都是西向榆林进发。十多天以前，他俩的连队来到此地一个叫窝兔彩当的草原村子里，刚吃饭，就听说国民党井岳秀的八十六师来了。他们各个连队马上集中在这附近的另一个村子里，与敌人姜梅生团展开了一场激战。话到这里，那个山西口音的同志很沉痛地说：“谁知这仗越打越大、越惨烈，敌人四面八方加兵而来。我们的两位纵队领导人都负了伤！接着我们就被敌人冲散，人员伤亡愈来愈多，最后再也支持不住，就被迫缴械……唉！反正全完了！”另一个说：“我俩是躲藏在沙蒿林里的死人下边才逃脱出来的呀！你看，这两件烂皮袄，还是用我们身上仅有的一点东西向群众换来的。现在我们流浪在这沙漠中，正不知该向何处去。听群众说，这神木县的南乡是共产党‘闹红’的地方，所以我俩才打算要到南乡去的。想不到今天能幸运地碰上自己的同志。至于我们部队的领导人蒲子华，据说又已经返回府谷去看退路去了，不知道他现在是否已经到了府谷？……”

王兆卿听到红二十四军全军覆没，心情十分沉痛。但是，他清楚，这里是白区，为了防止万一，他便马上带着这两个同志，昼夜兼程返回南乡。到了太和寨后，他为了尽快把这一重大事件报告上级组织，就找到关系把那两个同志托送沙峁，交南乡区委安排。他则继续登程，急返陕北特委。

就在这一年夏天，即 1932 年 7 月，中共陕北特委又获悉蒲子华在府谷被捕后，被押送回到榆林，不久就被井岳秀秘密枪杀，英勇就义。根据这一情况，特委又让王兆卿回到神府做有关善后事情。

王兆卿回到神木南乡时，山西省特委书记刘天章同志也由榆林回到沙峁。原来，刘天章他们追寻红二十四军到高家堡北乡的大保当时，就得知红二十四军已经完全失败。为了解红二十四军领导人的下落，刘天章随即奔赴榆林，直到知道蒲子华被井岳秀杀害以后，他们才返回来。南乡区委为此召开紧急会议，刘天章同志在会上沉痛地总结了这次兵运失败的原因，认为主要是红二十四军领导犯了“左”的错误，过高地估计了自己的力量，尤其是行军路线上脱离了群众。他十分惋惜地说：“实在可惜！可痛啊！”当时王兆卿也感慨地在小学的黑板上写下：“没有武装力量的革命斗争百事无成；失去群众基础的武装寸步难行！”

之后，刘天章便回山西去了，随同刘天章来河西的梁子修、牛清明获释后，就留下来协同王兆卿一起成立了神木南乡区委的革命武装小组，叫“临时特务队”，从此，拉开了共产党在神木南乡进行武装斗争的序幕。【《塞上血影》第 136-143 页，杨文岩著，陕西旅游出版社，1995 年 12 月第 1 版第 1 次印刷，2002 年 6 月第 2 次印刷。】

兴隆山上父子重逢

我常常想，如果窦秉璋编纂的《重修榆中县志》能够留存下来的话，不知道他对他的儿子——中国工农红军第二十四军副军长窦时寻会怎么写？现在同葬于榆中县兴隆山的父子俩，是否会枕着松涛说起80年前悲壮的往事？

1931年8月9日，太行山下，阜平王快镇，热热闹闹的慰问场面忽然间变成了鸿门宴。敌人刺刀如林，将前来洽谈的红二十四军政委谷雄一、副军长窦时寻等人团团围住。

窦时寻等人不幸落入敌人圈套，被押往北京。此时，距华北第一个苏维埃政权——阜平苏维埃政府成立还不足20天。万里晴空瞬间乌云蔽日，一场腥风血雨正在向新生的苏维埃政权扑来。

风景秀美的兴隆山水，不仅灌溉着万亩良田，而且哺育了两岸睿智、勤劳的人民。曾任中国工农红军第二十四军副军长的窦时寻，就是喝兴隆山峡水长大的。

窦时寻（1895—1931年），又名窦宗融，字世雄，甘肃省兰州市榆中县城关镇人，后来在张一悟的建议下，将世雄改为时寻，自称“时寻太郎”，意思是时时刻刻都要为寻找革命真理而奋斗。

窦时寻早年丧母。幼年时期就和张一悟（甘肃最早的共产党员，后来担任甘肃特支书记）就读同一家私塾，而且很快成为一对生死与共的知心朋友。1915年成婚，不久其岳父出任敦煌县知事，窦时寻也跟随其岳父去敦煌县读书。1919年其岳父卸任归乡，时寻也返回榆中。这时他的好友张一悟已去北京求学，而且参加了震惊中外的“五四运动”。

辛亥革命以后，帝国主义列强加紧对中国的侵略，尤其是日本帝国主义，不但侵略我国东北，还进一步推进并实施灭亡中国的梦想。而北洋军阀政府对此不但不积极抵抗，反而对外投降卖国，对内祸国殃民，使中国人民处于水深火热之中。更为气愤的是巴黎和会上中国外交失败后，北洋军阀政府竟置民族危亡于不顾，几次训令中国代表对日本妥协。当消息传到北京后，国民群情激愤，长期压抑在中华民族胸中的怒火，像火山一般爆发出来，一场空前规模的“五四”反帝爱国运动开始了。当时，在北京求学的张一悟通过书信，把自己看到的“五四运动”的情况以及他的感想、认识等及时告诉给窦时寻，这对他的触动不小,思想也随之发生了很大变化。有道是好男儿志在四方,他决定走出去闯荡一番,寻找一条通向自由、光明的大道。

他从伟大的“五四运动”中看到了光明,看到了希望。于是下决心要向张一悟学习,像他一样走出家庭奔向社会,走一条通向自由光明的大道。1920 年 11 月,他毅然决然地离开刚生下孩子一个月的爱妻和只有一个月的二儿子榆生子到兰州,后经人介绍到警察局当了一名警察。

其二儿子榆生子是乳名,学名窦名材,窦时寻牺牲后,也是在张一悟的建议下将其名字改为窦继寻,意思是要他继承父辈遗志,继续为寻找革命真理而奋斗,并且在张一悟介绍下于 1938 年加入中国共产党。窦继寻在回忆文章中写道,他刚刚满月时,父亲就离开了家。据他的母亲回忆,父亲临走时抱着他对妻子说:“这孩子命苦,我这一走,不知还能不能见到你们娘俩。”窦时寻一走就再没有回过家,家人最后等来的是他遇难的消息。【窦继寻《回忆我的父亲窦时寻》,1983 年 4 月 27 日追述于哈尔滨。】

1922 年 4 月张一悟毕业于武昌高等师范学校后,于 1923 年回到家乡。窦时寻与他常常一起促膝长谈,从言谈中领悟到许多革命道理。

1925 年,他在张一悟的帮助和指引下,离开警察局,辗转到西北军杨虎城部当兵。由于他机灵能干,很快便得到了魏野畴(中共党员)的赏识。魏野畴当时在杨虎城部担任咨议

榆中县烈士陵园悼念窦时寻

兼三民军官学校政治部主任。在魏野畴的帮助下，窦时寻来到三民军官学校学习。在这所学校里，他如鱼得水，发愤学习，研读兵书史册。不久，窦时寻加入了中国共产党，后在中共豫陕区委的领导下秘密从事兵运工作。

1926年，原陕西陆军第一师，冯玉祥的国民军第二军胡景翼部的独立骑兵第一旅旅长郑庠(其内弟为高桂滋)为了扩充势力，在陕西、河南、河北等地招兵买马。中共豫陕区委认真分析研究之后，为了日后能争取并掌握这支部队，决定派窦时寻进入郑庠部队，以期待机而发，发动起义。

窦时寻进入郑庠部队没过多久，他便以自己出众的才能和敏锐博得一些军官的器重，很快担任了该部一团某营的营长职务，利用这个身份加快开展兵运工作。由于他体恤士兵，又能对其他军官谦让，很快在他的身边团结了一大批官兵。

1927年，郑庠部队与驻山东德川的弓窝魁部发生了冲突。窦时寻率部参战，在混战中被包围，经过惨烈激战，终于突围出来。之后，窦时寻随郑庠内弟所在的高桂滋部队南渡黄河到河南淮阳。该部经过休整，被改编为冯玉祥的国民革命军第二集团第十九路军。1927年10月，高桂滋乘攻打驻阜阳奉系军阀秦庆麟师的机会移驻阜阳。窦时寻继续在高桂滋部队秘密从事党的地下工作。

1930年，蒋介石、冯玉祥、阎锡山三派军阀在中原混战，参加倒蒋失败的高桂滋部队退居到山西平定。在平定，高桂滋部经常受到国民党正规军和山西军阀的排挤，再加上“中原大战”后，军需物资没有正常稳定的来源，军官降级降薪，士兵长期拿不到军饷。军队中自上而下士气低落，官兵之间的矛盾冲突不断。

在这种情况下，打入该部的窦时寻等共产党员在部队中成立了互济会，对那些生活上有困难的战士给予真诚的帮助和关心。在互济会的工作掩护下，窦时寻等人在高桂滋部队中发展了60多名共产党员和骨干分子，为发动武装起义创造了有利条件。此时，窦时寻已在高桂滋部担任7连连长，并将队伍牢牢地掌握在手中，准备等待机会起义。

期间，窦时寻与张一悟、陆长林的一段交往值得一记。1931年3月的一天，天气炎热，在北平求学的陆长林便在小摊上买了一把折扇凉快。该扇以白纸蒙面，黄竹作骨，两侧封骨竹面上刻有制作者或营销者的“堂号”等字纹，工艺精美。看着这把做工精细的折扇，陆长林爱不释手，心想如果请一位书法家提几个字岂不更美，想着、走着，便身不由已地来到张一悟租住的房间。

然而，张一悟恰巧不在，陆长林遇到了前来拜访张一悟的窦时寻。寒暄后，陆长林便请窦时寻在新买的折扇上题词。窦时寻略一沉思，便提笔书写，一行遒劲流畅的隶书字迹留在折扇上：“踏着先烈的血迹，猛向敌人的营垒中(冲)锋陷阵，完成最后的胜利，时在年初夏，应省斋弟嘱上，时寻太郎涂上。”由右至左竖写两行，依扇面之形状呈拱形布局。其书法

苍劲有力,上下疏密得当。

过了不久,陆长林找到了张一悟,请求题字。张一悟看着窦时寻的题字,赞不绝口。随即,顺着窦时寻的用意,以行书题写:“朋友,人生的道途本来是险峻崎岖的。我们不该以地势不易行走,便停止着不前进,或者竟向后退。我们当努力的拉开荆棘,拉去岩石,把本来险峻崎岖的路造成一条康庄大道。我们造一段行一段,最后我们便可得到胜利,站在道途的尽头微笑——虽然,我们在当时是经过那样的艰苦,裂手破足,鲜红的血时时滴下,但我们到了尽头,回顾当时血痕,我们心中不免要萌发一种快感,因为有了这些血痕,才换得最后的胜利,时在孟夏,以应有斋兄拂署,弟谷。”下钤“张谷”椭圆形红色印记。题词通篇一气呵成,章法严谨,书写自如。

题词者张一悟,原名榖,甘肃金县(今榆中)人。幼事家学,后入甘肃省立第一中学就读,毕业后赴北平求学。1919 年在北平参加了“五四运动”。并作为陇籍赴京学生的优秀代表,参加了与段祺瑞政府的政治斗争。因其思想进步,表现积极,曾被誉为“榆中三杰”(张一悟、张亚衡、丁益三)之一。“五四运动”后,由李大钊介绍他入武昌高等师范。其间,在恽代英等人的影响下,开始接受马列主义和共产主义思想,并用名“一悟”。毕业后回到甘肃,先后在兰州、凉州(今武威)等地任教,积极传播革命思想。

1924 年,张一悟加入中国共产党,翌年底与随国民军第二师来甘的共产党员宣侠父、钱靖泉共同创建甘肃最早的党组织——中国共产党甘肃特别支部,并担任特支书记。大革命失败后离甘赴陕,参加渭华暴动。1929 年任中共陕西新的临时省委常委,后因病辗转活动于北平、济南。

1932 年 3 月,在济南被捕入狱,张一悟始终坚贞不屈。在济南第二监狱期间,多与难友交流思想,切磋人生,磨砺意志,曾完成《铁窗寻聊录》、《铁窗雪泥集》等诗抄杂记三部,并精心装订成册珍藏。张一悟逝世后,谢觉哉、伍修权等人发来唁电,以志悼念。唁电称“一悟同志老成爱国,奋斗有年”。此当为中央领导同志对张一悟革命生涯的中肯评价。

省斋即陆长林,曾用字生斋、松斋,是榆中金崖人,故张一悟在其题词落款中以乡兄弟相称。“生”与“省”谐音,“省”与“悟”又意同,且多连合为一个词组来使用。显然,“省斋”是张一悟、窦时寻对陆长林的尊称。张一悟、窦时寻称陆为“省斋”有以下两层意思:其一是表明二人关系笃深,犹如一人;其二是表明早期共产党人张一悟,对同为进步青年的陆长林所寄予的深切期望。

对此，陆长林也是深明其义，不负厚望。题扇之时，陆长林正就读于北平私立民国学院经济系。在张一悟的影响和引导下参加了北平党的外围组织——社联，并于1933年加入中国共产党。因而，陆长林在新中国成立后所写的“自传”曾称，是乡仁“张一悟引导走上革命之路”。如是，这一题词折扇既是张一悟、窦时寻、陆长林三人深厚友谊的象征，也是他们交流思想、勉励上进、探求人生与革命之路的重要信物和佐证，且为张一悟、窦时寻遗物中所仅见。1956年11月，陆长林将这一珍贵文物捐赠甘肃省博物馆。

1931年7月4日夜，平定武装起义正式爆发。次日，部队在山西盂县清城村进行了休整改编，正式宣布起义部队编入中国工农红军序列，为中国工农红军第二十四军，窦时寻为副军长。

经过整编的红二十四军高举革命红旗，按原定计划向五台山进军，准备在那里建立革命根据地。但因敌人在该地驻有重兵，又决定在地处晋冀交界、太行山中段的阜平县建立革命根据地。

行军途中，窦时寻积极协助军长赫光、政委谷雄一做士兵的思想政治工作，稳定部队情绪。这个高个子、留平头、话语不多的副军长写得一手好毛笔字，除了参与军队的重要领导工作之外，一有机会就帮助搞宣传的同志写标语、写文告，宣传我党政策，宣传红军的革命主张，深得全军将士的爱戴与支持。【《顾昌华口述《我所了解的窦宗融的点滴情况》。】

1931年7月26日，红二十四军在河北阜平成立了北方第一个县级苏维埃政权。为了保卫红色革命根据地，巩固工农民主政权，红二十四军协助苏维埃政府，逮捕和处理了一批土豪劣绅、恶霸地主，广泛开展了宣传教育工作，不断提高人民的觉悟。

不久，张学良击败石友三，石友三的部下沈克投降了张学良。张学良给沈克一个师的番号，同时提出一个条件：必须“拿下阜平，消灭红二十四军”。土匪出身的沈克深知，要想打垮红军，靠硬拼硬打是不行的，决定诈降。

于是，沈克打着“绿军”旗号，来到王快镇“请求红军收编”。窦时寻冷静分析形势后竭力反对。红二十四军主要领导人过高地估计了革命力量，再加上急于扩大队伍，多数领导人听信了沈克的谎言，不听窦时寻的劝告，误认为沈克部队是杂牌军，处在东北军、中央军和晋绥军的包围中，走投无路有革命的倾向。因此，决定接受投降。

不知是计的谷雄一和窦时寻去受降立遭扣留。不久，窦时寻、谷雄一、刘应融、李英兰、孔令明等5人被解往北平，押在敌“陆海空司令部行营军法处”。敌人多次审讯威逼利诱，严刑拷打，想要知道我地下党的秘密，都未能得逞。1931年8月26日，红二十四军5位英雄在北平敌人的刑场坚贞不屈，英勇就义。【《世界日报》1931年8月28日4版。】当时窦时寻年仅36岁。

窦时寻牺牲后的1937年春，18岁的窦继寻在榆中县文成街高小一年级读书时，知道了父亲牺牲的消息。本来，窦继寻从母亲口中得知父亲在自己出生满月后离开了家，后来没有音讯，有的说他死了，但窦继寻和母亲并不相信窦时寻真的死了，盼望着有一天和父亲团聚。这时候，父亲的好友张一悟告诉窦继寻父亲窦时寻被害的消息。后来，在张一悟及窦时寻生前好友的资助下，1938年5月，窦继寻离开了故乡兰州，奔赴全国抗日的中心——延安。【窦继寻《我的片段回忆》，文章写于1982年10月。】

1983年，窦继寻从哈尔滨给榆中县党史办寄来了窦时寻的唯一一张照片。照片上，窦时寻戴着眼镜温文尔雅，这是烈士留给人们的最后印象。

2011年7月14日，我们来到甘肃榆中县。次日，在榆中县党史办周学海、汉光科陪同下，我们来到榆中县文成小学。在历届校友和校长图片展览中，除了窦时寻的图片介绍，另外一位姓窦的先生（校长）引起了我们的兴趣。询问当地党史办人员，获悉是窦时寻的父亲。窦秉璋就这样走进我们的视野。

窦秉璋（1873—1941年），生于金崖乡窦家营村，因山洪暴发，冲毁耕地，举家迁至小康营乡李家营村，后移居榆中县城。青年时考中贡生。清光绪三十一年（1905年），在举人张继祖的倡导下，与秀才周世勋筹措资金，招聘教师，在县城增秀书院的基础上办起了县内第一所小学——金县小学堂（后改名为文成小学），任校长十余年。中华民国十五年（1926年），出任县督学。中华民国十八年（1929年），改任县教育局长。期间，常奔波于县内各地，动员乡绅出钱捐款，创办学校，发展教育。在他的鼓动下，县内的新学很快发展起来，人们称其为榆中新学教育的创始人。他还利用工作之便广征博采各种资料。中华民国三十年（1941年），编纂出《重修榆中县志》，未刊印便离世，公葬于兴隆山。

关于窦秉璋的情况，榆中县党史办周学海、高国宴的《重文兴教的窦秉璋》一文介绍得较为详细。

20世纪20年代，在榆中苑川一带有祭祀孔子的习俗，而担当文庙奉祀官的则是出生在金崖镇窦家营村的窦秉璋，他不但是前清贡生，而且在当时的榆中也是最有学问的人之一。

窦秉璋热心教育，他联合名士张继祖（曾任西北图书馆馆长）等人创办了文成小学。窦秉璋在担任学校校长的同时，亲自给学生上课。窦秉璋写得一笔好字，又善画画，每到过年的时候就特别忙，不论城乡，人们都喜欢让他写一副对联贴在门口。

1926年，冯玉祥的国民革命军在包头誓师响应广州蒋介石的北伐，从宁夏经兰州南下进兵西安，而与北洋军人吴佩孚有关系的甘军在榆中阻止他们。一天，从天水开来的甘军一个连把窦秉璋抓去拘留城外营部，说窦秉璋和新军冯部有勾连。榆中县城的人们听说后，非常愤慨，纷纷跑到营部向营长抗议。甘军见情势不好，连忙把窦秉璋放出来。从此，榆中也没有安宁的日子。文庙、文成学校、城隍庙、兴国寺都变成军营，甚至连文成小学窦秉璋住的房子也被经常占为团部营部或者团营长家的住处。

甘军撤走后，学校已被破坏，但痴心于教育事业的窦秉璋在学校修缮后，继续担当起教书育人的职责。中华民国十八年(1929年)，甘肃大饥荒，“中原大战”爆发，殃及榆中，文成小学没钱发薪，窦秉璋便向县上的几位有钱有粮的人苦求支持。在极端困苦的环境中，他仍然苦苦支撑着学校继续发展。

窦秉璋在教书之余，还热心于中医研究。临近退休之年，窦秉璋在教学外，把精力放在撰写榆中县志稿上，因为当时条件有限，只有手抄。由于社会动荡，写好的三卷县志稿不幸遗失。

1941年阴历五月初八，窦秉璋走完了他的一生，县上同仁把他公葬在兴隆山烈士陵园。

有其父就有其子。从现有资料来看，窦时寻参加革命工作，很难说与他父亲的影响没有关系。

2011年4月2日清明节前后，经甘肃省委党史研究室确认，窦时寻和丁益三、金自山同时入驻榆中兴隆山烈士陵园。他与自己的父亲再次相遇。

据周学海介绍，窦时寻出生于大户人家，兄弟四人，其中窦宗仪公费留学去了美国，窦宗陶做了叛徒，后被枪毙，窦时寻(窦宗融)的儿子窦继寻新中国成立后去了哈尔滨，在当地林业局工作至退休。窦时寻的母亲是个长寿老人，一直活到90多岁才去世。

从副军长到农民

解读历史的方法很多，其中之一就是从人物入手。我们也尽可能试图去完整再现红二十四军中的人物。红二十四军在盂县清城改编成立时的一纵队参谋长王子固，从红二十四军有序撤离阜平时开始进入我们的视野。

到陕北后我们又得到新的线索，红二十四军兵败两岔河后被押往榆林途中，王子固和刘明德成功脱逃。也就是说，假如活下来的话，他们就是红二十四军的全程亲历者，他们的回忆无疑具有很高的权威性。找到这两个人的下落，幸运的话还能从回忆录之类的文字或后人的记忆当中捕捉到更多有价值的信息。

我们隐约感觉到他们可能就是陕西人。另外，当时高桂滋的正太护路军第一师下设三个团，其中有一个团长叫王子宜（王守义）。这个王子宜与王子固是否具有某种不为我们所知的关系？陕北方面相关人士提示说定边有个王子元。我们在前往宁夏途中，也曾绕道定边，希望能从王子元身上寻找突破口，结果也无所获。

到达西安后，《华商报》刊发了我们寻找革命前辈刘明德、靳澍生、王子固以及齐渭川后人的消息。见报当天上午就出现了转机，王子固浮出水面，我们迅速跟他的儿子王鸿范取得了联系。近晚时分，我们驱车前往西安东郊的光华小区，见到了王子固的三儿子——68岁的王鸿范。从老人的回忆以及王子固1952年“三反”时期写给太原市2540部队六中队参军的二儿子王淏（原名王鸿恩）的一封家信当中，我们了解到了王子固与红二十四军的一些往事。

这封信是目前我们所有掌握到的信息当中，红二十四军当事人最早的文字记载，而且是以家信的方式出现，在所有公布的关于红二十四军的书籍报刊当中从来没有收录过，具有独家价值，弥足珍贵。为了将尘封的历史清晰地告诉世人，现将整理出来的全文发布如下：

淏儿：

接到你的信后，本应及早答复你所问的几个问题，因为在春耕时期，每天每人都为锄麦忙着，到晚上还开会，同时由区府派人领导，一些也不能松懈。全村订立增产节约计划及其他各种公约，尤其每户都要订出全年计划，政府领导干部只有一个人，所以非我帮助工作不可，因此忙得不得了，加上你祖母自春节那天忽然病在床上，一直到几个月中间，使我心上更加了焦急，你祖母的病终未及好，已经逝世了！在你祖母寿终之日，我还昼夜地帮助订公约工作，闹的我又病了几天，因此，就没有给你答复。在这时候，农村也搞“三反”和响应“五反”运动，又加上村中建设五年制小学校室，一切劳力都动员，一直忙得不停，我又是夜校的义务教师，每天还到晚上上课，近来锄棉花、割大麦，仍是个忙，前天我见了你运兄说，你又有信来，兹将你所问的几点，给你答复，就是由地方政府了解证明的话，我想我自己不能请政府给一证明，还是由你们的组织上向地方政府咨询，地方政府可以了解而答复，不然的话，我所说的是我的一方面的话，是不是可以凭信？

一、我的过去历史：在十七岁时由私塾不读书后，就投入商业当店员（在三原县），当了五年店员，结果也没有什么前途，感觉乏味。在这五年中，觉得商业界也是你争我夺、唯利是图，把店员的正当培养就不算一回事，因此，我决心摆脱回家了，家居了一年多，什么事都不想干，同时给你叔父找到一个商店，我也决定没叫他去，这时候才买牛着你叔父务农，这是我离你祖父后（我离你祖父才五岁）廿多年来，恢复农业的开始。在你祖父未去世前，是和你中和祖叔（东院你大爷）等分居。以后，两院分居后，我们这方面，有自己地廿三亩多，你九曾祖母七亩（在你叔父务农时她又和我们同居），共三十三亩多地。你祖父也是在商店当高级店员（三年），于廿九岁就病逝世了，死后商店给了一百五十两白银（折洋二百元）的薪金，到你叔务农（年十九岁时）的这年中，你祖母才把这个东西拿出来，又买了五亩多地，到这时为止（民国十年），家中经济情况就是如此，并无其他情况。从此以后，家中事有你祖母经管，家中六口人（这时有你九曾祖母、你母、你娘、你姐、你祖母、我和你叔父），每年吃得有余，直到土改前，就增买土地（连原有）共为六十五亩地，人口为十二口，房屋除你曾祖父遗留外，只增加三间（土地改革归农民四间），并没有放过高利贷，在这个段落中，家中的剥削农民，就是每年雇长工一个、雇短工一个，剥削的收入，都用在你兄弟三人的学费开支。

二、我的由店员到军人的一段过程：在不当店员以后，家居时，又有人叫我给他帮忙，因为我的写算较强，他就甜言蜜语地哄了我，但在不久的时间，就显露了奸商的面目，设法剥削我。我向来性情，不爱鬼祟人，因此我就决心另谋事业。在这时（民国十三年）冯玉祥组织国民军，我就到国民军第二军当司书，后在短期训练班，学了三个月军事学，就当特务长、排长，高桂滋这时在第二军当团长，王子宜当营长。因为王子宜和我们家有宗族关系，又是几辈老人有私人感情关系（王子宜当过店员，是你祖父介绍的），他就叫我到高部去干，先当连长，一直到了北伐时期，高为北伐军军长，王子宜当师长，我就当了营长(共当营长九个月，还代理了三个月的团长)。北伐正在胜利时，蒋介石搞起“四·一二”，汪精卫搞起“七·一五”的惨杀案，叛变革命，使国共合作的大革命终遭失败。我在这时对于革命的道理，根本不懂，经过师的党代表张庆孚及曹秀文同志等深刻讲解国共合作三大政策的理论，我才知道革命是什么。这时候因张庆孚同志的解释，我入过一次国民党。“四·一二”、“七·一五”发生，张庆孚要走，他还叫我同他们走，但我并不知道这事变是怎么一回事，我就没去。当这时你祖母得了血崩症，非常危险，我就借这战争停顿，请假回家了，给你祖母看病，又家居了一年多。至于谈到我搞钱的方面，在这一段落中，钱的来源，只是靠每月的薪金。高桂滋对于刻薄官兵的薪饷，那是一贯的手段，每月连长公费3.7元，营长公费15元，连长薪17元，营长薪27.8元，还是每月点名发给所有吃得食粮，烧的燃料，由地方人民供给。我素性爱讲纪律，不愿胡干，同时王子宜对于胡搞钱而坏名誉是非常反对的，这是第一段的经过情形。

当祖母病好了的时候，就快到蒋冯阎大混战的时期，高部驻在北平以东，我又去北平参加了这个部队，又当连长(三年)，后移驻胶东临沂一带，不久军阀混战又起，高部参加阎方面倒蒋，结果失败，转进到山西平定县(一九三〇年)。这个战役中，部队失败很重，武器损失过多，高桂滋对于薪饷方面，不但没有另外奖赏(奖赏是他在战线上面许的)，还欠了战争中的七个月饷，听说阎给他八十万元，他总不肯说出，同时到了平定后，另起薪饷，以前的账，都不准算，只是冤枉了守规矩的好人。在这个时候(一九三一年)，我们有些共产党员同志们，就做起了工作，会议决定做好群众工作，不愿大干，同时又组织了太原养蜂场(后被抄没)，以作为太原来往的住处，又进行了一个大众书店，计划将来发展到各省市(被高部司令部察觉，怀疑“大众”二字，停止招股。)正在紧张时期，我连排长刘玉山、青军积极过激，欠缺谨慎，被高部官兵检举给高桂滋。经此，空气恶劣，大有都遭危险指示，不久几天，就将我连的排长刘玉山同志逮捕入狱，最后被高桂滋枪毙了。因此大家商讨请示太原组织上指示，派来指导同志谷小非、杨大华等，携带红军廿四军旗帜、标语(石印)到平定县城外十余里之沟洞里开会决定，当日(七月四日)晚起义，组织红军。我为第一纵队参谋长、万锡黻(赫光)为军长、窦宗融为副军长、刘明德为军参谋长、蒲子英为第二纵队参谋长，共有千人，到河北阜平县编制完竣，与白军沈克部大战数日，赫光同志等牺牲。经群众选举，刘明德为军长、我为副军长、蒲子英为军参谋长，开会商讨向陕甘宁边区前进。经此转战数月入陕到榆西五兔采当(应为窝兔彩当)地方，因中坚分子伤亡殆尽，群众多系盲从，于是瓦解不可收拾，终归失败，我同刘等均离开走了。这个时候，各报登载，当然各方面都注意了。我不敢回家，又因为那些同志都死了，使我也失掉了关系，后来杨虎城在西安，对于这事还不十分重视，我才回家，那时你才三岁，所以你也不知道，我也没有给你兄弟们详谈过，你如今或许知道到西安快要解放的时候了，我不教你乱跑，如乱跑是没有出路的那几句话。我在这一段落中的搞钱问题，更是谈不到了，想来是不贪义外之财，尤其是在这一次连长的过程中，拿我这不多的薪金，做了几宗好事情：第一常常接济同仁中困难（自己出和向他们捐募），第二组织蜂场和大众书店（虽然事未成功，但问心无愧），第三所有全连官兵读书习字的书籍、笔墨、纸张、灯油等，在几年中间都没有间断，全是我自己供给的，其收效就是能顺利地做成起义的事。当时有很多不识字的兄弟们都会写信了，经常连上各种报纸都有，临起义时新文化的书籍就有一大堆，都是士兵自动要求购买的。这就是我提高他们文化水平的成绩，所以我认为这是我一生的好事。在这以前我的干事的背景情况是这样的。

自从干了这红廿四军以后，我的参加军队就不容易了，所以几年中间，都不敢和其他的人乱谈。到了抗日民族战争开始，我觉得民族战争，应该参加。这时候胡宗南反动派势力霸占了西安，觉得不宜在家，但是那一个部队不能去干，所以我到国民党第廿八师去的原因，就是为了这一点。这个队伍的根基，就是我初步投入军队当司书的那个军队，也是个外牌子军队，同我当时当司书的那些人，他们当了军需课长的也有，当了副官的也有，当了军械员的也有。过去他们都认为我是好人，时间久了，他们把我做过的事（起义的事）也不提了，并且他们在这外牌军队中，就是另一个态度，同时我把名字也改了，把王天保改为王崇德，王子固改为王志古，出去就先当文书上士，后又当司书（准尉和少尉），后又当中尉书记（在军医家办文书），后有个和我当初同时当过司书的人张培仁，他当了团军需，没人办公文，叫我去当上尉军需员专办公文造送表册这些事情，当时就参加了台儿庄战役，始终没有管过金钱和物品，后来把我调到师部军需处当上尉军需，仍办原工作。因为高雅哉当总务课长，一不会办公事，二指头残废不能写小楷，所以他给军需处长说调我到师部来。在这一段中，这么样的个工作，还有人反对我，说我升得太快，我却满不在乎，我并不是为升官发财，只要能把日本消灭，中国有了前途，我并不能饿饭，因此在这个上尉军需员干了四年，我也不希望升。我虽不能升，我负责的事务也不繁重，在国民党统治的那个社会里，我何必往上爬？没管金钱没管物品，这个外牌军队一个上尉才发每月卅十元（后升为五十元），伪币时澍（膨）胀，所以我在这个时候家中也怨我不给家中钱，连你母亲也常抱怨我。到了民国三十年，胡宗南对这个部队老不放心，于是就用改造这个部队的手段，大刀阔斧改造起来了，好些人都站不住脚。这个时候我同高雅哉都回家了。回家住了几个月，高雅哉又叫同他到伪十六军去。我不去，他很难受，结果他说：“我叫你去，是为了请你帮助我，因为我的家中困难，不能家居，你帮助我再混几天，日本消灭了，一同回来，你说你赶走日本为止，现在还没打倒日本呢？”说到这里，我就应允了他。我还到他家中看了一回，果然是困难，所以我常对他接济，同时他是一个好人，不慕荣利的人。他和董钊是中学同学，但是他抱着各行其素的态度，那样的困苦，不向董钊开口借钱，同仁们都称他为“滞鬼”，呼我为“执固”，所以我对他很好，他对我也好，解放后一年，终因家中苦况，就与世长辞了！

他次子崇娃（崇山）（已加入新民主主义青年团）在民大学习快毕业了，二月份我是见过一次，很有进步。

在我同高雅哉当少尉时候，入过一次国民党，是团体入党。那时候不入党就不能当这个少尉，所以只得入党，团体入党由人事科抄录备案，就能报准任职，不然师部人事科就不准，这是入党的用意和原因。

到了伪十六军（民国三一年二月至三一年冬离开）后，五个月搞军需独立，非专门人员不能当，首长也不能保驾，高雅哉和我，都不是军需专门人才，因此上都不能立足，同时那些由军需学校或训练班来的人，都非常的骄傲，显然形成个派别，不能相容。最可恼者伪军需局无论是谁到部队中来检查，就根本不问非专门人，反同那些专门人材另开会议，许多的给非军需学校毕业的人刺激，我很不满意他们这种态度，并且看不起他们的能力和品质（贪污舞弊），向军需处长要求，非去军需学校受训不可。他说我年龄太大了，不必。我决定非去不可，结果我去受训了。我的意思，借这个机会离开他们这些骄傲的人。到了军校，又嫌我年老，我说我为抗日而来，如果今日抗战结束了，我明日就回去了，就勉强把我收下了。学习了不到一年（九个月），就陆续派遣到部队中去了，把我派到绥远伪六十七军军部（连来带去只是一年），当少校军需，这个军队初步成立，乱七八糟，一点手续都不合理，军需处长着我管物品，塞上风云，人都不愿去，因而人员太少，我一个人什么都叫我管，永远没管过金钱与物品，头一次就使我大伤脑筋，那个部队完全是旧习气，一切都不按道理，谁有面子谁就要多领，谁有威力谁就要白拿。最可笑者军长的太太，随便写个便条，就要衣物或布匹。衣物是按人给数的，布尺是按衣数的，她不说自己多拿了谁该少拿，屡次使人受难，尤其是有一个师长（张哲生），他要军衣黄布一匹，我未给，他竟然和我大闹，骂我，几乎拿手枪打我，结果军长写一条子，教给他一匹布，这个布是每匹来做六套军衣。除他自己一套外，其他五个官要向我要该怎么办呢？在这种情形之下，我向军需处长说：“这样的军需独立，结果是不堪设想，我决定回家去，不干了，中国军人这么样还能抗日么？师长们、团长们把物品任意变卖，卖给包头敌伪，换烟土，我们是为敌伪军（日军汪军）办事来了，并不是为抗日军办事来了！”结果他说：“请你先到西安向军需局办理一切手续，不要说明长假，免得他们军师长们多心。”我觉得这话很好，我就应允。我的意思，到了西安再说，这是我到西安来的原因，至于副处长的名义，是因为西安办事处长，是胡宗南的走狗(黄埔生),是一个混蛋东西,所以这军需处长就是请以西安副处长名义,到西安向军需局办理应结束的手续,免得办事处长为难,又提明向军需局办理手续,是怕他把别事都推给我,因为我决心摆脱不干,所以军需处长这个办法,其目的是在军需局替他办事,免得他本人再来西安。军需局对于六十七军的金钱物品领发办法,是款由宁夏银行拨,军部由绥远派人去宁取,我由西安给个领据,他不汇款,我不见军部电信,一文钱也领不到, 物品时军部电报多少套或多少件, 军需局由兵站或支部用汽车送运,我只给一张领据。至于我每月的薪金,在伪币时常澎(膨)涨情形之下,老是不够我开支。在西安把这副处长干到日本投降,我也没贩过黄金,没买过白洋,也没囤积居奇,直到现在我连一件衣服也没有多的。我爱看新文化书,你哥每月给我三四十元,我都买了书了。你哥给我的钱,我只能买书,浪费是不应该的,黄金白银,都不如二斤蒸馍,所以我早把金银视为废物,一生不乱搞钱。

抗战胜利炮一响,喜得我一夜都没睡觉。这个时候,我就马上请长假,不干了,民族战争胜利了,内战决不参加,所以毅然决然地请准了长假,退伍回家了。西安解放后,我把军需学校的毕业证书等已经交给公安所了!

我的社会关系,我向来不爱交朋友,在搞红军前,是陈敬之,他现在西安市文教局工作,他为参加革命,在北京坐过六年监狱,我当连长时,他哥哥当排长,他到我连住过好久。那时他在北京住大学,他由北京给我买过几次书,我连内的新文化书,都是他在北京买的,至于其他的人,他不影响我的,我就和他不来往,所以人把我叫“执古不通”。家人都认为我是个怪人。我最讨厌不公平的人,因此上我的朋友可以说没有的。

帮会,向来人都叫流氓(西安在帮会的人,一般都鄙不可言),这些人向来是有破坏性,多年来在我认为是下流的。你说你看见的那种书,不是的,那是我在解放前买下一本书叫《党》,各党各派都有,我看有孙文第一次代表大会宣言,我把它买下了。因为我没见过第一次大会宣言(三大政策),同时还有共产党的党章宣言、大纲等,其书中间有一页说这个书店还出的有《帮》(很大一个字)。

三、家中加入一贯道,这由于你祖母信神之过,她老人家一辈子信神,劝不下,去年过年因未给马王点大蜡,和我很不好,加上你母,总信神能看病,避过我由后村刘家老婆介绍,向你祖母宣传,就为你祖母的病,又为小孩不生病等迷信,就入了一贯道,并不问它的内容如何。他们哄女人们都以老母为名,最易骗人。以后我知道了,说你母亲太糊涂,她竟然和我大闹一场,把我气得把许多东西都砸了,结果你祖母还说我太野蛮,真气死了人。解放后,政府把一贯道黑幕揭开以后,她们睁开两眼不说了,真是很可怜!取缔一贯道运动后,都向公安局退道了,原来介绍她们的那个点传师,自动向政府坦白了,所有受人的钱,都退给人了,在公安局开了个总结大会,所有全区的都办理清楚了。自从取缔一贯道运动后，咱家也永不敬神了，大多数人都知道无神可信。你也太糊涂，你为什么不对我讲，就被她们欺骗你呢？

四、王子宜是旧社会读书最多的人，可以说他是个人英雄主义，他一生无党无派。他的干事是借高桂滋的前程，期初他两人共同搞那个部队，所以也跟上高桂滋升降，最后老了，不能干了，他就退下来了，也没有钱，每月由高桂滋给他维持那"仅能对付"的一种生活。说到这里，高桂滋为人有些寡义，以后高桂滋加入民盟，他因年老身衰，有些劳不得，大约没加入。他对我起义搞红军的事，始终没提过，最后他谈话中间也赞同共产党，有时流露出改良主义的口吻，他同杜斌臣、杨晓初等人，也常在一块聚谈，我同他原来关系，前说过了。至于后办事的关系就等于零。因为他和我的思想大不相同了，有时他和我的思想真有些对立，不过他没有什么政治活动。他于去年已经去世了。

五、你鸿钧兄在兴平时候，只是雍兴公司的工友，他所做的事，我们也不得而知，想到只有那不长的日子，或许没有什么其他关系，但是他同铁路局一般人怎么情形，我们也无法了解，至于荒唐行为，那是本身一个人的问题，听你运哥对我说，他看见过他的思想总结。把他在兴平以后的和西南军大的总结，当教师几次学习的总结，和自己的真正认识，我给你写个东西。

六、你叔父他本来一贯的务农，并未作其他生涯，就是在抗战中间，当了两次保长。长安县开始编保甲时，陆福海、庞绶如和他继续地当下去，哪个都不情愿当，因为国民党统治区，军政两界野蛮人贪污，无事不刮，尤其军队野蛮极点，人人都怕，所以大家推举的时候，都在他们身上注意，以为他们还能撑起一段工夫。他们每人当了一年，就推举王斌，王斌不能抵抗那恶势力，就逃跑了，将就对付了一年。二次大家推举你叔父，这个时候我由台儿庄回家一次，我对他说不要当，但在这种时期，谁也不愿当，他当时也就避走了。避了两月多，结果回来后，大家非叫他当不可，四村人在庙里强定了他，那时你祖母到庙里大闹了一次，因为他若接受，家中农业非你祖母终日劳碌不可。在大家认为你们生活能前去，就得为大家支应这个事情，没有办法推脱，只得接受，当时我说他不应如此，他说既然生在这个地方，就得为大家尽一尽力，只要为大家办事，不给大家坏事，那有什么呢？可是他当保长并未沾染银钱物品的手续，都是各村自行向乡长直接办理，他不过遇到有问题的事，亲自去办理一下。国民党军队野蛮，他是不怕的，有一次炮兵团在各村驻扎，乱搞一起，他竟敢和那些喽啰硬干，结果全团都开走了。又一次王家村驻的辎重大车队，放牲口损坏田禾，他和那个军队就拼命到底，这次把你哥被那些人绑去吊起拷打，闹了几天那个营长知道了（并向人民赔罪了事），才把你哥放回。他的这样对那些东西，我觉得还是对的。他觉得我过去干过一次红军，反动派有次查访，他有些担心，因此上他为保长也就不能胡乱作为，勉强干到划分西安市时，就不干了，由民国卅年（1941 年）到卅四年（1945 年）止，再未敢接受西安市区的保长。解放后，群众认为长安县发给副保长及保工的口食（两石小麦），是不公的，要他补赔，结果他也给赔了。在土改中，在群众中提出他的罪行，他很痛快地认罪了，成分定为地主，他很高兴地接受了，并且这个地主成分，在去年土改以前，我就和他谈土改的真理，他就很赞成我说的话，所以他始终认为土改把土地没收了是对自己、大家都有利的，从此他对劳动更加积极。他对农业向来有研究的，现在他更进一步研究它，在土改中和解放后，政府在各村都了解多次，并无什么其他行为，因此上对他非常宽大，他并没有反动政治活动，他当保长虽然几年，是大家非让他干不可，以为有他还能抵抗住伪县、乡的胡派粮款、野蛮军队的压迫。这是他的经过情形。之前的保长，都是各保各村，并且由县派的。

我多年得了个血压高的病，一年一年老了，这个病觉得一年一年重了，因此脑力也不够用了，劳力也差得多了。近几年来目力也大减了，所以给你写信这些东西，就觉得乱无头绪。

你说关于你的证件等，可请政府写一点证明，究竟是什么证件？怎样的写法？

家中的书籍，都是你们在学校用的书，向来我不爱看闲书，我也没有买过什么书。自解放后，除我买些新书外，我再没有其他的书，至于你们读过的书，我永都没有翻过它。我准备把所有的旧书都卖给收旧纸的，多买些新书，但老是怕搞它。

父亲王子固

一九五二年廿五日

从这封家信和王鸿范的介绍中，我们可以梳理发现，王子固（王天保）1900 年出生在西安南郊曲江乡的岳家寨村。当年的岳家寨如今在城市拆迁改造当中已变成了曲江新村。天保是名，子固是字。父亲曾做过商店的高级店员，可惜不到 30 就去世了，家中拥有土地 30 多亩。王子固和弟弟天佑由要强能干的母亲拉扯长大。王子固 10 岁就离开私塾到三原县当了店员，五年当中体会到了商界的你争我夺、唯利是图，感觉乏味，辞职不干，回家闲居一年多。弟弟年长，原计划也去当店员，由于子固深悉商界之风恶劣，极力阻止弟弟，于是购买耕牛，和弟弟开始务农。弟弟后来还是当地有名的兽医。到土改时，家中共有土地 65 亩。

1924 年，王子固参加冯玉祥的国民军第二军，后在短期训练班学习三个月军事学后，改任特务长、排长。高桂滋此时在第二军中担任团长，同族的王子宜在高桂滋团任营长。由于王子宜从军之前曾干过店员，是王子固的父亲介绍去的。有了这两层关系，他就到高桂滋团担任连长。北伐时期，由于高桂滋、王子宜分别升任军长、师长，王子固也升任营长，还

王子固与三个儿子在一起

曾代理过团长一职。期间与共产党人有了接触。蒋介石、汪精卫发动反革命政变，国共合作破裂后，他借口母亲有病，请假回家。

在家里待了一年多后返回原部队担任连长，随高部移驻胶东临沂一带。中原大战后转驻平定。1931年高部当中的共产党员活动频繁，组织成立了太原养蜂场，作为我党人员往来活动地点，后遭抄没；还计划搞一个大众书店，但被察觉，没有成功。王子固担任八连连长，排长刘玉山暴露被捕，后来被枪杀牺牲。王子固在此期间，经常接济困难同志，或者自己接济，或者组织募捐；积极参与太原养蜂场和大众书店的筹备工作；购买进步书籍报纸、笔墨纸张以及灯油，供全连官兵读书学习所用，有很多不识字的战士都由此学会了写信。这些都是他晚年聊以自慰的快事。

在这封家信中，有一段内容对于我们认识红二十四军后期的军事指挥起到关键作用。就是红二十四军撤离阜平后，所谓的“临时军委”由哪些人组成？谁是第二任军长、政委，以此类推。王子固在书信中说，赫光等人牺牲后，“经群众选举，刘明德为军长、我（王子固）为副军长（原第一纵队参谋长）、蒲子英为军参谋长（原第二纵队参谋长），开会商讨向陕甘宁边区前进”，择时建立根据地。

在以往的资料中，有的人说到红二十四军撤离阜平，笼统说是由“参谋长刘明德”领导，也有的说是“新任政委刘明德”领导，还有的说法是“军长蒲子华”或者“代军长蒲子华”带领……从王子固的书信中，我们看到红二十四军新一任军事领导的具体构成。

当然，问题也就出来了：撤离阜平后，红二十四军的政委是谁？蒲子华是否当过军长？多年前，王伟与本地党史专家杨德忠在国家领导人杨尚昆夫人李伯钊手中，拿到一份《红色中华》创刊号。几经周折，获得关于红二十四军的难得信息，王传潸然泪下。在1931年12月11日出版的《红色中华》创刊号中明确报道：“陕北红军第二十四军军长蒲子华率领红军，配合当地群众，进攻陕北之府谷、神木一带，与井岳秀师激战，敌方惶恐万状。”这个说法是否准确？

通过王子固的书信，我们不妨大胆分析推测一下，刘明德肯定担任过军长，至于蒲子华担任军长时，或许正如王子固所说，是“我同刘等均离开走了”、加诸“中坚分子伤亡殆尽”之后。因为当时红二十四军正与井岳秀部激战，在群龙无首的情况下确实需要具体的军事指挥官，所以蒲子华临危受命，具体负责军事作战，但没有经过正式推举(因为当时没有时间也没有心思正式选举)，可能称呼“代军长”更合适一些。至于《红色中华》中“军长”一说，可能是报社记者道听途说而来，因为这样以讹传讹的“消息来源”在关于红二十四军随后的其他记载中同样存在。王伟说，即便是这样的报道，在今天看来也十分珍贵。

至于政委是谁，我的分析是刘明德兼任或者根本就没有政委，因为王子固在书信中说新的军委领导任命，是在赫光等人牺牲后，而当时谷雄一中了沈克假投降的奸计后，并没有像赫光一样当场被杀，而是被押送到北平副司令军法处收押，随后被枪杀牺牲是在8月26日，【《世界日报》1931年8月28日。】也就是赫光牺牲半个月以后的事情。前任政委依旧活着或者说生死未明，岂有立即再选举的道理？如果说刘明德兼任政委，也应在谷雄一牺牲之后。当然，历史不能假设，这只是我个人的一点分析推断而已，真实的历史还靠更多的当时信息资料来佐证。

现在再回到王子固的身上来。红二十四军兵败之后，当时敌报极力吹嘘，大肆渲染，各方注意，王子固不能回家。红二十四军的战友们大多牺牲，失去了所有关系，想与组织接触也没可能。后来时间稍久，见西安杨虎城方面对红二十四军不甚关注，这才悄悄回了家。在家闲居数年，为了安全起见埋头劳作，从不与他人交谈红二十四军之事。

抗战爆发，王子固觉得理应参加保家卫国的民族战争，自然不能继续参加高桂滋的部队了，于是选择了国民党第二十八师。二十八师就是他初次弃农从戎参加的那支部队。同时将天保改为崇德，将子固改为志古，因秉性缘故，被人称作“执固”。期间参加了台儿庄战役。

1941年，胡宗南改组非嫡系的二十八师，王子固选择离开。但每每想到日军铁蹄践踏国土，就夜不能寐。1942年，王子固参加国民党十六军，目睹旧军队内部贪污成风，借去军需学校受训之机离开。军需学校受训九个月后被分到国民党绥远六十七军。曾因坚持原

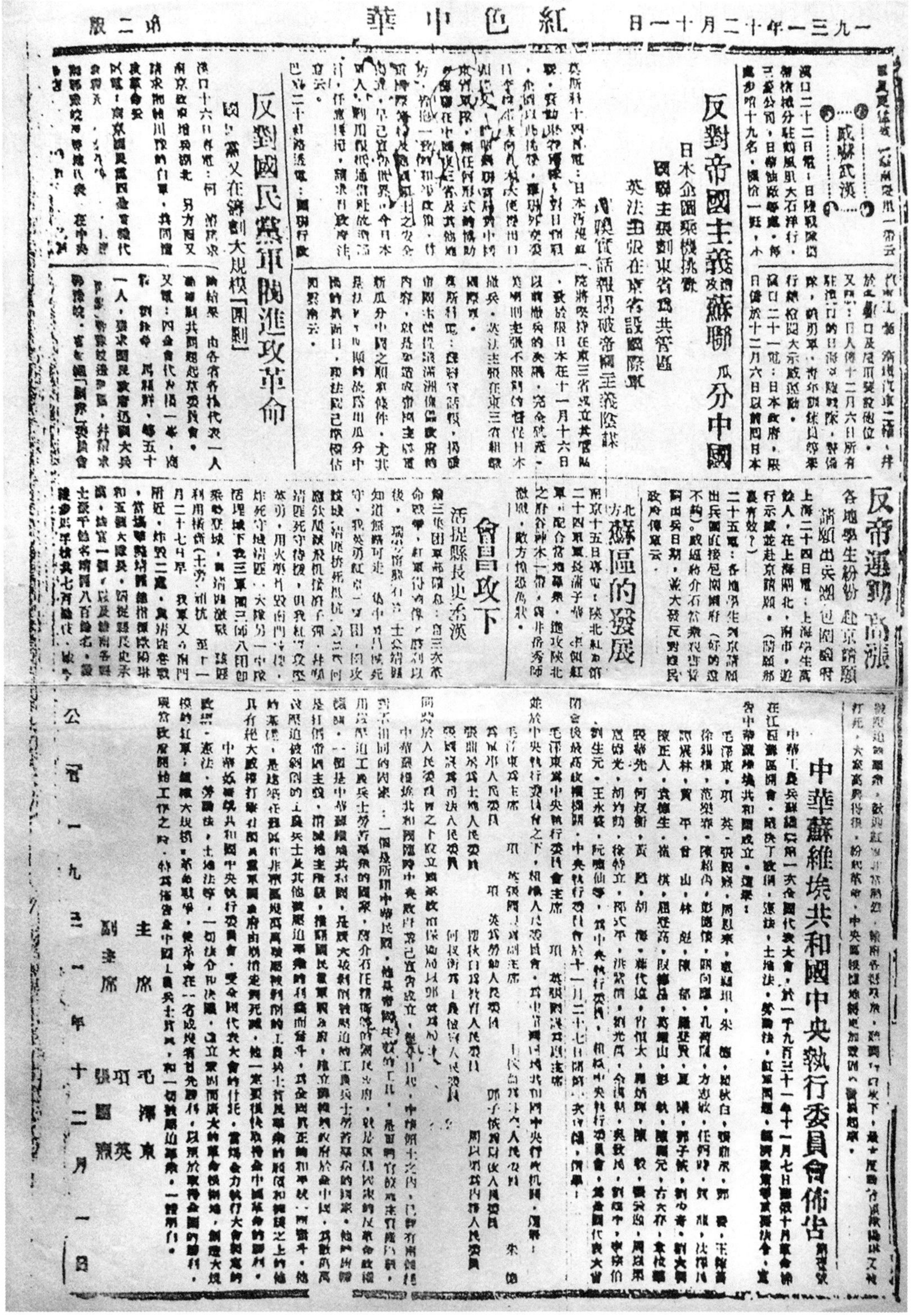

紅色中華

一九三一年十二月十一日　第二版

反帝運動高漲

各地學生紛紛赴京請願

威脅武漢

反對帝國主義進攻蘇聯瓜分中國

反對國民黨軍閥進攻革命

北方蘇區的發展

會昌攻下

中華蘇維埃共和國中央執行委員會佈告

中華工農兵蘇維埃第一次全國代表大會，於一九三一年十一月七日偉大十月革命節在江西瑞金開會，議決了政綱、憲法、土地法、勞動法、紅軍問題、經濟政策等重要議決案，宣告中華蘇維埃共和國成立，選舉：

主席　毛澤東

副主席　項英　張國燾

公曆一九三一年十二月一日

1931年12月11日《红色中华》创刊号

则，不仅遭到张姓师长大骂，而且差点被他枪毙。看见师长、团长们任意变卖物资给包头的日伪换烟土，感觉不是在抗日，再次萌生退意。

抗战胜利，王子固高兴得整夜难眠。民族战争胜利了，内战决不参加，王子固退伍回家。王子固在信里这样说，“我向来不爱交朋结友……人把我叫‘执固不通’。家中人都认为我是个怪人。我最讨厌不公平的人”。

据小儿子王鸿范回忆说，父亲当年很少说过去的事情，只是一门心思参加劳动、从事农业生产。土改时，父亲说服叔叔将家中土地分给他人。20 世纪 50 年代初期，父亲学习种棉能手山西劳动模范曲耀黎，在自家田中大搞试验，推广棉花种植技术。因为有文化，写得一手好字，还在夜校（扫盲识字班）当义务老师；给信用社当代办员，在家里帮人存钱取钱；一到交公粮时，就连续很多天帮村里算账……父亲还当过两三届九区的人大代表，当时的九区就是现在雁塔区的一部分。1976 年去世。

从红二十四军副军长到普通农民，王子固完成了这两个反差极大的人生角色的转换。在他们那一代人看来，只要能让天下的穷苦百姓翻身解放、过上好日子，自己个人的遭遇根本算不了什么。这或许就是那个年代革命者的普遍心愿。

值得一提的是，王鸿范除给我们提供了一封父亲王子固的书信后，还提供了王子固手抄的当时《新秦报》《文化日报》等报纸对红二十四军的报道，一些以前公众并不知情的细节渐渐浮出水面。

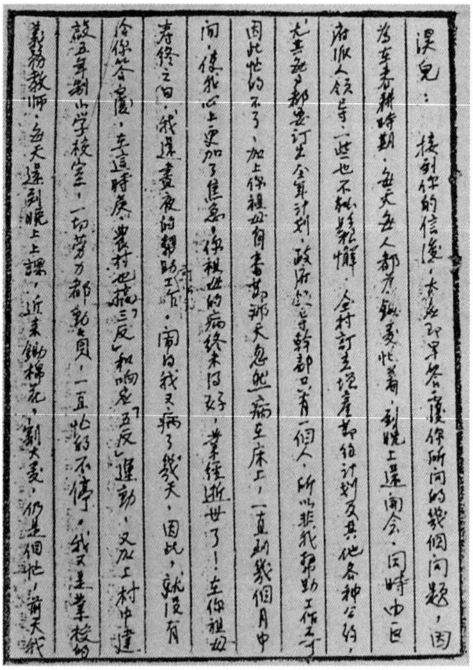

湜兒：
接到你的信後，本應即早答覆你所問的幾個問題，因
為在春耕時期，每天每人都在鍁鋤忙着，到晚上還開會，同時由區
府派人領導，一些也不敢鬆懈。全村訂生產節約計劃及其他各種公約，
大至每戶都要訂出全年計劃，政府幹部只有一個人，所以非我幫助工作不可
因此忙的不了，加上你祖母自春節那天忽然病在床上，一直幾個月中
間，使我心上更加了焦急，你祖母的病終未得好，業經逝世了！在你祖母
壽終之日，我還晝夜的幫助工作，開始我又病了幾天，因此，就沒有
給你答覆。在這時候，農村也搞「三反」和響應「五反」運動，又加上村中建
設五年制小學校舍，一切勞力都動員，一直忙的不停，我又是本校的
義務教師，每天還到晚上上課，近來鋤棉花，割大麦，仍是個忙，前天我

王子固书信手迹

他是不是杨继雄？

从王子固的书信中，发现了另一个熟悉而陌生的名字“杨大华”。

熟悉是因为我们心里一直在找这个人，陌生是因为这个名字第一次出现。当看到王子固书信到这里的时候，我的第一反应就是，这个“杨大华”莫非就是前面所说的原计划指导发动工人暴动的“杨继雄”？

“因此大家商讨请示太原组织上指示，派来指导同志谷小非、杨大华等，携带红军廿四军旗帜、标语（石印）到平定县城外十余里之沟洞里开会决定，当日（七月四日）晚起义，组织红军。”书信中明确提到“派来指导同志谷小非、杨大华”。

同时，在抄写《文化日报》《世界日报》等关于红二十四军的报道之后，王子固在最后“山西省委刘天章于1931年年底被捕牺牲、埋在太原”这一章节中，写下这样几段文字：

“当七月四日起义的前一天，太原地下党组织上派谷、杨两同志来指导，并组织为工农红军第二十四军，同时带有军部旗帜、印信及印就标语两箱。起义第二天，在党同志们大会选举万锡瀫（赫光）为军长，窦宗融为副军长、刘明德为参谋长，王天保（子固）为第一纵队参谋长，蒲子英为第二纵队参谋长，靳樹声（益久）为第一纵队队长，张起祥为第二纵队队长。”

“太原派来谷同志小非为军政治主任，杨同志（大华）为指导员，阜平战后，军长赫光、副军长窦宗融、谷政治主任、杨大华同志壮烈牺牲。经大会改选，刘明德为军长、王子固为副军长，蒲子英为军参谋长。”

“太原党组织上命令指示，定于七月四日晚起义，当天中午，所有指示文件中之同志们，在平定县东南山沟里召集开会后，即决定当晚十二时行动。”

根据现有线索推断，中共山西特委根据高桂滋部内共产党员暴露情况，派来得力干将进行领导，“指导同志杨大华”肯定不是等闲之辈。参照之前牛清明儿子牛曦提供的资料，杨继雄有着丰富的工农斗争经验，阜平建立苏维埃政权、发动工农运动、打土豪分田地，多么像井陉煤矿工人运动和横涧痛打霍纯喜的一幕？

而且从邢钖麟、乔日永、常士蕊等人撰写的杨继雄传略中，将其由柏玉生所提供的跟随政委谷雄一到王快镇，调整跟随军长赫光到法华村这一细节来看，杨大华应是杨继雄无疑。

为什么这样推断呢？作为中文系毕业生，看小说看多了的缘故，我老爱瞎猜想，把事情往古典小说里面套。现在，就让我们来温习一下古典小说《水浒传》吧，当宋江与卢俊义需要分开出征的时候，排队序列是这样的：宋江与军师吴用是一路；卢俊义与神机军师朱武是另一路。战争布局，讲究优势互补，收编投降部队，这样的大事，谷雄一和赫光不是不知道它的分量，小心谨慎是必然的，而谷雄一和杨继雄二人都是指导员（政委）性质，没有可补性，所以善于做思想工作的杨大华只能跟随军长赫光去接受沈克的“投降”。

在从杨继雄的化名来看，曾用过李华、李春华等化名，所以“杨大华”极有可能是杨继雄的另一化名。而且我又大胆推想，既然阜平县苏维埃政府主席牛清明（兼）为了工作需要化名牛曦，为什么杨大华不可以再有化名“杨继雄”？至此真相大白：杨继雄就是杨大华，而且与刘子祥为同一人！

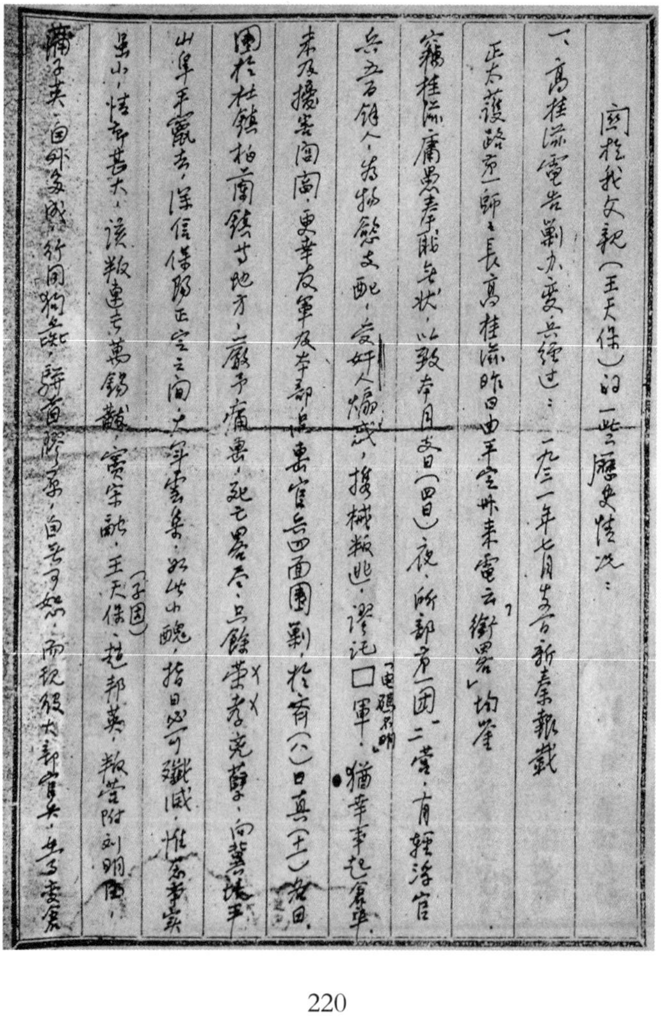
関於我父親（王天保）的一些歷史情況：

一、高桂滋電告劉亦変兵経过：一九三一年七月廿二日新秦報載

正太護路軍一師師長高桂滋昨日由平定州来電云：“衛署”均鑒

寻找齐渭川

2011 年 7 月 15 日，我在自己的新浪博客贴出一则关于寻找联系齐渭川后人的启事。

据说，齐渭川在平定兵变时任高桂滋部的传令兵，期间与赫光关系密切，被赫光发展为共青团员。新中国成立后曾任青海军区副政委，后来在兰州任职，已经去世。生前，齐渭川曾经根据记忆写过一些关于红二十四军的文字，通过资料比对，我们发现齐渭川记载的关于红二十四军的文字，有些情况不太明确，希望知悉情况的读者提供齐渭川后人的联系方式以及知情者能与我们联系，以便就史实进行核对。文章贴出后，犹如石沉大海。

“天下报人是一家”，与同煤日报社、大同日报社、榆林日报社交往的过程，一再证明了这个道理。在榆中县采访结束后，我们来到兰州市区。在 2011 年 7 月 18 的《兰州晚报》上，刊发了由记者田小东采写的我们“到兰州寻找革命前辈齐渭川后人”的报道，依然不见历史的踪迹。

2011 年 7 月 19 日，我们离开兰州，来到陕西省西安市寻访，在线索稀缺的情况下，我们又想到了与本地媒体联系，首选的当然是《华商报》。

为何要选《华商报》，是因为有一位作家从山西阳泉走出，后来到《华商报》从业发展，这个人就是陕西文坛青年作家王妹英。

王妹英出生于山西平定县理家庄村，现为陕西省作家协会签约作家。1986 年王妹英第一次投稿《阳泉日报》，一篇短小精干的散文引起关注，在阳泉文坛初现才华。次年，她的中篇小说《冬日的阳光》被大型文学刊物《黄河》刊登。随后王妹英凭借对文学的挚爱及才情离开阳泉，走出娘子关，远赴古都西安，笔耕不辍，陆续在国内大型文学刊物上发表了《冬日的阳光》《小土屋》《山地世家》等中篇小说多部。

2012 年 9 月，由中国作协创研部、陕西省作协共同主办的王妹英长篇小说《福满山》研讨会在北京举行。中国作协党组成员、书记处书记李敬泽出席会议并讲话。陕西作协党组书记雷涛、主席贾平凹致信祝贺。与会专家认为，《福满山》以文学真诚的力度把人生的不幸和对命运的抗争有力地表现出来，表达了当代新农村建设的困难和希望，弘扬了时代主旋律，是一部形象反映时代大潮中普通群众命运的优秀作品。

在王妹英介绍下，我们联系到《华商报》相关人员，又是一位我的吕梁老乡，说起来自然投缘。2011 年 7 月 21 日，由记者侯希采访报道的《“追寻红二十四军足迹”采访组西安寻找革命前辈后人》在《华商报》出炉，报道了我们希望通过本报寻找革命前辈刘明德、靳澍生、王子固以及齐渭川后人的愿望。

为了引起更多读者的关注，我们在介绍时把重点放在了与陕西有关的内容上：“红二十四军撤出阜平后，于山西河曲西渡黄河，计划在陕北建立革命根据地。在榆林市的府谷、神木一带，红二十四军与军阀井岳秀部以及绥远傅作义部展开激战。红二十四军突围到绥陕交界处，打算继续向西转移。期间，政委刘明德(陕西三原县人)寻找已经到陕北的山西特委负责人刘天章，返回部队后被捕，被押送至榆林前逃脱。经陕西党组织联系到西安暂避齐渭川处，此后下落不明。继任军长蒲子华(陕西绥德县人)在侦察敌情时光荣牺牲。一纵队队长靳澍生(陕西蒲城人)、参谋长王子固(陕西人，具体不详)同样也下落不明。红二十四军最终成为陕北红军的一部分。”

《华商报》再次以它的公信力和传播力征服了我们。报道当天，我们一早就收到了电话，是齐渭川的女儿！

据齐渭川的女儿介绍，父亲是陕西延川人，出生于 1910 年。平定起义当夜，由于起义临时改变计划，齐渭川并未随同其他战士一同出去，没有直接参与平定起义，不是亲历者，而是继续潜伏在高桂滋的部队等待时机。

1927 年，蒋介石叛变革命，发动“四·一二”政变，大批共产党员和进步人士惨遭杀害，轰轰烈烈的大革命陷于低潮，高桂滋部亦不例外。

高桂滋被蒋介石改编为国民党第四十七军，反革命魔爪随之伸来。党组织把已暴露身份的党员紧急撤离，留下一批隐蔽较好的同志继续坚持斗争，赫光被党组织指定为留队的负责人之一。

这时，赫光看准了放羊娃出身、在军部当通讯员(传令兵)的齐渭川，给他灌输革命真理。齐渭川在提高阶级觉悟之后，被发展为共青团员，成了党的秘密通讯员，传递文件、书信和报刊。从 1926 年至 1931 年期间，齐渭川曾与赫光等人在高桂滋部共事。

红二十四军在渡过黄河后，受到“榆林王”井岳秀部的围剿，最后失败。木瓜堡战斗失利后，刘明德离开部队到中共山西特委去请示。之所以让刘明德去请示，是因为红二十四军的战士大部分是山东、河南、河北人，说话不是当地口音，为了躲避抓捕，决定让刘明德去请示。侥幸逃脱的刘明德来到西安，由中共山西特委通过组织关系介绍，藏于齐渭川的家中三四天。白天藏在床下，晚上偷偷出来，给齐渭川讲述红二十四军兵败的过程。【《齐渭川关于二十四军情况的谈话纪要》，高荣贵、郝瑞影根据录音整理。见《平定兵变与红二十四军创建始末》，山西省军区党史资料收集办公室，1986 年 12 月编。】

据齐渭川回忆，刘明德是陕西三原县人，家里有钱，读书出身，很有文化。1929 年齐渭川在高桂滋部四十七军当通讯兵时，刘明德是上尉营副。齐渭川和刘明德开始并不认识，后来才知道他和赫光等人都是党在武汉政治学校派来的。

当时齐渭川等人称刘明德等人是“三金五皮”干部，“三金”指金丝眼镜、金牙、金壳手表，“五皮”指皮鞋、皮带、皮包、皮鞭、皮手套等。齐渭川先认识任启明，其次就是赫光和刘明德。赫光、刘明德知道齐渭川是陕西人，于是发展他为共青团员(任启明为介绍人)。公开场合齐渭川是兵，他们是官长，任启明喊传令兵，齐渭川就得答“有”。没有人的时候，齐渭川和任启明一起吃喝就随便了。

任启明、赫光和刘明德很信任齐渭川，因为齐渭川当时还不是共产党员，他们就把他当成共产党员使用。任启明同赫光通信是秘写，用米汤或者面汤，有时还用英文写。纸烟的锡纸慢慢剥开，写好信后再装好，然后通过齐渭川送出去。

在齐渭川印象中，大约是 1931 年农历十一月初，当时已经穿棉衣了，刘明德换了件长袍。齐渭川给他送行时，刘明德问他要不要钱。当时齐渭川在陕西省测量局，每月有六块银圆的收入，生活安定，就说自己日子能过得去，不要钱，并说刘明德一个人漂泊在外，需要钱，让他自己留着。

刘明德在西安临别齐渭川时赠言留下两句话：“塞上巾幄风云起，黄河两岸马蹄声。”意思是失败了，悲痛得很。齐渭川也赠刘明德两句：“秦岭云雾垒垒愁，山涧流水深深恨。”由于情况特殊，刘明德白天在床底下，晚上没人时才出来与齐渭川谈几句话，所以一些细节无法详细。

关于刘明德以后去何处了，齐渭川并不知情，只知道是中共陕西省委介绍走的。刘明德不说自己去哪里，齐渭川也不便询问去哪里，西安一别之后，再没见过面。

1934 年年底，由于身份暴露，齐渭川从高桂滋部撤出去，辗转回到西安，随后参加了刘志丹、习仲勋和吴岱峰领导的红二十六军，继续革命。红二十六军西征到宁夏固原赫光家乡时，他了解了一些关于赫光的情况。抗日战争时期到晋察冀，驻在阜平县，齐渭川知道有过阜平苏维埃政府这件事，就有意加深了解，加上后来在西安从刘明德那里听到些情况，所以对红二十四军有一定了解，并根据刘明德的讲述回忆撰写了《红二十四军的诞生及其失败》一文，【《齐渭川关于二十四军情况的谈话纪要》，高荣贵、郝瑞影根据录音整理。】画过一张红二十四军行军路线图。

齐渭川 1935 年加入中国共产党。红军时期，历任连长、营长、科长、参谋等职。参加了榆林桥、崂山、直罗镇和红军东征、西征等战役战斗。抗日战争时期，历任副营长、分区参谋长、团参谋长、团政委、分区政治部主任等职。解放战争时期，历任师政治部主任、师政委等职，参加了长春、四平、辽沈、平津、宜沙、衡宝、海南岛等战役战斗。新中国成立后，历任分区政委,青海省军区副政委等职。1997 年 4 月 14 日在西安病逝,终年 87 岁。

据其女儿介绍,老人对革命事业十分热忱,晚年一听子女发牢骚就要变脸……

离开西安齐渭川女儿后,我们继续奔赴陕西三原县寻访刘明德下落,在当地史志人员帮助下,我们看到了三原县民国时期的部分档案,甚至还看到了两册本地共产党员叛节人员名录,均未发现关于“刘明德”的记录。刘明德究竟去了哪里?这估计将是红二十四军研究史中永久的谜题!

缴械收编

霍世春是榆林市榆阳区史志办退休职工，曾任1996年版《榆林市志》主编，是当地有名的史志专家。提及红二十四军，霍老师说在搞国民党22军（高双城的部队）研究时，看到过手抄本，知道些情况。

在霍世春印象中，红二十四军几百人被井岳秀部队打败后，大部分被带到榆林三义庙一带强行遣散。还有120多名精壮士兵被收编进高双城的部队，作为补充兵力。至于缴械的900余支步枪和5挺机枪，好像被井岳秀拿走，发了一笔军火财。不愧是多年搞历史研究的，为了严谨，霍世春为我们手抄了一份《红二十四军被井岳秀部队围剿主要情况》：

1931年7月，国民党23军高桂滋（1851—1959年，定边人）部连长窦世雄（甘肃人）、王子固在山西平定县起义，编为红二十四军，进阜平。时有石友三部沈克在保定叛变，假意向红二十四军投靠。红二十四军军长万锡绂、指导员杨大华前往阜平某村慰劳，结果被沈克枪杀。沈克即去北京投靠了张学良；张随后命沈打红军，沈假设圈套将红二十四军副军长窦世雄、政委谷雄一骗到北京杀害。

红二十四军1000多人，以刘明德（刘志清）为军长，王子固为副军长，蒲子华为参谋长的带领下在晋绥边界转战，又遭晋绥军追击，同年9月入山西清水河渡黄河到伊克昭盟（鄂尔多斯）准葛尔十里长滩。时驻榆林井岳秀调驻延安高双城部队（一说刘润民部）及驻府谷段幼庵团堵击，红二十四军行至马栅村时遭段部堵击，双方发生激烈战斗，红军第一纵队队长靳树声负伤，所部死伤不少，即退到府谷木瓜镇，又被段部追击。红二十四军第二纵队队长牟班臣臂部也负伤，退入蒙地，复被围，全部缴械，士兵带到榆林城南门外到三义庙，每人发给遣费30元，高双成旅长挑选120多人补充其部队，带到延安。

所遣散余众多是河北、河南、安徽人。在佳县红二十四军过黄河后，被阎锡山河防守兵搜去路费。当缴械时，计共步枪900余支，机枪5挺。刘明德、王子固未进榆林城而逃脱。

1931年10月下旬，参谋长蒲子华（1905—1931年，绥德城人）在红军与段幼庵部接火后,从木瓜镇区神木找中共地下党组织,当路过府谷时遇见了同学韩静山(时任府谷高小校长,后为警察局长),韩以同学关系骗悉蒲子华来陕动向,即稳住蒲子华,又告密井岳秀,随后井岳秀逮捕了蒲子华,并押解榆林枪杀。蒲就义时高呼:“苏维埃政府万岁!共产党万岁!”(随后内容为蒲子华生平简介,略。)

同样的表述,在《榆林地区志·大事记》中也有记载:

秋,红二十四军在山西受挫,余部从晋北渡河入境,在榆林、神木长城沿线被迫向井岳秀缴械,排以下官兵被编入井部,军参谋长蒲子华递解榆林被杀害。【《榆林地区志·大事记》第 23 页,西北大学出版社,1994 年出版。】

需要说明的是,书中这里的“秋”被归入“1930 年”,属于谬误,应归入“1931 年”时间段才对。

在榆林采访当中,获悉作家李云峰曾经准备创作一部历史小说,以陕北盗匪杨猴小为题材,其中有部分涉及井岳秀、高双城以及红二十四军。经过联系,2011 年 7 月 5 日下午,也就是中共工农红军二十四军成立 80 周年纪念日当天,我们来到李云峰居住的小区。

近年来,李云峰文学创作减少,因为书法培训占据了他太多的时间。李老师在家中开设了书法速成班,主要辅导中小学生学习书法。当天下午,我们在小区等到与妻子刚从市场上买桌椅板凳回家的李云峰,因为家中现有设备已经不能满足日益增多的报名学习书法的学生。

说起红二十四军,李云峰拿出一本过去的“红旗本”,上面用蓝色圆珠笔写的密密麻麻的文字,由于时间久远,有些内容已经不易辨认。翻阅时,看到其中有标题为《瓦解红二十四军》的段落:

蒲子华,绥德人,山西太原第一中学学生。红二十四军原是高桂滋的部队,在山西平定哗变出来,准备到陕北建立根据地,先派刘天章和蒲子华到府谷找特委。蒲子华路上碰上同学韩静山(韩静山原为府谷高小校长,现为府谷警察局长)。韩以同学关系骗出蒲子华来陕行为,韩就绊住蒲子华,并密告井岳秀。井即捕杀了蒲子华,并让张文英速去府谷包围了红二十四军,协定交出武器,发给银行 20 元,打发回家。这样红二十四军就完全失败了,却让井大发军火财。

在李云峰的这部纪实小说里,红二十四军被井岳秀部围堵追击,最后缴械投降,完全失败。内容与霍建春提供的内容大同小异。

红二十四军最后失败后的谈判情况,在王子固的手抄本里找到了答案。在其手抄的 1931 年 10 月 15 日的《文化日报》中,刊登有《井岳秀电杨虎城》的一段文字:

衔略(×密)查高桂滋部变兵窜入陕境暨派队剿办各节,历将大概情形,随时电达在案。现该变兵部等因被我军压迫,完全陷入重围,穷蹙乞命,遂经勒令缴械准给证出资遣出境，所有经过详情，令再电请查核。溯自该股变兵前被绥军追击，意欲西渡之计，秀迭接尊部暨傅军长（作义）来电，证以探员回报，深知该股确有共党组织，但迭经剧战，剽悍异常，各处党徒，潜通声气，若以寻常股匪轻忽视之，诚恐如来电所云："将为西北大患，欲蹈江西覆辙，特严密筹谋，一面通知驻神木警备旅高旅长志清，对于府谷河防特别注意，仍恐该旅兵力单薄，兼以府、神、榆及横山等处，沿边广袤，在在堪虑，复特派敝部第三旅刘旅长滋庶，督率第四、五两团，分布神属高堡及横山等处，又派特务营防堵五道河子、手枪营驻防大小鸡滩、炮兵营及骑兵一营分布庙嘴子，同时派干探至各处秘拿通匪奸徒，并令督饬乡兵坚壁清野，使该匪无法得食，此开始分布以资防剿，而杜内奸勾串之情形也，查该变兵等窜往府属木瓜堡，原有本地赤党刘天民等从中勾煽，欲使内窜，实行该党原拟计划，达其以陕北为根据地之目的，迨经木瓜等处之战，知我有备，遂变更原议，拟分三股，一走沿边，一入内地，不扰城池，但图扰乱，□（看不清楚）知沿边两千余里，无险可扼，防不胜防，欲使我疲于奔命，彼则勾结匪众，藉便私图。秀察其动作，料知如此，因令派驻叶家堡第四团严防内窜，不准还击，诱其西进，使其深入，以期聚歼，随即派队追至宫泊尔、见□（看不清楚）鸹子及十八尔台等处，并排第五团之第二营带机炮连从向三□（看不清楚）堡，追至横属之蒲荞滩、巴兔湾，以扼无定河上游。该团第一营进驻东西红墩，第三营进驻保宁口，防其西窜。凤镇城口以北，百余里居民粮食，概饬迁移一空，使无所掠，并飞函伊蒙兵等遂被围于河口及五兔彩当一带，我方乘此时机，令驻五道河之特务营追至孟家湾，命炮兵营从庙嘴子前进，手枪营从大小鸡滩前进，严密兜围，使无逃窜，此我军继续更调，各面兜进，使敌陷入重围之情形也。该变兵等已入绝境，知无生路，但自木瓜堡之十八尔台，几经激烈战斗，其中首领，非死即伤，所余之兵，大抵皆直鲁豫籍之被协此，饥饿奔突，困苦不堪，士卒哗吵，其首领刘明德、王子固、总参谋蒲子华皆逃，乃商请其新举之军需李正之来榆投诚。当思该股中共党首领，既已逃亡，该士兵等本属无知受愚，现既知悔，若愿缴械，地方免其扰害，巨毒弥于无形，贷其一死，免受杀戮，似无不可，惟改编绝不允，爰对李表示，该股内素有共党，若非缴械即无谈话余地，嗣该股已知釜鱼网雀，断无幸免，遂于号日（二十日）遂从资遣，查此役在事官兵，接战均极奋勇，除另按择后澄清奖励外，先此报闻。（井岳秀）

在井岳秀部的严密防堵下，红二十四军给养困难，陷入绝境，导致"其新举之军需李正之来榆投诚"以及之后的缴械遣散、收编事件的发生。

这收编的120多人最后结局如何，目前我们看到的资料中没有明确的记载。但在1994年西北大学出版社出版的《榆林地区志·大事记》里，发现了这样一段文字，值得我们咀嚼玩味：

（1932年）秋，井岳秀部工兵连原红二十四军被收编的部分中共党团员联络井部地下党员何格兰等,决定在榆林进行中秋节武装起义,因叛徒告密起义流产。井岳秀在榆林东山秘密杀害何格兰等6名中共党员,造成“东山惨案”。【《榆林地区志·大事记》第23页,西北大学出版社,1994年出版。】

“井岳秀部工兵连原红二十四军被收编的部分中共党团员联络井部地下党员何格兰等”一语,让人感觉又有新的线索发现。同样的线索,在神木县文史专家杨文岩的纪实历史小说《塞上血影》中出现。在该书第五编《平定起义,红二十四军西渡;疯狂铲共,逼出了武装斗争》中,就有《小饭铺“面谈国事”》一节【《塞上血影》第143页到第149页,杨文岩著,陕西旅游出版社,1995年12月第1版第1次印刷,2002年6月第2次印刷。】说到“东山惨案”第二天市井百姓谈论的情景。然而,遍览全文,看不到“东山惨案”与红二十四军缴械投降后继续革命的只言片语。“东山惨案”难道与红二十四军没有关系吗?疑云再次密布。

值得一提的是,走访李云峰的当天,正是中国工农红军二十四军成立八十周年,特别具有纪念意义。恰好李云峰又是书法老师,笔墨纸砚都现成。我们邀请李云峰书写一幅字作为纪念,于是李云峰为我们写了“纪念中国工农红军廿四军成立八十周年”的条幅作为纪念。

另外,特别需要说明的是,在霍世春提供的文字里,又出现了王子固书信中提到的一个人——“杨大华”!“红二十四军军长赫光、指导员杨大华前往阜平某村慰劳,结果被沈克枪杀。”由此看来,杨大华应是杨继雄无疑!这位早年在晋华纺织厂、井陉煤矿发动工人罢工,在横涧组织农民痛打霍纯喜的年轻共产党人,一定在追随红二十四军征战中、在阜平县苏维埃政权建立及工农运动中,留下了自己投身革命的永远不老的青春身影!

李云峰题词纪念红二十四军成立八十周年

“东山惨案”

与霍世春聊天的过程当中，获悉榆阳区史志办曾经做过关于“榆林惨案”的调查，好像在《榆阳文史》上有过记载。于是，我们来到榆阳区史志办了解情况。果然，在《榆阳文史》第27辑（井岳秀、高双成、左世允驻守榆林专辑）里，我们看到关于“东山惨案”的详细记载。

1927年7月，国共两党分裂后，井岳秀接受国民党反动政策，积极反共，残害人民，激起革命火焰更猛烈燃烧，革命力量日益壮大。在中共陕北特委领导下，地下共产党员在榆林各学校、机关、团体乃至井军内部也逐渐发展壮大。不少的团、营、连内由于地下共产党员多，建立了秘密支部，积极忠实地为党工作，开展兵运、兵变等活动。工兵连地下共产党支部书记何格兰胆略过人，理论水平较好，在连内外联系群众，宣传马列主义，赠送进步书籍，对发展革命力量，打击封建霸权，起了很大的作用。在榆林的地下共产党工作人员高维汉、孔祥祯等同志指导协助下，积极进行武装暴动的准备工作，以配合全局（指陕北二十三县）消灭旧势力、建立根据地、组织新政权为目的。地下共产党不仅在工兵连内积极活动，而且还在炮兵营联系了党员炮二连班长张怀树（佳县人）、黄耕南（蒲城人），还发展了屈志云（佳县人）等二十余人，也常与其他团营连的地下共产党员接头联系。

张怀树、何格兰领导的地下共产党组织的武装暴动，第一次计划在1930年农历七月十三日拂晓暴动，因为准备不周，未能行动。第二次拟在1931年2月进行，又听到绥德方面已经行动，榆林方面尚未决定，致被姜占奎团镇压，遭受损失。至同年秋，进行第三次暴动策划，不料井岳秀派补充营一个连于农历八月初十早晨驻守新楼。这显然是对工兵连监视（工兵连驻新巷道署旧址，接近新楼）。当时因二排长邱维汉借追逃兵去神府联系，迟迟未归，条件还不成熟，只好决定中秋节晚上起事。十日晚上即在城内文庙开会，决定由何格兰负责统一指挥，到时听钟楼打钟一点为号，以工兵连两个排突袭师部，进攻井岳秀的住所，收缴手枪队和机枪连枪械；以一个排攻击新楼和公安局，占领军械库，夺取武器弹药，其他各营连同时触动援助，事后即出西门往黄龙山找根据地。认为里应外合便可一举成功。

不料农历八月十一是早晨，师部把冯喜让连长叫去询问连内情况，冯不承认所询事实，愿作保证。归连后，嘱何格兰逃亡三边或平凉投靠陈国璋躲避，但何格兰认为计划已定，必须按时行动，当即外出，夜晚未归。十二日下午何格兰才回到连队，十三日早饭后，师部参谋赵辑五和补充营营长杨补珊带兵包围兵工连，将何格兰、赵经昌、杨德厚、孙静山、孙师策、边临雍、魏志仁等七人逮捕。赵辑五将何格兰解送师部机枪连管理，其余六人由杨补珊解押香云寺补充营，带上重脚镣。七人被捕时冯喜让连长外出不在营内。

何格兰被军法官刘治堂（河南人）、副官长施震疆（河北人）坐堂会审多次，受过压杆、烙铁、竹签、支砖头等酷刑拷打，遍体鳞伤，痛极昏厥，几次用水浇醒，迫其自首，揭发别人。何格兰则始终抗拒，并不低头，更不暴露任何秘密，把一切独揽在自己身上，并说自己就是当地共产党的负责人，要杀就杀，何必追问。其坚贞不屈、百折不挠的大无畏英雄气概，使刘、施无计可施。

赵经昌等六人，是由赵辑五和杨补珊审问，同样施加严刑，问他们谁是共产党，谁是头头，怎样活动，都回答说不知道。经过数次个别严讯、威胁利诱，也没逼出口供。

管押到第五天深夜，井岳秀密令手枪队手提大刀，将他们绑到东山刘公祠附近，除孙静山、孙师策以有嫌疑未杀外，张怀树、何格兰、赵经昌、杨德厚、魏志仁、边临雍六位同志，惨遭杀害，血染东山，壮烈牺牲，这就酿成著名的“东山惨案”。烈士被残害后就地掩埋，不让人知。但第二天还是被群众发现，消息传开，满城都骂井岳秀暴虐无道，更加激起革命群众的痛恨。

对孙静山、孙师策继续管押两日后释放，革职留任，仍被暗地监视，不久，两人借机逃脱。

这件事井岳秀是如何发现的呢？原来，炮兵营地下党组织人张怀树（佳县人，炮二连班长）先后发展党员黄耕南、屈志云等二十余人，其中炮二连班长伍福祥（河北人）曾在高桂滋部当过兵，来榆林后混入党内，伪装积极，当何格兰等密谋暴动计划决定，又于农历八月十二日找张怀树，拟再次叮咛按时行动，适逢张怀树外出，即找伍福祥以去看老爷庙匾额之名，叫他回去转告张怀树按决定计划办事。伍福祥回到连队，被连长何康伯发现，问他干什么去了？伍福祥竟将全部情况暴露，何康伯立即反映给营长井绍绪（字继先，井岳秀侄子），井绍绪立即向井岳秀报告。井岳秀说，早已知道，便命井绍绪先把炮兵营包围，当天晚上抓了十多人，放走了屈志云等人，将张树怀、黄耕南拉出暗杀。因而何格兰等十三日被捕，伍福祥因叛变告密受赏银1000元，并升为排长。

井岳秀对炮兵连多次发生兵变活动非常忧惧，向各方秘密布置亲信爪牙，明察暗探。又派专人到神木给团长罗德新送亲笔信，大意说，据工兵连已捕共产党员供出你团第八连有两名共产党分子，须立即捕杀，并对所属严加防范。1931年冬初，一天晚上，罗德新找来连长张孝先问明，确实有两人是张孝先的米脂同乡，一是文书，一是班长（二人名字不详）。罗立即将两人补押神木，未经审问，就枪杀于神木西门外河滩上。【《榆阳文史》第27辑（井

岳秀、高双成、左世允驻守榆林专辑)第37页到41页,榆阳文史编委会编,2007年印刷出版。】

从《榆阳文史》的记载来看,炮二连班长伍福祥既是河北人,又曾在高桂滋部当过兵,确实有可能在平定起义后追随红二十四军出来,然后在多次失利后缴械投降,编入井岳秀的部队。从伍福祥个人身上,看出红二十四军起义部队中人员构成的复杂。或许正是这人员的良莠不齐,为后来的失败埋下伏笔。

红二十四军建立之后,避开敌人统治严密的城市,到敌人统治力量比较薄弱的农村,走武装割据和建立红色革命根据地的道路,其意义不可低估。关于红二十四军的最后失败,《中国共产党山西历史第一卷(1924—1949)》指出,主要是由于在兵变准备的过程中多次批评"官长路线",只有下属的发动,对上层争取工作薄弱,无形中造成力量的单薄。加之兵变中革命纲领比较笼统,工农及其他方面的工作未能响应配合,形成了单纯军事行动。在阜平建立苏维埃政权之后虽然准备实行土地革命,但时间短暂,未能充分展开,因而根据地没有形成,牢固的立脚点没有建立起来。当沈克部实行诈降阴谋时,红二十四军主要领导人对敌人营垒中的相互矛盾缺乏深入的分析,对白军士兵的革命要求估计过高,麻痹轻信,丧失警惕,加之思想上急于利用敌人的反戈来壮大自己,因而对形势做出错误的判断,最终遭到敌人的暗算,使新建的红军和苏维埃政权夭折,其教训是十分深刻的。**【《中国共产党山西历史第一卷(1924—1949)》上册,第157页,中共山西省委党史办公室编,中共党史出版社,2012年11月第1版。】**

惨败之后

根据牛清明回忆，自己在府谷监狱被扣押期间，听说红二十四军因缺乏得力领导，士气受到很大影响，经长途跋涉，缺乏后勤保障，战士饥渴劳累十分疲乏，再加上地形不熟，最后部队被打散，很多人跑回了陕北，后来参加了刘志丹、习仲勋、谢子长组织领导的陕北红二十六军和由阎红彦领导的渭河红军游击大队。【牛清明《回忆中国工农红军第二十四军创建始末》，见《平定兵变与红二十四军创建始末》第 86 页，山西省军区党史资料征集办公室编，1986 年 12 月。】

牛清明的这一说法在后来的记载中保持沿袭，笼统认为红二十四军兵败后加入红二十六军与阎红彦的渭河陕北游击大队。

那么，红二十四军真的与这两支队伍相关吗？让我们看看阎红彦的一段回忆文字："晋西游击队西渡黄河的事情最初陕北党和群众并不知道。……我们在清涧、安塞、延川等县和党组织接上了关系。……这时听到群众说，从山西来了红二十四军。我们十分兴奋，马上派人去联系，想过河和他们汇合起来。但是，不久听到了不幸的消息，他们在河北阜平失败后，转到陕北府谷，因为队伍里全是外地人，不了解当地情况，中了敌人的奸计，全部被消灭了。……1931 年 10 月间，我们终于在南梁的林锦庙和志丹同志会合了。"【阎红彦《回忆陕甘高原早期革命武装斗争》。】

从阎红彦的回忆来看，红二十四军兵败后参加陕北红军的说法显然缺乏直接证据。由于牛清明中途离开队伍，信息来源是听说的，有些问题难免不太确切。在没有其他证据支撑的情况下，关于红二十四军加入陕北红军的说法，我的看法是暂时保持存疑。

如果说红二十四军与陕北红军有关系的话，就是神木南乡"临时特务队"。刘天章在石板太一带听说红二十四军全军覆没后返回山西。随同刘天章过来河西的梁子修、牛清明（化名牛耀祖）获释后，在神木南乡隐蔽下来并协助中共南乡区委开展工作。根据他们的建议，神木南乡区委组织了一支十余人的革命武装小组——"临时特务队"，矢志追求革命理想，继续开展革命斗争，从此拉开了共产党在神木南乡进行武装斗争的序幕。【杨文岩《塞上血影》第 143 页，陕西旅游出版社，1995 年 12 月第 1 版第 1 次印刷，2002 年 6 月第 2 次

印刷。贾怀光《回忆神木南乡党组织革命根据地的创建》。】

“临时特务队”因为势力薄弱,不久,被国民党驻军追捕,三人被捕,其中一人被杀害,在搞枪械武器的过程中失败。【《神木县军事志·大事记》,陕西人民出版社,2008年10月第1版。】“临时特务队”虽然被迫停止了活动,但对神府地区开展游击战争、建立革命根据地起了重要作用。【(《红二十四军创建及转战神府的活动情况》第11页,中共府谷县党史办1990年8月2日编印,内部资料。】

牛清明幸存下来,不久后离开神木,以小学教员身份“潜伏”于安边地区,一直没有和组织联系上。【牛清明《平定武装起义和阜平县苏维埃政府成立前后的回忆》。】

据杨文岩《简述神府红三团》一文介绍,神木南乡“临时特务队”后来演变成中国工农红军陕北独立师第三团(1934年9月18日组建成立)。红三团建团初期的主要领导是红二十六军培训的,是陕北革命领袖刘志丹亲自带出来的。

红三团成立后,国民党陕北地方军阀井岳秀,把这支红军看成他的死对头,他以八十六师为主力,连续进行了多次“围剿”。红三团在成立不到3年的时间里,就进行了5次反“围剿”的战斗。

1935年,中央红军到达陕北,神府红三团在敌人围困中得到新生。特别是刘志丹将军率红二十八军东渡抗日来到神府,对神府军民鼓舞极大,红三团迅速发展,壮大为千人之师。抗日战争开始后,党中央、毛主席命令神府红军渡河参战,从此神府红三团离开了陕北,走向了民族抗敌的战场。

神府红军奉命挺进河东,到了抗日前线,在山西的五寨县,经改编被编入八路军一二〇师为警备六团,归贺龙指挥。改编后,警备六团随即开赴偏关,继而东进出击,取右玉,袭左云,北进绥南,参与了开辟绥南和雁北的抗日根据地,参与了著名的“百团大战”。

在“加入陕北红军说”之外,还有一种说法是“活埋说”。

在陕西省测量局学习测量工作期间,有一天,齐渭川正在写材料,二炮的张达志来西安,齐渭川有意谈到红二十四军的失败。当时张达志是榆林地区的地下党员。据张达志对齐渭川讲,红二十四军的战士被井岳秀收编后,仍有些活动,结果被发现后,于第二年被活埋了。【《齐渭川关于红二十四军情况的谈话纪要》,高荣贵、郝瑞影整理,见《平定兵变与红二十四军创建始末》第113页,山西省军区党史资料征集办公室编,1986年12月。】

张达志的谈话,让我们想到“东山惨案”后的活埋情况,叛徒就是跟随红二十四军从高桂滋部走出,后来被整编进井岳秀炮兵营的二连班长伍福祥。“东山惨案”的发生和活埋正是在红二十四军陕北兵败的第二年,时间与张达志所说一致。

关于张达志的谈话,让我想到陕北红军研究专家杨文岩的《塞外血影》中关于“东山惨案”的记载。何格兰等人被井岳秀部“残害后就地掩埋”后,第二天榆林地区街头巷尾就有人到处传播着红二十四军革命战士被活埋的事。看来，张达志的谈话说的正是此事。但张怀树、何格兰、赵经昌、杨德厚、魏志仁、边临雍六位惨遭杀害的同志，并非整编进井岳秀部的红二十四军战士。

从目前资料来看，红二十四军兵败后被收编进延安高双城的部队（或者井岳秀部）的说法是真实可信的。

红二十四军兵败后的最后归宿在哪里？仁者见仁，智者见智。红二十四军虽然最后失败了，但丝毫不能改变它自身的光辉，它依然令人敬仰，崇高伟大！

不屈的柠条

在追寻当中,蒲子华的线索越来越清晰。红二十四军整编成立时的二纵队参谋长究竟是在什么情况下成为红二十四军参谋长,随后又成为红二十四军代理军长的?他的身世又如何?在他25年的短暂人生中,又有着哪些鲜为人知的故事?我们在他的家乡——陕西绥德找到了答案。

在追寻红二十四军过程中,一些网络上的朋友给我提供了很大帮助,比如曹普的女儿"老更77",还有老家在绥德、现在重庆工作的蒲政平之孙——蒲瑞典。

蒲瑞典长期关注陕北革命,在自己的博客、微博和QQ空间里有大量类似内容。听说我做红二十四军的资料收集工作,他给我提供了一封吴岱峰与蒲政平于1982年9月合写的一篇文章,里面说到蒲子华的情况。而蒲子华正是蒲政平家族内的弟弟。

蒲子华,原名汝英,字子华。陕西省绥德县城关镇小刘家后沟人,1906年出生在一个城市平民的家庭,兄妹九人中排行老三,兄弟五人中排行老二。幼年时就读于绥德县立高等小学,1924年考入陕西省立第四师范学校(现在的绥德师范学校)学习。在校期间,该校校长李子洲(中共陕北组织创建人)经常对学生宣传马列主义,传播革命真理。蒲子华在党的宣传教育影响下,初步接受了革命的启蒙。他自觉地认真学习马列主义著作,经常相约进步同学到他家里钻研革命理论,讨论国家形式,懂得了国家贫困落后的根源是帝国主义、军阀和封建制度的黑暗统治。由此他决心为推翻旧社会、建立新社会而奋斗。

1925年父亲去世后,蒲子华因家境贫困,无法继续上学。为了减轻家庭负担,毅然投笔从戎,到当时榆林镇守使署附设的杨虎城部所办的军事讲习所学习军事。

蒲子华

1926年，正是大革命时期，蒲子华随讲习所南下，毕业后投入国民革命军第四十七军高桂滋部担任见习排长，随部队转战豫、鲁、冀等省，屡建战功，逐步升任副营长职(营副)。

1927年，国民党相继发动“四·一二”“七·一五”反革命政变，大革命遭到失败。国民党新军阀大肆屠杀共产党人，反共反人民的大屠杀行为，激起了蒲子华的无限憎恨。

1928年四十七军驻防河北遵化、三河、蓟县等地整训，在遵化县开办了一所军事政治学校，培养干部。我党利用各种关系，派大批党员和积极分子打入该校。蒲子华参加了这个学校的集训和革命活动。军事政治学校的校长由军长兼任，校内设总监一人为实际负责人，由日本士官学校毕业生高书震担任。高书震教育学员用的是法西斯那一套办法，遭到学员反对。党组织的力量与之进行斗争，蒲子华勇敢地站在斗争的前列，终于迫走了这个法西斯分子。

不久，军事政治学校改编为教导营，营长仍由军长兼任，营副由易子奇担任，教育长为何天风，他们俩都是国家主义的骨干分子。这个营分学员、学生两个队。蒲子华在学员队，队长阎揆要系中共地下党员。

营内党支部负责人陈以平、朱侠夫看准时机，组织对国家主义派的斗争。营副易子奇利用职权，经常打骂学员，克扣伙食费，引起学员不满。在过元旦时，党支部以易无故处罚全体学生跪雪为导火索，开展斗争。经军长查明易的不法行为，撤了他的职，斗争取得胜利。蒲子华同志在这次斗争中，表现得英勇坚决，受到了考验，由陈以平等同志介绍，于1928年12月加入中国共产党，成为正式党员。

由于他具有较强的宣传和组织才能，入党后便被派到叶生林营发展党员，建立党支部，并被指定为党支部负责人。1929年春，蒋桂战争爆发，高部被编入国民革命军第五路军方振武部，开往山东。不久，四十七军缩编为一个独立旅，辖四个团，驻扎在鲁西南。蒲子华同志被党派为驻莒县、安丘的团的党负责人。他根据党的“八七会议”关于组织工农武装的精神，积极开展该部的民运工作。

1930年，蒋、阎、冯战争爆发，高部被围困鲁南沂蒙山区，蒲子华所在团被围困于莒县达8个月之久，他利用三营营副的身份，积极从事党的建设工作。在与上级组织暂时失去联系的情况下，他充分发挥自己的宣传组织才能，利用团的小报撰写具有进步思想的文章，教育官兵认识军阀混战的罪恶，提高了官兵的觉悟，扩大了党的队伍。

1931年7月4日夜，赫光等率一团官兵提前起义。蒲子华所在的三团距县城较远，得知一团已经起义并撤离平定的消息后，考虑到在这种情况下再把三团拉出去已无可能，遂与牛清明带着少部分人趁乱抢夺师部马匹，然后追赶起义部队。

7月5日上午，当蒲子华等人追到盂县清城村外时，部队正在改编，宣布成立工农红军第二十四军。经组织研究决定，派蒲子华到战斗力较强，但军事指挥力量较弱的第二纵队担任参谋长。

8 月 11 日,军长赫光被杀的消息传回红二十四军后,面对敌我力量悬殊、十分危机的情况,红二十四军当机立断,由参谋长刘明德同蒲子华等人组成红二十四军临时军委会,决定由刘明德接任军长,王子固担任副军长,蒲子华担任军参谋长。在军委会上,蒲子华分析了当前的敌我态势,力主红二十四军迅速突围,撤离阜平,转战冀、晋、绥(远),向陕北进军,建立革命根据地,得到军委一致同意,决定部队立即行动。

蒲子华临危受命,同副军长王子固率部队冲出重围撤出阜平后,进灵邱县山区转向晋北,沿途不断遭受晋军堵击,大小战斗数十次,疾行千余里,击败了晋军、绥军、地方武装的围追堵截,显示出了蒲子华过人的军事指挥才能。由于红军浴血奋战,纪律严明,所到之处,打土豪斗地主,严惩贪官污吏,发动群众,开仓分粮,受到群众的支持,一路"扩红",终于胜利到达陕蒙晋边境、黄河东岸的保德县。

这时,陕北军阀井岳秀已严加戒备,将沿黄河的船只都控制到西岸。红二十四军有七八百人要渡过波涛汹涌的黄河,没有船只,寸步难行。前面是波涛汹涌的黄河,后面是晋军的猛烈追击。这时,蒲子华主动请命,愿带几个人去府谷、神木联系党组织,党委同意了他的意见,并让他代理军长职务。蒲子华带这三个人,偷渡过黄河,在府谷县暗暗了解,恰巧找到地下党员柴汉生。柴汉生建议他们在保德强渡黄河,蒲子华恐怕在保德渡黄河后,即

蒲子华故居　史斌摄

与井岳秀军作战，不好立足。后经商议，决定在河曲渡黄河。【南国伦《蒲子华传》，见《平定兵变与红二十四军创建始末》第74页，山西省军区党史资料征集办公室，1986年12月编。】

蒲子华主动请命，亲率骑兵60余人，以迅雷般的行动，在沿河东岸人烟稀少处，搜到一只小船，渡过黄河，然后以武力把西岸船只全部押到东岸，使全军不到两小时就安然渡过天堑黄河，进驻陕北府谷县的十里长滩。

时值深秋，天气寒冷，全军衣着单薄，得不到补偿，加以干部缺少，又受到蒙军袭击，军心有些涣散，军委决定派蒲子华只身前往山西太原向特委要干部，以充实部队，部队消灭当地的蒙兵后，加强戒备，就地整训。

蒲子华领命后不顾个人安危，乔装星夜急行，到达太原。找到了红军晋西游击队员伤员蒲政平，同往省委机关，得悉省委书记刘天章已率干部追赶红二十四军去了。蒲子华闻讯十分高兴，立即离开太原兼程回陕归队。

9月初，红二十四军到山西河曲横渡黄河，进入府谷木瓜堡后，敌人派大批部队围剿红二十四军。重兵压境，蒲子华决定部队分三路突围，然后会合于神木的窝兔采当一带，择机攻打榆林，建立根据地。

但其中一路的负责人没有请示就擅自做主与敌人进行谈判，而且谈判代表被收买，竟在部队会合后劝说投降。蒲子华、刘明德、王子固等坚决反对，严厉批评了这种行为。但由于处境困难，个别同志革命意志不坚定私自离队。蒲子华检讨了自己的军事错误，认为攻打榆林脱离实际情况，而且行军途中给养问题不易解决，决定再回府谷。但这一去就再没有回来。

在侦察完毕准备撤退时，蒲子华行抵陕北府谷县境时，遇到了府谷县警察局局长韩敬三(敬山)带着步兵迎面而来，蒲子华急忙躲入秋禾地假装解手以避之。韩敬三与蒲子华是旧识，知道蒲子华加入共产党，又率红军到了陕北。眼看着马头就要过去，不料韩过去又折转下马说：“这不是蒲子华吗?”护兵遂将蒲子华逮捕，押解到县城看守所关押，交给井岳秀邀功请赏。

高桂滋曾经在井岳秀手下当兵，后来发动兵变自立门户。井岳秀知道高桂滋与蒲家的关系，将蒲子华被捕的消息电告了高桂滋。高桂滋明知可能会有把柄落在井岳秀手中，还是回电井岳秀，称如果能说服蒲子华脱离红军，希望从宽处理。

在榆林监狱中，敌先以严刑拷打，后又以升官、金钱来利诱蒲子华。蒲子华痛诉反动派罪行，宁死不屈。敌人从他身上得不到党的任何秘密，无计可施，最后井岳秀奉高桂滋电“就地惩罚”，于当年农历九月间杀害了蒲子华，并将尸体挂在城楼上示众。

几天后，蒲子华的弟弟蒲汝雄和三妹夫马尔进通过各种关系，将蒲子华的尸骨偷运回了绥德，被家人埋于蒲家老坟。蒲子华牺牲时年仅 25 岁。

由于当时的通信条件所限，1931 年 12 月 11 日，中华苏维埃共和国临时中央政府机关报《红色中华》创刊号上，对蒲子华在陕北的活动进行了报道："陕北红军第二十四军军长蒲子华，率领红军，配合当地群众，进攻陕北之府谷神木一带，与井岳秀师激战，地方惶恐万状。"其实那时蒲子华已经就义两个来月了。

南国伦是蒲子华的外甥，曾任绥德史志办主任，由于职业和亲戚关系，对蒲子华的事迹进行过一些考证。在当地党史人员的带领下，我们来到了南国伦的家。与牛曦一样，他也把臧伯平的《破晓风云》介绍给我们，说是叙述了红二十四军的故事。显然，像"老更77"一样，他也把这部小说当作了真实的历史看待。说到蒲子华的家世时，南国伦的话让我们有点意想不到，他说："蒲子华的父亲蒲念祖很有钱，和高桂滋是拜把子兄弟，蒲子华兄妹都称呼高桂滋为干爹。"

"我父亲在兄妹中排行最小，我二妈（伯母）非常疼我父亲，我父亲一直由她带大。"蒲占伟是蒲子华的侄子，在他的记忆中父亲非常怀念二妈王淑玲。

蒲子华早早就成了家，但由于常年在部队一直没有子女。王淑玲看到年幼的小弟非常亲切，经常照看这个未成年的弟弟。

1930 年，结婚近 5 年的蒲子华夫妇终于有了自己的孩子，但没多久就夭折了。1931 年春，王淑玲安葬了孩子后决定到平定找蒲子华，一来是将这个不幸的消息告诉蒲子华，二来是出门散散心。

此时，中共山西特委已经准备在高部发动起义。面对久别的妻子，蒲子华思忖再三后，决定让妻子返回绥德。经过耐心开导、解释，王淑玲在平定住了近一个月后，同意离开。临行时，蒲子华将妻子送到平定城外。没想到，这次分别竟成了永别。

"我二爸牺牲后，二妈改嫁到了西安。20 世纪 80 年代初，我二妈重病时托人转告我们，想见一见我父亲。但由于种种原因，我们没有见上二妈最后一面。"这成了蒲占伟一家的遗憾。

对蒲占伟的采访直到中午 12 时才结束。听了蒲占伟的叙说，我们特意买了两个花篮，决定到蒲子华的坟前祭奠一番。蒲占伟异常感动，说老坟在卧虎山上，从弃车步行到坟地大概就是五六里，自己也因病好几年没去了。为保证路上不犯病，蒲占伟给自己先扎了一针，他几年前患胰腺炎做过手术。

正午 12 时，烈日下的卧虎山上光秃秃的，没有什么绿色，感觉道路很长时间没人走过。羊肠小道上，我们甚至需要扶着崖壁、小心翼翼地爬着经过，一不小心就可能摔下百十来米深的沟谷。

刚开始，山上还有一条羊肠小道。蒲占伟很有兴致，一边走一边给我们讲自己祖上的事情。没多久，连羊肠小道也没了，有时只能在荆棘、灌木丛中钻进钻出。烈日炙烤着的黄土高原，活像蒸笼。

一个小时过去了，蒲家的老坟还不见踪影。蒲占伟安慰我们，不远了。

脚下根本就没有路，最危险的莫过于贴壁而行了。脚下是百十来米深的沟谷，身子必须紧贴土崖，双脚踩实，双手也不能闲着，必须抠着崖壁。脚底一滑，险些坠入沟谷，人整个小心翼翼地贴爬在崖上一动不动。前面的人想伸手过来拉一把，根本够不着。而且被困的人也不敢伸出手去，只能一点一点地往前挪移。

两个小时后，我们终于登上了卧虎山顶，四下望去还是看不到蒲家的老坟，只有烈日下蓬勃生长的植物。也许冥冥之中有天意，在卧虎山顶休息期间，我忽然想到了自己的手机铃声。在追寻红二十四军出发之前，妻子就帮我下载了宋祖英演唱的《映山红》作为手机铃声，没想到竟然在这里派上了用场。

“夜半三更哟盼天明，寒冬腊月哟盼春风，若要盼得哟红军来，岭上开遍哟映山红……”这首《闪闪的红星》主题歌，在寻找北方第一支红军正规军的征途中听来，面对孤独的高岗草荆，感觉又是另一个味道。也许，只有这个铃声，才能配得上此情此景。

卧虎山顶，蒲占伟一边给家里人打电话询问老坟的位置，一边指着山下的几个山沟给我们解释：“当年，那几个山头都是我家的，最近几年，后辈人嫌老坟远，在离城不远的山上采了新坟。”

十来分钟后，蒲占伟沮丧地说，几年没来，竟然带错了路，老坟还要往前再翻一个山头。又走了半个小时山路，终于看到了蒲家的老坟。望着山凹间的老坟，蒲占伟却累得无论如何也过不去了。他说自己要是勉强过去，怕是回不来了。

蒲家的老坟一共埋了五代人，蒲子华的墓在四排左二。我们拔了拔坟头的荒草，安放好花篮。结结实实摔了一跤的王伟见我们摆好了花篮，顾不上拍身上的尘土，气喘吁吁地和我们一起站在蒲子华的坟前三鞠躬。

蒲军长，我们来看您了，历史不会忘记您。安息吧。

在上坟的路上，一种植物引起了大家的注意。蒲占伟告诉我们：“这种植物叫柠条。根能扎进很深的土里，抗旱，生命力顽强，对保持水土有很大的固定作用。”

柠条，又叫毛条、白柠条，主要分布在内蒙古、陕西、宁夏、甘肃等地，是水土保持和固沙造林的重要树种之一。它耐旱、耐寒、耐高温，是干旱草原、荒漠草原地带的旱生灌丛，在黄土丘陵地区、山坡、沟岔也能生长，在肥力极差、沙层含水 2%～3%的流动沙地和丘间低地以及固定、半固定沙地上均能正常生长。即使在降雨量 100 毫米的年份，也能正常生长。柠条不怕沙埋，沙子越埋，分枝越多，生长越旺，固沙能力越强，具有抗旱性、抗热性、抗寒性和耐盐碱性的特点。寿命长，一般可生长几十年，有的可达百年以上。

柠条的生长环境和特点，与红二十四军当年艰苦作战、生生不息的感人画面何其相似！在阜平，新生的苏维埃政权建立不久，就遭到国民党反动派的无情绞杀。在失去军长、政委的情况下，红二十四军并不气馁，而是当机立断，接过革命的“接力棒”，成立临时军委，镇定指挥，有序转移。在陕北府谷，蒲子华不幸被捕。在榆林监狱中，敌人先以严刑拷打，后又以升官、金钱相诱。蒲子华宁死不屈，英勇牺牲，时年 25 岁。牛清明、蒲子华、谷雄一以及那些默默无名的红二十四军战士，犹如陕北山圪梁上的那些柠条一样，在恶劣的条件下顽强生长，奋斗到最后一刻。

返回太原

2011 年 7 月 20 日，在三原县等地寻访刘明德下落无果后，我们准备驱车返回山西，结束我们这次寻访红二十四军的行程。

返程途中，王伟老师一定要去陕西韩城司马迁祠墓博物馆看看，拜访一下司马迁这位史学界高山仰止的人物。恰好我们返回山西路经韩城，于是有了这次拜访司马迁祠墓博物馆的机会。如果说，追寻红二十四军活动中，我们第一次开心的笑容是出现在找到两岔河的话，那么，第二次心态的放松，就是这次。然而，走在这里磨盘做成的台阶上，我们的心情似乎并不轻松。

司马迁祠墓博物馆坐落在陕西省韩城市芝川镇东南一高岗上，依托全国重点文物保护单位司马迁祠而建立。面对博物馆中鳞次栉比的碑文丛林，我的心中涌动的是司马迁含辱忍怨而作《史记》的精神。正是司马迁的含辱忍怨，才有了被后世誉为“史家之绝唱，无韵之离骚”的《史记》。

“盖西伯拘而演《周易》；仲尼厄而作《春秋》；屈原放逐，乃赋《离骚》；左丘失明，厥有《国语》；孙子膑脚，《兵法》修列；不韦迁蜀，世传《吕览》；韩非囚秦，《说难》《孤愤》；《诗》三百篇，大抵圣贤发愤之所为作也。此人皆意有所郁结，不得通其道，故述往事、思来者。乃如左丘无目，孙子断足，终不可用，退而论书策，以舒其愤，思垂空文以自见。”（司马迁《报任安书》）多年前中学课本上背诵的句子，终于第一次有了切身感受。

离韩城，过风陵渡，入山西地界。经过两个多月的长途跋涉，我们回到山西，来到太原双塔寺革命烈士陵园，为中国共产党山西早期领导人刘天章献花。这是我们这次活动的最后一站。

刘天章（1897—1931 年）又名刘望，字云汉。陕西高陵人。1914 年在西安三秦公学留日预备科读书，1918 年考入北京大学预科，两年后入北大化学系，是北京大学学生会负责人之一。“五四运动”中，他参加了火烧曹汝霖宅的斗争，并主编北大学生会会刊。“六三”后曾被警察逮捕，不久释放。

1920 年 1 月，刘天章与杨钟健、李子洲等发起，将陕西旅京学生团改名为旅京陕西学生联合会，创办以宣传新文化为主的《秦钟》月刊。不久，李大钊、邓中夏等在北京组织马克思学说研究会，刘天章积极参加，初步接受马克思主义。同年11月北京社会主义青年团组建时，刘天章被接收为团员。1921年7月中共一大后，又经李大钊介绍加入中国共产党。

刘天章

1920年10月，刘天章与杨钟健、李子洲等商议，创办以“提倡文化、改造社会”为宗旨的《共进》半月刊。1922年10月，又以《共进》半月刊为基础成立了共进社，刘天章任共进社常任主席和《共进》半月刊编辑主任。同年冬，经杨钟健介绍，加入著名社团中国少年学会，被选为该学会第四届执行部副主任兼会计。

1923年“二七惨案”爆发，刘天章组织学生游行示威，声援京汉铁路工人斗争。4月，共进社在京召开代表大会，通过了刘天章起草的新纲领和新章程。在此期间，刘天章介绍李子洲、魏野畴、武止戈、邹均等加入中共组织，引导一大批青年走上革命道路。

1924年，刘天章从北大毕业后，协助李大钊在北京做党的地下工作，曾任反帝大同盟秘书。同年秋，结识国民军副总司令兼第二军军长胡景翼后，在李大钊的领导和支持下，前往胡部所在地河南开封创办学生军，任陆军训练处学兵队大队长。他在学兵队建立中共组织和青年团组织，使学兵队成为该地区最活跃的革命力量和国民军第二军的骨干。

1926年春，国民军第二军在同直、奉军阀作战中失利，刘天章回家养病，后到三原渭北中学任教，并发展中共与共青团组织。1927年初，他奉陕西党团联席会议派遣，到国民军联军驻陕总司令部任职，不久接任陕西国民日报社社长。

6月，刘天章任中共陕甘区执委会候补执行委员，负责宣传工作。为了办好《陕西国民日报》，他白天采访，晚上撰稿直至深夜，对蓬勃兴起的工、农、妇女、学生运动以及各界人士联合进行的反帝反封建的革命活动，做了热情的宣传报道。

“四·一二”反革命政变后，《陕西国民日报》及时揭露声讨蒋介石的罪恶行径，并集中宣传报道陕西人民反蒋怒潮。李大钊在北京惨遭杀害的消息传到西安，刘连夜挥泪疾书，撰文哀悼，《陕西国民日报》辟专栏、出特刊，报道陕西人民追悼李大钊的情景。6月下旬，冯玉祥开始在陕西“清党”后，强令报纸改变宣传方针。刘天章坚决反对，并根据中共陕甘区执委会指示，和白超然等去西安留守司令部进行交涉，遂被捕解送河南洛阳关押，11月又转押到郑州内防处。

刘天章在狱中联络中共党员，秘密成立中共支部，并任支部书记，组织大家学习马克思主义和军事知识。直到1929年蒋、冯分裂，刘天章才获释出狱，去天津中共顺直省委宣传部工作，公开身份是《天津商报》总编辑。当时环境险恶，常被侦探跟踪。他机警应对，毫不畏惧。在《天津商报》被迫停刊后，他又领导北方书店印行进步书籍，负责救济会，设法营救入狱同志，救济死难烈士家属，为革命做了大量工作，受到中共顺直省委的表彰。

1930年春，刘天章第三次在天津被捕，一直未暴露身份和党的机密，9月获释。同年10月，中共中央北方局确定山西为北方革命重点，决定成立中共山西省委，主要任务是“组织红军，创建苏区，将山西变成江西第二”，派刘天章任省委书记。

刘天章到太原后，贯彻中共六届三中全会精神和北方局指示，一面着手恢复和发展地方组织，一面派人分赴平定、汾阳、侯马、晋城等地，联系驻军中的中共秘密组织，准备发动武装起义，组建工农红军，开辟革命根据地。他曾秘密到汾阳等地考察，认为吕梁山脉中段群众基础较好，又紧靠黄河，与中共陕北特委领导的革命力量相呼应，遂决定在这一带建立一支由省委直接领导的工农武装。经过刘天章和省委同志的努力，很快恢复、建立了中共太原市委和河东特委，健全了党的基层组织，发展党员260余名。与此同时，山西各地的工人、农民、士兵运动也广泛开展起来。

1930年12月，中共中央决定撤销北方局和顺直省委，成立中共河北临时省委，中共山西省委改为中共山西特委，归中共河北临时省委领导，刘天章任中共河北临时省委候补委员、山西特委书记。

刘天章到山西后，一直关心的是“组织红军、创建苏区”这件大事。1931年初，中共山西特委一成立，他就和军委书记谷雄一一起，到原省委在太原南郊建立的武装斗争秘密联络点——并州养蜂场，召集从高桂滋部秘密党员中选调来的拓克宽等和中共陕北特委选派来的阎红彦等开会，确定了筹建中的工农武装称号，通过了领导人选名单，讨论了武装斗争策略方针，并决定：如果遇到意外情况，工农武装同中共山西特委失去联络又无法在吕梁山区立足，队伍可西渡黄河，参加创建陕北苏区的斗争。

1931年5月上旬，分别由太原兵工厂、高桂滋部和陕北选调来的30余名骨干，先后进入吕梁山区，接着在孝义县娄底村（今西泉村）召开大会，正式成立了华北地区第一支红军武装——中国工农红军晋西游击队第一大队。刘天章经常与晋西游击队秘密接头，传达指示，布置任务，以吕梁山为中心的革命根据地初步形成。在游击队遭到国民党万余兵力“围剿”、退往陕北后，刘天章又将游击队及队员党的关系，及时转交给中共陕北特委书记赵伯平。

1931年7月，在刘天章和中共山西特委的领导下，发动了驻平定县高桂滋部的武装起义，成立了红二十四军，在河北阜平建立了县苏维埃政权。刘天章在太原得知红二十四军西渡黄河，受特委重托，扮成贩牛商人，前往陕北察看，以图重整旗鼓。当赶至黄河岸边，始知红二十四军已经败散，只好重返太原。

同年 9 月，国民党山西省党部清党委员会派纠察队包围了中共山西特委驻地，抓捕了特委秘书长丁楚元等。丁楚元受不了严刑拷打，投敌叛变，供出了刘天章等人，刘遂被捕。国民党太原警备司令部立即组成五人审判法庭，采用欺骗诱降手段，企图从他们身上获取党的重要机密。刘天章泰然自若，沉着坚定，痛斥国民党反革命派。敌人施用酷刑折磨，他坚不吐实。就义前，脱下毛衣转交组织，作为他最后交纳的党费。11 月 13 日，与阴凯卿、任国桢等人一起，在太原小东门外惨遭国民党杀害。

站在这位山西早期共产党人的墓前，我们除了三鞠躬之外，不知说些什么为好。因为，“他把带血的头颅，放在生命的天平上，让所有苟活者，都失去了——重量。”【此诗原为诗人韩瀚为张志新所作《重量》，这里为笔者套用。】

陕北红军之根

2011年7月23日，在我们追寻红二十四军活动返回山西期间，讲述中国工农红军晋西游击队故事的《革命人永远是年轻》正在全国热播。正是1931年5月高桂滋部一批党员身份暴露，中共山西特委果断采取措施，迅速将他们从阳泉转入敌人力量薄弱的吕梁山区，并以此为骨干，建立了中国工农红军晋西游击队第一支队。

八十年过去，红二十四军薪火相传，红旗猎猎。

2011年9月19日，山西省委在太原召开纪念中国工农红军晋西游击队和红二十四军成立80周年座谈会。会议指出，1931年，山西党组织按照中共中央北方局“把山西作为北方革命重点”的部署发动武装起义，红军晋西游击队和红二十四军在吕梁山、太行山燃起武装斗争的火焰，成为党在北方地区创建革命根据地、走农村包围城市、武装夺取政权道路的重要实践。在国民党反动势力围剿下，两支红军经过艰苦作战，西渡黄河转战陕北，与陕北红军会合，成为创建与巩固陕甘、陕北革命根据地的重要力量。

山西省委常委、省军区政委张少华在纪念会上提出，要始终坚持对军队绝对领导的根本原则和制度，确保官兵政治合格和部队建设的正确方向，坚定对忠诚的理想信念，要大力弘扬革命理想高于一切的崇高精神，努力为建设巩固的国防和强大的军队提供不竭的精神动力，把红军晋西游击队和红二十四军军史，作为全民国防教育和官兵理想信念教育的重要内容。

在随后出版的《中国共产党山西历史第一卷(1924—1949)》中，指出，“阜平苏维埃县政府是共产党在北方建立的最早的苏维埃政权。它的建立，如同星星之火，使劳苦大众开始看到了光明，看到了希望”。“平定兵变建立了北方地区第一支编入全国红军统一序列的正规武装——中国工农红军二十四军，这是一个成功。它对人民群众是一个极大的鼓舞，给了反动统治阶级以沉重的打击”。**【《中国共产党山西历史第一卷(1924—1949)》上册，第156页、第157页，中共山西省委党史办公室编，中共党史出版社，2012年11月第1版。】**

府谷县党史方面提供的《红二十四军创建及转战神府的活动情况》中这样说，红二十四军虽然失败了，“但它的诞生、阜平苏维埃政府的成立，这在军阀格局、战祸连年的旧中

红二十四军征战路线图(现存宁夏赫光纪念馆)

国,特别是在中国的北部地区,犹如晴天霹雳,成功地打响了用武装革命反对武装反革命的第一枪,点燃了北方武装斗争的烈火,树立了工农革命、建立苏维埃的第一面红旗,给了北方人民极大的鼓舞。他们的行动拖住了敌人的有生力量,有力地支援了中央苏区粉碎蒋介石军队第三次'围剿'的斗争。沉重地打击了国民党的反动统治。他们转战 5 省、涉及 15 个县,其影响之大、声威之壮,这在中共党史和红军史上写下了光辉篇章。红二十四军在广阔的大地上播下了革命火种,它为新的革命高潮的到来,做了思想上、组织上的准备。后来，晋察冀、晋绥两块抗日根据地的巍然屹立，以及神府抗日革命根据地的建立，正说明红二十四军革命斗争所播下的种子，已经开花结果。"【《红二十四军创建及转战神府的活动情况》第11页，中共府谷县党史办1990年8月2日编印，内部资料。】

《神府红军传》作者、陕北红军研究专家杨文岩在其家中与我们交谈中说，在陕北这块黄土地上，最早来到的共产党领导的正规军队是红二十四军。正是因为有红二十四军的出现，才启发了刘志丹、习仲勋、谢子长等人开辟红色革命根据地。也正是因为红二十四军，启发了陕北革命斗士，共产党也可以成立自己的正规红色革命武装。在某种意义上来说，"红二十四军是陕北红军之根"。

在追寻红二十四军行程中，王伟对高桂滋这个"留着小胡子的很有味道"的军人念念不忘，说正是因为高桂滋才有现在世界文化遗产——平遥古城的完整存留，对此高桂滋功不可没。现在，让我们来看看红二十四军对手们的情况。

在这次追寻红二十四军活动出发之前，我的随行包里一直装有《大公报》记者范长江【范长江(1909—1970年)，中国杰出的新闻记者，中国新闻家，社会活动家。1935年，26岁的他以《大公报》特约通讯员的名义到西北采访，写出了著名的旅途通讯《中国的西北角》，成为最早报道红军长征动向的记者。新中国成立后，出任过国家新闻总署副署长和人民日报社社长职务。】编的《西线风云》一书。《西线风云》是一部反映抗日战争时期西线全貌的战地报道集。在这部书里，由战地记者秋江撰写的以"高桂滋残兵血战"、"高桂滋督战迷回村"的报道尤其引人注目。

平定兵变后不久的1931年7月，高桂滋随商震出关，攻石友三后路，给张学良解围。经张学良向蒋通融，高部被编为步兵第八十四师，驻河北武安、磁县。1933年任商震部副军长，参与围剿陕北红军。屡受红军打击后，改弦更张，赞同中共，1936年支持张学良、杨虎城发动"西安事变"。"西安事变"发生后，蒋介石就被张、杨扣押在高桂滋的高公馆里。

1937年"七七事变"爆发后，高桂滋请缨抗战，被任命为国民革命军第十七军军长兼第八十四师师长，参加了著名的"平型关大捷"。井儿沟、喜峰砦两役，与日本的藤井少将指挥的两个武器精良的伪蒙军教导团恶战，俘敌280余名，毙伤800余人，缴获迫击炮6门、轻重机枪13挺等大量武器装备和120余匹马，被史学家称为平绥线战场"仅有的胜利"。9月14日，在广灵、火烧岭与日军坂垣师团又恶战了一场的高桂滋，按照第二战区司令长官阎锡山的命令，仓促赶到平型关北翼的团城口、迷回村一带布防，在平型关血战三天四夜，声名大振。为此，毛泽东称赞其"抗日之役，光荣历史国人同佩"。

1938年，高部拨归十八集团军总司令朱德指挥，后任三十六集团军总司令，参加中条山战役，同时参与建立了太岳山区根据地。1939年派机要秘书赴延安会见毛泽东，表明誓死抗日、不打内战的决心。之后，被蒋削去兵权。胡宗南大举进攻延安前，拟任高为前线总指挥，被高婉言谢绝。

1945 年在重庆陆大将官班学习时，高桂滋由章伯钧、杨子恒介绍加入中国民主同盟，将官班毕业后当选国民党六届中央候补委员，任第八（第一）战区副司令长官、西安绥靖公署副主任，参与指挥进攻陕甘宁边区，曾将胡宗南在陕南堵截李先念、王震率领的中原军区突围部队的作战计划、兵力部署，以及蒋、胡将进攻延安的重要军事情报，提供给延安。

西安解放前夕，高桂滋被胁迫到汉中，借口夫人在重庆患病飞往重庆，为逃避被送往台湾，藏匿在一个外国人开的医院里，直至重庆解放。新中国成立后，任西北军政委员会兼西北农村部副部长，西北行政委员会、陕西省人民政府参事室主任，陕西省第一届政协副主席。还曾为抗美援朝捐献飞机一架。1954 年当选为全国政协委员。1959 年 1 月 6 日因患脑溢血并发肺炎，医治无效，在北京逝世。

我们再来看看傅作义的情况。

1931 年 7 月，傅作义改任国民革命军第三十五军军长兼七十三师师长。同年 8 月 18 日，任绥远省代理主席。12 月 28 日正式任命为主席。1935 年 4 月被南京国民政府授予二级陆军上将。傅作义接任绥远省主席后，便向国民党三届四中全会提出“移民、实边、发展生产、巩固国防”案，并励精图治，整军经武，消解匪患，整顿税收、金融，疏浚河渠，发展工农业生产。至1937 年，绥远省社会基本安定，经济有一定程度的恢复，财政税收增加，库存现金 84 万元，白银 210 万两，部队的装备和给养也有了改善，为绥远抗战准备了条件。

1931 年，“九一八事变”发生，9 月 28 日，傅作义与宋哲元等 50 余名北方将领联名通电，“呼吁全国各方团结一致，同舟共济，群策群力，共同奋斗”。

1933 年 1 月 3 日，日军侵占山海关，揭开长城抗战的序幕。1 月 5 日，傅作义分电阎锡山、张学良、蒋介石请缨抗日。15 日，以绥远省主席名义发表《告全省民众书》，号召全省同胞“奋起救国御侮”。25 日，奉命率部由绥远出师东进，开赴抗日前线。2 月上旬，傅部在张家口编组为第 7 军团，傅作义任总指挥，35 军的番号暂改为 59 军。3 月 4 日，日军侵占承德后向长城各关口进犯，遭到中国军队的顽强抵抗。由于蒋介石谋求对日妥协，长城各关口相继弃守，日军直趋平津。

4 月 30 日，傅作义部奉命开往牛栏山西至昌平一线布防。日军为胁迫国民党当局接受苛刻的停战条件，于 5 月 22 日以第八师团西义一部在飞机大炮掩护下向傅部阵地进攻。傅作义亲临指挥，全体官兵抱定有我无敌、有敌无我的牺牲精神，英勇抵抗。然而，正当傅军痛击顽敌，英勇苦战时，23 日晚黄郛在北平接受日方的停战条件。何应钦随即令傅部停止战斗，撤出阵地。傅作义接到停战撤退命令，无比愤慨，质问说：“怎么抗日还有罪？”坚持“只有日方先撤，我们才能撤，否则我们决不后撤”。经交涉双方同时后撤，傅才愤然下令撤兵。长城抗战的最后一战，就这样宣告结束。该战役击毙日军 246 名，中国官兵阵亡367

人，伤 484 人。傅作义对阵亡官兵极感悲痛，后来特地派员将殉国官兵的遗骸护运回归绥（今呼和浩特市），安葬在大青山下，建立纪念碑，并将烈士名字刻于碑上，以寄哀念。

出生于陕西蒲城的井岳秀，与陕西的中国同盟会著名领导人井勿幕是同胞兄弟。

井岳秀父亲去世后，家道逐渐中落。1902 年兄弟分家后，井勿幕因债务无法应付，在井岳秀的帮助下，离陕赴渝，投靠父亲的朋友在重庆读书。次年冬与吴玉章同行赴日本留学。1905 年 7 月 24 日，井勿幕在日本东京加入同盟会。同年冬，井勿幕奉孙中山之命并带上孙中山给井岳秀的亲笔信，回陕进行革命活动。在井岳秀的帮助下，井勿幕奔走西安和渭北各地，秘密活动，数月之间发展同盟会会员 30 余人，正是这期间，井岳秀参加了同盟会，走上反清的旧民主主义革命道路。以后同盟会的秘密文件经常存放在井家，井家在西安竹笆市开设的老商号“公正和”纸店，也成了同盟会的秘密机关和井勿幕在西安活动时的寄居之所，也是同盟会人员秘密聚会之地。

1907 年，同盟会会员常自新等组织蒲城县教育分会，井岳秀担任评议员，宣传民主思想，进行革命工作。次年 9 月发生“蒲案”时，同盟会的秘密文件正是藏在井岳秀家中，当时井不在家，井夫人随机应变，情急之中将同盟会秘密文件埋藏于院中菊花丛中。官府搜查终无所得。晚上，他回到家里焚烧同盟会名册文件，保护了陕西革命党人的安全。

1908 年冬天，在井勿幕的亲自主持下，成立同盟会陕西分会，1909 年成立了陕西省咨议局，井岳秀被选为常驻议绅。为了筹措革命活动经费，兄弟俩商量，把家中多年珍藏的名人字画，挑选出两箱，交付张奚若带赴日本换购军火，为革命捐输，无所顾惜。

辛亥武昌首义后，1911 年 10 月 22 日的西安民党起义响应，井岳秀、李仲三和李襄初等参与发起，从此井岳秀掌握了兵权。他英勇善战、指挥有方，身受革命官兵拥戴。

1918 年冬，井勿幕被害（时任陕西靖国军前敌总指挥）。在北洋军阀围剿下，靖国军逐渐兵败。

1922 年陕西靖国军三支队司令杨虎城兵败率残部退入陕北，井对杨有乡谊友情，深交至厚，钦佩杨对革命事业的忠诚和坚强意志，竭力维护杨的安全，顶着巨大压力，坚决抗拒北洋政府的通缉令，收留杨部，并上报省方说杨脱离军队，在榆林闲住。从此两人朝夕相处，亲如兄弟。杨在榆林期间，突患伤寒，发高烧，昏迷不醒，病情严重时，井岳秀每日必亲自探视，详阅中医处方，并派人细心护理，直至病愈，才放心。

1925 年为响应北伐，井岳秀在榆林组织陕北国民革命军，自任陕北国民革命军总司令，杨虎城以陕北国民革命军前敌总指挥的身份率两团兵力南下西安，其后才成就了一番历史功勋。

1933 年，井岳秀应杨和省主席邵力子的邀请到西安，杨在欢迎井的大会上说：“没有井师长的全力支援，就没有十七路军的今天。”

井岳秀镇守榆林 23 年,一直将维护蒙汉团结、捍卫边疆统一当作其最重要的职责,而竭尽全力。1913 年,适值外蒙独立,并暗中鼓动内蒙古六盟脱离中央。河套伊盟七旗同时受到影响,乌审旗大喇嘛扎木萨闻知井部到达榆林,便请井会商大计。井岳秀凭借自己与蒙古族首领的关系,超凡的武艺、骑术及为人坦诚的态度,在会上陈述不可外附的七条理由,说服、劝阻王公内附。他的真挚,感动了王公贵族,随将檄文和宣言发出。从此,盟旗王公们与他建立了深厚的感情,互不干扰,和睦相处,蒙汉人民往来交易更为活跃。

1925 年在杨虎城率部南下西安遭遇围城后,井本欲率部南下解围,不期在蒙古人民共和国宣布独立后,内蒙古又欲独立,为制止内蒙古独立,维护蒙汉团结,只能留守陕北,为捍卫边疆统一,不惜愧对挚友。

1931 年“九一八事变”后,伪满州国成立。为防止伪满蒙势力染指“成陵”,再次挑动内蒙古独立,井岳秀派重兵守护“成陵”,并意将“成陵”由额尔多斯草原迁往榆林保护。抗日战争开始后(时井已去世),邓宝珊将“成陵”由额尔多斯草原迁往榆林,后由榆林迁往兰州,才使这一中华民族的历史瑰宝得以保护至今。

1935 年冬,张学良和杨虎城飞往榆林,会晤井岳秀,密谈实现西北大联合、停止内战、联合抗日的问题,井岳秀表示赞同。后虽因其于 1936 年春早逝,未能亲历“西安事变”和“七七事变”等重大历史事件,但他在维护民族团结、捍卫国家统一这一大是大非问题上,头脑始终是清醒的。

二十多年中,井岳秀积极主动与陕、晋、绥、宁甘邻军及伊盟王公搞好关系,从未与四邻发生过争夺地盘的军阀混战,避免陕北遭受兵器血刃之祸。同时也尽其所能为陕北现代教育和工商业的建立和发展,做了一些有益的事情。

井岳秀驻防陕北二十多年中,倡导地方教育,支持杜斌丞筹措经费,扩充榆林中学,创设女子师范、职业中学、榆林道立初级师范学校。还资助了一大批优秀青年在北京师大学习、出国留学(300 余人),有的毕业后回榆林任教,担任各中学校长,并曾为蒲城尧山中学捐出大量书籍。这些都促进了陕北及蒲城文化教育事业的发展。为了促进陕北的经济发展,他创办了陕北地方实业银行、榆林惠记工厂、太原惠记军衣社、神木官碱厂等地方实业。本人还办起了榆林裕惠号商行。1926 年在榆林炮厂安装了发电机,榆林职中实习工厂安装起纺毛、制革机器,把现代化机器生产引进陕北,奠定了陕北毛纺、制革工业的基础。

1931 年南方遭受水灾,榆林成立了“陕北救济东南水灾会”,井岳秀为主席,决议各县富户股商分等筹款,井岳秀带头慨捐 6 个月的薪俸以资提倡,支援灾区。在“延榆”公路的建设中,井岳秀任“陕北建筑汽车路工程委员会”委员长,对陕北公路建设做出了不可磨灭的贡献。

1936 年 2 月井岳秀去世后,由高双成任八十六师师长,后升任二十二军军长。

设下“假投降”计策的沈克（1894—1961 年），河北保定人，自北洋军基层做起，后改投国民革命军，为石友三麾下将军。1935 年，因长城抗战获得青天白日勋章，八年抗战期间亦担任重要军职。1946 年退役后，历任天津北方轮船公司董事长等职。1949 年中华人民共和国成立后，任全国政协委员，1961 年于北京去世。

石友三（1891—1940 年）一生中投机钻营，反复无常，曾先后投靠冯玉祥、阎锡山、蒋介石、汪精卫、张学良、日本人和中共，而又先后背叛，被时人称为“倒戈将军”。石友三对我国的佛教事业，以及文物造成巨大的损害，登封少林寺被他几乎焚毁殆尽，历史责任不容推卸。受石友三节制的新八军军长高树勋，因不愿进攻八路军，石友三便挑动日军袭击高部，石、高矛盾激化。石友三第六十九军政治部主任臧伯风及总参议毕广垣与高树勋策划，寻机杀掉石友三，以除大患。

1940 年 11 月，石友三投敌只是时日问题，臧伯风、毕广垣、高树勋决心赶快下手。他们请出原西北军将领、时任鲁西行署主任兼游击主任的孙良诚，由他出面请石友三到高树勋部面谈，“以消除两人的隔阂”。石友三见是老长官出面邀请，便表示同意。

1940 年 12 月 1 日，石友三率一连骑兵随孙良诚到高树勋部驻地河南濮阳柳下屯。高树勋率旅长以上军官将他们迎进会议室，大家谈笑风生，共叙往事。不一会，有一勤务兵入内对高树勋说：“太太有事相请。”高树勋即离室而去，突然，四名卫兵进入会议室，将石友

军史专家张宏志，多年来一直致力于西北革命史研究　史斌摄

三架走。当天夜里，高树勋命士兵将石友三活埋于黄河岸边。

因为之前我们的文史顾问王伟曾经与陕西省社会科学院研究员、军史专家张宏志【张宏志，1929 年生，陕西省社会科学院研究员，兼中共陕西省委讲师团教授，享受国务院津贴】有过纪录片《一支红军阳泉来》的合作，所以王老师一直在路上“念叨”张宏志老先生，所以在追寻红二十四军行程将要结束时，我们一行来到西安张宏志老师的家中拜访。

久别重逢，王伟老师与张宏志感觉十分高兴，亲切地一块儿聊天。写过多本军史专著的张宏志说，以前关于红二十四军的评价和论述依然未变，张老先生近年在研究军史的同时，热衷于诗词创作，并把新近印刷的诗集送给我们。

关于红二十四军，张宏志曾经写下这样的诗句：“长城怀抱英烈骨，大漠无语血泪痕。自古燕赵多豪杰，大义为民献吾身。”“板胡一曲泪满襟，黄河沉吟忆故人。碧血尽洒华夏地，丹心迎来万木春！”【《问鼎山城》第 80 页，山汉著，中国文联出版社，2013 年 2 月第 1版第 1 次印刷。】

指挥和参加进攻红二十四军的国民党要员和主要部队有：国民党陆海空军副总司令张学良、陕西省主席杨虎城、绥远省主席傅作义及正太护路军高桂滋部第一师，以及井岳秀的第八十六师。张学良和杨虎城在中国共产党抗日政府的影响下，发动了“西安事变”，从而促成了国共合作全国抗战的新形势，他们的举动已经表明他们回到了人民的立场上。傅作义在平津战役中率部接受中国人民解放军的改编，从而促成了北平和平解放。井岳秀与井岳秀的第八十六师于 1949 年 6 月 1 日随国民党二十二军在榆林起义。高桂滋，毛泽东曾经给他写过亲笔信，争取他到抗日的人民阵营里来。抗日战争时期，高桂滋部曾经和八路军合作抗日，抗战胜利后，由于不满国民党的内战政策，被剥夺军权。1949 年重庆解放前夕，他不愿意和国民党一起逃到我国台湾而留了下来，最后回到了人民怀抱。

张宏志说，红二十四军虽然失败，但它在中国北方燃起了扑不灭的革命火焰，红二十四军所从事的伟大事业，最终却把它的对手给征服了。红二十四军先烈们的热血，浇灌了中国革命的胜利之花，华夏儿女永远怀念他们！

2014 年 11 月 30 日一稿于晋东

2014 年 12 月 25 日二稿于晋东

红二十四军進军路线图

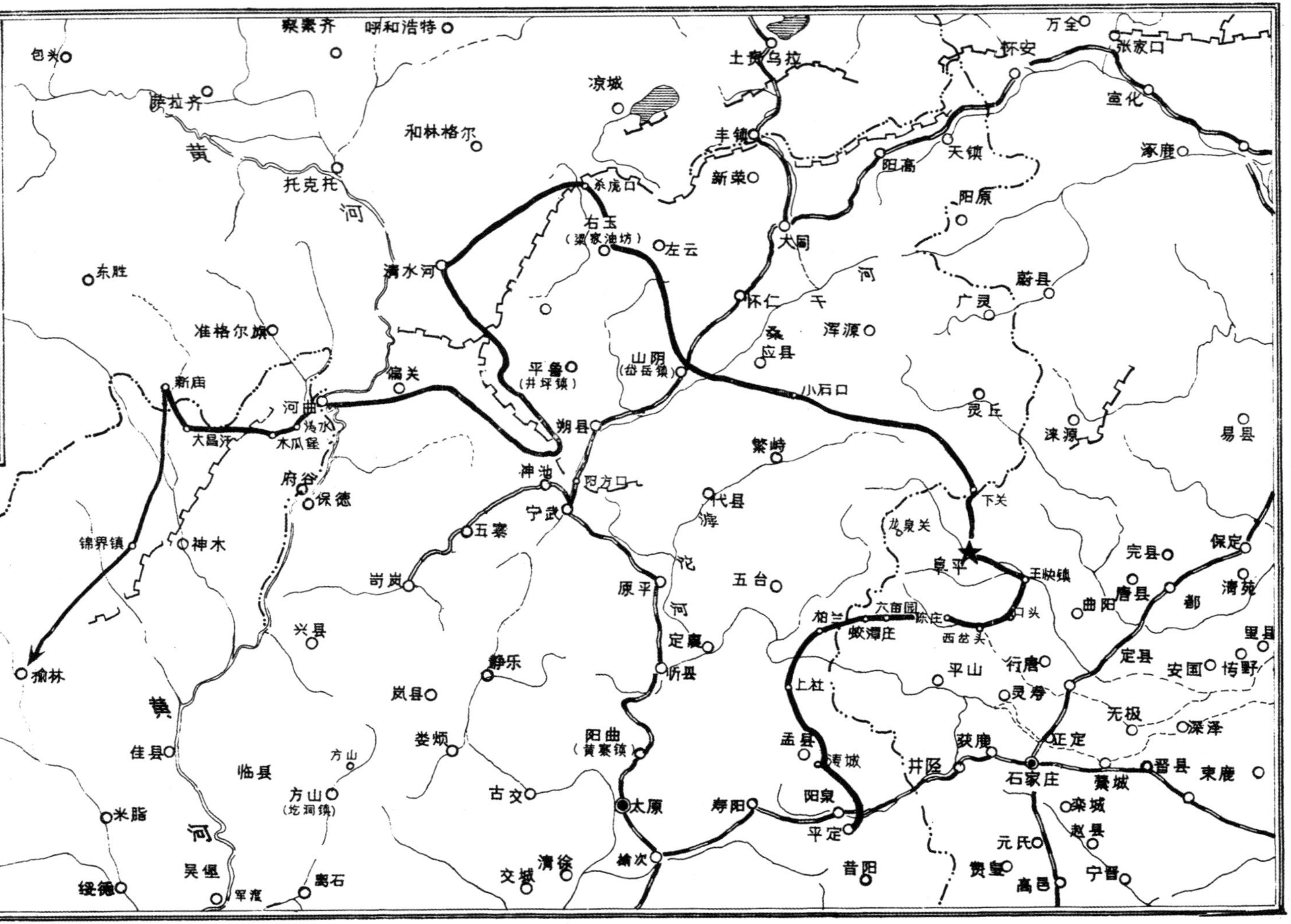

察素齐
呼和浩特
包头
萨拉齐
黄
和林格尔
凉城
土贵乌拉
万全
怀安
张家口
宣化
丰镇
阳高
天镇
涿鹿
托克托
河
杀虎口
新荣
阳原
右玉
（梁家油坊）
左云
大同
东胜
清水河
怀仁
干
河
蔚县
广灵
准格尔旗
桑
应县
浑源
平鲁
（井坪镇）
山阴
（岱岳镇）
新庙
偏关
小石口
河曲
灵丘
大昌汗
沙水
木瓜塬
朔县
繁峙
涞源
易县
府谷
保德
神池
阳方口
代县
下关
宁武
滹
锦界镇
神木
五寨
龙泉关
阜平
王快镇
完县
保定
原平
沱
五台
岢岚
河
六亩园
柏兰
陈庄
口头
曲阳
唐县
都
清苑
蛟潭庄
西岔头
兴县
定襄
里县
平山
行唐
定县
安国
博野
榆林
静乐
忻县
上杜
灵寿
黄
岚县
无极
深泽
孟县
获鹿
正定
阳曲
（黄寨镇）
娄烦
佳县
清城
井陉
石家庄
晋县
束鹿
临县
方山
藁城
方山
（圪洞镇）
古交
太原
寿阳
阳泉
栾城
米脂
平定
赵县
河
元氏
吴堡
榆次
清徐
昔阳
赞皇
宁晋
交城
绥德
军渡
离石
高邑

后记 / 念念不忘，必有回响

每本书都有自己的命运。没想到《红星照耀北国》一书会在这种情况下创作完成。

从 2011 年走上追寻红二十四军的旅程，到 2014 年创作完成，中间是漫长的近四年光阴。这本书的创作，是命中注定，也是纯出偶然。

山西经济出版社常务副总编张宝东老师，在微信中看到我的一篇关于红二十四军的不成熟的个人感想后，建议我创作完成这部书稿，并给出了具体的出版建议和创作思路。作为我敬重的出版前辈，他的建议十分重要。如果没有张老师的慧眼识珠和殷切鼓励，这本书可能永远石沉大海。

就红二十四军的征战历史写本书，不是没有动过这个念头，而且一直在蚂蚁搬家一样暗暗做着资料收集工作，家里收集的红二十四军资料到处都是，到现在可以说开个小型图书馆一点也不夸张。但由于多种因素，最终权衡再三，还是动不了笔，甚至决定放弃。

在我犹豫不决时，是我所在的单位——阳泉日报社的社长杨鸿龙的协调鼓励，让我吃了“定心丸”，最终下了创作完成这本书的决心。也正是杨社长，当初把我这个初出茅庐的年轻人，安排到“追寻红二十四军足迹”如此重要的岗位上，使我对红二十四军的历史有了一定了解，并做了进一步深入挖掘。没有杨社长和其他几位社领导的信任、鼓励和帮助，这本书估计永远不会创作出版。

挖掘红二十四军历史，点多面广，单靠个人的能力绝对不可能办到。在此不得不提一下我们的团队，正是在我们的领队吴驿，同事刘保军、史斌、安旭，还有一路为我们保驾护航的司机毛志忠、张才的共同努力下，追寻红二十四军活动才最终得以完成。尤其是我们的领队吴驿，更是为此每天操心得焦头烂额，最终才促成这次活动的圆满结局。同时，我们的史学顾问王伟和赵润生老师，一路上一直陪伴着我们，为我们的追寻活动出谋划策，提供了很多有益的思路和建议，没有他们，这次活动也不可能如此高质量地完成。

当然，新闻采访与图书创作是两个概念，有着很大的不同。当你进入创作状态，就注定是一场漫长的煎熬与孤独的旅行。与出版社签约之际，正是妻子即将临产的日子。在随后的日子里，我又要照顾妻子孩子，又要完成日常工作，还要忙里偷闲完成书稿，分身乏术，一直处于紧张状态。在此谢谢妻子与家人的温情理解，也谢谢我的宝贝儿子，让我在忙碌辛劳的工作中增添了许多生活的乐趣，支持着我不断前行。

红二十四军的历史书写，不是我一个人能够完成的，它得益于各地史志人员之前的大量工作，正是他们皓首穷经的搜集研究整理工作，为我们后来者提供了宝贵资料和线索。在此向全国各地关注梳理红二十四军历史的史志前辈表示崇高敬意和衷心感谢。

在这本书的创作过程中，得益于山西省委宣传部、山西省作家协会以及阳泉市委宣传部和阳泉市文联的大力肯定和支持，阳泉市地方志办公室原主任孟宏儒老师提供了很多史志资料和线索，山西经济出版社青年编辑熊汉宗一直与我沟通联系，督促我按时完成稿件，山西经济出版社编辑室主任任冰老师做了十分辛苦细致的编辑工作，在此一并致以诚挚的感谢。

“念念不忘，必有回响。”在这本书出版之际，想起电影《一代宗师》中宫二小姐的这句话。正是对红二十四军历史的不能忘怀，最终才有了自己的锱铢积累和这本书的酝酿完成。每一项工作的完成，必有惊人的意志和坚韧的毅力作为支撑，虽有苦痛坎坷，但好在终于完成，对于自己，也算做了点事情，人生没有虚度。

是为后记。

附录 / 主要参考资料

[1]山西文史资料编辑部.中原大战内幕.太原:山西人民出版社,1994年.

[2]李茂盛.阎锡山大传.太原:山西人民出版社,2010.

[3]唐德刚.张学良口述历史.太原:山西人民出版社,2013.

[4]张新吾.傅作义传.北京:团结出版社,2005.

[5]田海燕,高鲁.红军歌谣.太原:山西人民出版社,1979.

[6]刘中刚.军旗史话.北京:解放军出版社,2009.

[7]臧伯平.破晓风云.长春:吉林人民出版社,1979.

[8]山汉.问鼎山城.北京:中国文联出版社,2013年.

[9]中共固原市委党史研究室,中共固原市原州区委党史办.红二十四军军长赫光传略,2003.

[10]中共党史人物传(第17卷),西安:陕西人民出版社,1984.

[11]薛清池,杨文岩.神府红军团征战记,北京:解放军出版社.

[12]陆石,根秀.神府红军传.陕西内部资料图书.

[13]崔月德.陕北民国史.西安:陕西人民出版社,2009.

[14]杨文岩.塞上血影.西安:陕西旅游出版社,1995.

[15]朱之泓.那年那些事:一个女知青的插队史.北京:时代文艺出版社,2011.

[16]任德存.中共榆林历史.西安:陕西人民出版社.

[17]榆林地区志.西安:西北大学出版社,1994.

[18]中共山西省委党史办公室.中国共产党山西历史(1924—1949).北京:中共党史出版社,2012.

[19]马福山,景京.中共大同历史人物·第二次国内革命战争时期(1927.8—1937.7).北京:中央文献出版社,2008.

[20]山西省军区党史资料征集办公室.平定兵变与红二十四军创建始末.1986.

[21]苏华,何远.民国山西读本.太原:三晋出版社,2013.

[22]平定县志办公室.平定历史资料第一辑·平定武装起义(革命兵变)专辑.1980.

[23]中共阜平县委党史资料征集办公室.阜平党史通讯.第1—3期,内部资料.

[24]中共府谷县党史办.红二十四军创建及转战神府的活动情况.1990.内部资料.

[25]天津.益世报.

[26]北京.益世报.